Cynthia Brooks Doutrich
York College of Pennsylvania

Norma Rivera-Hernández
Millersville University

Comunicación y conversación en español

SENDEROS

HEINLE
CENGAGE Learning

Australia • Brazil • Japan • Korea • Mexico • Singapore • Spain • United Kingdom • United States

HEINLE
CENGAGE Learning™

Senderos: Comunicación y conversación en español
Cynthia Brooks Doutrich,
Norma Rivera-Hernández

Vice President, Editorial Director:
P.J. Boardman

Publisher: Beth Kramer

Executive Editor: Lara Semones

Acquiring Sponsoring Editor: Judith Bach

Senior Content Project Manager:
Esther Marshall

Editorial Assistant: Claire Kaplan

Assistant Editor: Catherine Mooney

Senior Media Editor: Morgen Murphy

Marketing Program Manager: Caitlin Green

Senior Art Director: Linda Jurras

Manufacturing Planner: Betsy Donaghey

Text Permissions Editor: Melissa Flamson

Production Service: PreMediaGlobal

Text Designer: Anne Dauchy

Illustrator: Hermann Mejia

Photo Research: PreMediaGlobal

Cover Designer: Anne Dauchy

Cover Image: ©Nikada/Getty

Unless otherwise noted, material in this book is © Cengage Learning.

Credits for images used in the base design:
©istockphoto.com/drostie; ©istockphoto.
com/efenzi; ©istockphoto.com/xeni4ka;
©istockphoto.com/wilmor; ©istockphoto.
com/tambolbee; ©Devation | Edwin
Verbruggen

For product information and technology assistance, contact us at
Cengage Learning Customer & Sales Support, 1-800-354-9706

For permission to use material from this text or product, submit all requests online at **cengage.com/permissions**
Further permissions questions can be emailed to
permissionrequest@cengage.com

Library of Congress Control Number: 2011932291

Student Edition

ISBN-13: 978-1-4130-1879-0

ISBN-10: 1-4130-1879-3

Heinle
20 Channel Center Street
Boston, MA 02210
USA

Cengage Learning is a leading provider of customized learning solutions with office locations around the globe, including Singapore, the United Kingdom, Australia, Mexico, Brazil, and Japan. Locate your local office at: **international.cengage.com/region**

Cengage Learning products are represented in Canada by Nelson Education, Ltd.

For your course and learning solutions, visit **www.cengage.com**

Purchase any of our products at your local college store or at our preferred online store **www.cengagebrain.com**

Printed in the United States of America
2 3 4 5 6 7   19 18 17 16 15

To my students, who have inspired, challenged, and helped
me grow as a teacher.

CBD

A mis estudiantes, por quienes me metí en este lío.

NRH

SCOPE & SEQUENCE

CAPÍTULO	*senderos* **CULTURALES I**	*senderos* **VISUALES**

1

¿Cuál es tu punto de vista? 1

This chapter considers how stereotypes are formed and helps students to recognize the effects of making broad generalizations about people. The chapter also introduces students to the wide diversity that exists in the Hispanic world.

2

¿Qué es una familia? 25

The notion of what constitutes a family is being challenged all around the world, including in Spanish-speaking countries. The evolving definition of family and the consequences of such changes are considered in this chapter.

senderos
PARA LA COMUNICACIÓN

senderos
LINGÜÍSTICOS

senderos
CULTURALES II

senderos
PARA LA COMUNICACIÓN

senderos
LINGÜÍSTICOS

senderos
CULTURALES II

To the Student

When you think about the title of your book, **Senderos**, what comes to mind? What are some of the paths *(senderos)* you have already taken to reach your level of proficiency in Spanish? When we, the authors of this program, thought of our students at different levels of study, we realized that the first couple of years of foreign language study provide the initial tools to survive in that language. Those skills are sufficient for certain purposes, but you are most likely a student who is looking for more; you want to talk about all kinds of topics and use Spanish to do more than survive.

With our combined experience of over forty years as Spanish teachers, we have gleaned many of our insights from research on theories of second language acquisition and foreign language pedagogy (i.e., teaching), but the place we have learned the most is in the classroom, teaching students who were very likely similar to you. As we wrote **Senderos**, we have used our experience to create paths for you to follow that we hope will help you increase your comprehension, reading level, speaking and writing abilities, and acquire a greater understanding of Hispanic culture. In a literal sense, the paths that we designed are made up of specific activities, organized in such a way as to take you from lower-order skills, such as remembering what you have read or heard, to higher-order thinking, such as being able to interpret and analyze a passage or debate the merits of a point of view. In a more metaphorical sense, the paths you take in your journey as a learner of Spanish are more complex and self-directed than simply following directions provided by authors of a textbook or by your instructor. Just as a person creates his or her own *career path,* you will forge many of your own paths by the choices that you make to practice Spanish and learn about Hispanic cultures outside of the classroom.

Take a look at the topics that you will study in this program. Some of them may be familiar from previous Spanish classes, such as the Hispanic family or health and well being. Other topics may be familiar to you only in English, such as immigration and the influence of technological advances in our lives. Whether the topic is one you have studied in Spanish before or not, you will find that the focus of the readings, videos, discussions, and other activities will be on *real-life* scenarios. You will learn the necessary vocabulary and structures to read, talk, and write about a wide variety of topics that interest Spanish-speakers around the world.

The main objectives of this program are to help you improve your oral and written communication skills and to gain additional insights into Hispanic culture. Along the way, we have included a review of many of the structures that you may not have yet mastered and vocabulary that you will need to communicate your ideas about the many topics in **Senderos**. A section called **Trampas de la lengua** *(Traps in the language)* provides practice with words and phrases that typically cause students difficulty. There are many examples of how to use these tricky words and expressions so that you can learn them in context. You will also have many opportunities to improve your writing skills by using a guided, step-by-step process to write compositions. (See Appendix A.) If your instructor assigns the portfolio project, you will meet and interview a native speaker of Spanish and have the experience of using your Spanish skills to learn about that individual's background and experiences as a member of the Hispanic community. (See Appendix B.)

The authors would like to offer some suggestions to help you make the most out of your learning experience.

Spend time every day studying and practicing Spanish. If you play a sport or a musical instrument, you know that it takes a lot of practice to excel. You cannot master any skill by simply reading about it. Make a practice of meeting in a study group with classmates, as is a common practice in Hispanic cultures.

Preview material in your textbook before class. If the instructor has made an assignment to read a passage, complete a vocabulary or grammar exercise or give a presentation, be sure to come to class prepared. Your preparation for class will make the experience better for you and for all of your classmates.

Seek opportunities to engage in conversation with native speakers of Spanish outside the classroom. Other helpful ways of improving your language skills include listening to music, "chatting" on the Internet in Spanish, listening to radio broadcasts in Spanish and watching television and movies. Each chapter in your book has the title of a song and a movie that are related to the topic you are studying and your instructor may assign other activities that will enhance your learning outside the classroom.

Remember that by choosing to study Spanish, you are learning not only another language, but also another way of viewing the world. Some of the paths you will follow are well worn by previous travelers whose experience and expertise will guide you along the way. Perhaps the most exciting and life-changing experiences you will have with Spanish and Hispanic cultures will be those that **you** make by forging your own paths that lead you to unfamiliar territory and new discoveries.

¡Les deseamos un buen viaje!

Acknowledgments

We would like to thank those professional friends and reviewers who provided us with insightful comments and constructive criticism:

Laurel Abreu, *University of Southern Mississippi*
Yaw Agawu-Kakraba, *Penn State University*
Stacey Alba Skar, *Western Connecticut State University*
Carlos C. Amaya, *Eastern Illinois University*
Barbara Avila-Shah, *University at Buffalo, State University of New York*
Antonio Baena, *Louisiana State University*
Amelia Barili, *UC Berkeley*
Romualdo Bautista, *Dwight Englewood School*
Melany Bowman, *Arkansas State University*

Daniel Briere, *University of Indianapolis*
Nancy Broughton, *Wright State University*
Alan Bruflat, *Wayne State College*
Elizabeth Bruno, *UNC-Chapel Hill*
Eduardo Cabrera, *Millikin University*
Adolfo Cacheiro, *Wayne State College*
Luis Cano, *University of Tennessee, Knoxville*
Beatriz Cobeta, *George Washington University*
Mayte de Lama, *Elon University*
Barbara Domcekova, *Birmingham-Southern College*
Otis Elliott, *Southern University*

Rafael Falcon, *Goshen College*
Melissa Fiori, *Daemen College*
Robert Fritz, *Ball State University*
Charlene Grant, *Skidmore College*
Todd Hernández, *Marquette University*
David Julseth, *Belmont University*
Liliana Jurewiez, *Indiana University of Pennsylvania*
Lina Lee, *University of New Hampshire*
Lora Looney, *University of Portland*
Debora Maldonado-DeOliveira, *Meredith College*
Andrea Meador Smith, *Shenandoah University*
Deanna Mihaly, *Eastern Michigan University*
Jorge Muñoz, *Auburn University*
Kerri Muñoz, *Auburn University*
Jerome Mwinyelle, *East Tennessee State University*
Martha Ojeda, *Transylvania University*
Susan Pardue, *University of Mary Hardin-Baylor*
Johana Perez, *Campbellsville University*

Frank Pino, *University of Texas – San Antonio*
Nicole Price, *Northern Arizona University*
Antonio Reyes, *University of Mississippi*
Isidro Rivera, *University of Kansas*
Raúl Rosales, *Drew University*
Fernando Rubio, *University of Utah*
Karen Schairer, *Northern Arizona University*
Parker Shaw, *University of Pittsburgh*
Paul Siegrist, *Fort Hays State University*
Steve Sloan, *Texas Christian University*
Francisco Solares-Larrave, *Northern Illinois University*
Janie Spencer, *Birmingham-Southern College*
Cristina Szterensus, *Rock Valley College*
Andrea Topash-Rios, *University of Notre Dame*
Georgia Tres, *Oakland University*
Leonor Vázquez – González, *The University of Montevallo*

From Cindy:

I would like to extend a special thank you to the following family members, friends and colleagues:

- my husband and best friend, Paul, for his love, patience, humor, and constant support throughout this project

- my father, for his love and for inspiring me to teach, and to my sons and extended family members for their love and encouragement

- my colleagues Gabriel Abudu and Mary Boldt, whose kindness and generosity always lift my spirits

- my co-author, Norma, for her organizational skills, meticulous attention to detail and insights into culture and language

- Judith Bach, Denise St. Jean, and Esther Marshall for all that they did to bring this project to fruition

From Norma:

I would like to thank my husband, Dennis, for his support, love and patience; my good friend Aida Ceara and my student Andrew Zelinski, whose personal stories inspired some of the personal videos; my co-author Cindy, with whom I truly had a partnership, for her creativity and good sense of humor. I would also like to thank Judith Bach, Denise St. Jean, and Esther Marshall, from whom I have learned how complicated it is to produce a textbook.

Many other individuals deserve our thanks for their support and help. Among them, from the Heinle Cengage Learning, its management and its staff and, in particular, Beth Kramer, Lara Semones, Morgen Murphy, Caitlin Green, Claire Kaplan, Linda Jurras, as well as the freelancers involved with the production and, in particular, Jenna Gray from PreMediaGlobal, Hermann Mejia, Lupe Ortiz, and Melissa Flamson.

- Aprender cómo se forman los estereotipos y cómo evitarlos
- Reconocer y apreciar la diversidad del mundo hispano
- Usar el vocabulario relacionado con los temas de los estereotipos, la diversidad y las costumbres
- Valorar diversos puntos de vista

OBJETIVOS

- Estereotipos, cultura y diversidad

TEMAS DE VOCABULARIO

- La distinción entre **darse cuenta** y **realizar**
- La distinción entre **tiempo, vez, hora** y **época**
- La distinción entre **mirar, ver, aparecer, parecer** y **parecerse**
- Los usos de los verbos **ser, estar, tener, haber** y **hacer**

ESTRUCTURAS

- Los aspectos negativos de los estereotipos
- *Patas arriba: La escuela del mundo al revés* (fragmento) – Eduardo Galeano

LECTURAS CULTURALES

- La diversidad del mundo hispano
- ¡Y yo que quería lucir profesional!

VIDEOS

¿Cuál es tu punto de vista?

CAPÍTULO 1

Carlos Neto/Shutterstock.com

CULTURALES I

Antes de leer

Este capítulo trata sobre la formación de los estereotipos y las consecuencias negativas que pueden tener los estereotipos raciales, culturales y sociales. Examinaremos la diversidad y riqueza que presenta la cultura hispana, en contraste con la imagen estereotipada de un mundo hispanoamericano unidimensional.

1-1 **¿Qué crees?** Contesta las siguientes preguntas.

1 ¿Qué estereotipos hay acerca de los hispanoamericanos? ¿Y acerca de los estadounidenses?
2 ¿En qué crees se basan estos estereotipos?
3 ¿Cómo podemos eliminar esas ideas?

SENDEROS LÉXICOS I

barrera *barrier*
caber *to contain, to fit*
darse cuenta *to realize*
derribar *to demolish, to tear down*

dicho *saying*
evitar *to avoid*
extraño(a) *strange, rare*
género *gender, sex, class, type*

individuo *individual*
realzar *to enhance*
valorar *to value, to evaluate*
veracidad *veracity, truthfulness*

1-2 **Cada oveja con su pareja** Busca el sinónimo.

1 _____ derribar
2 _____ evitar
3 _____ valorar
4 _____ barrera
5 _____ género
6 _____ extraño
7 _____ dicho

a obstáculo
b justipreciar
c raro
d refrán
e prevenir
f tumbar
g grupo

1-3 **Definiciones** Empareja las definiciones de la primera columna con las palabras de la segunda columna.

1 _____ tener capacidad o cupo
2 _____ eludir
3 _____ demoler
4 _____ lo contrario de **familiar**
5 _____ persona
6 _____ elevar, enaltecer
7 _____ impedimento
8 _____ indicar el precio de algo
9 _____ mencionado
10 _____ cualidad de lo que es cierto
11 _____ grupo de cosas o personas que tienen algo en común

a veracidad
b realzar
c género
d dicho
e evitar
f valorar
g caber
h barrera
i individuo
j derribar
k extraño

Los aspectos negativos de los estereotipos

Los estereotipos se forman cuando tratamos de organizar, categorizar y comprender lo que no cabe dentro de nuestra experiencia personal o cuando hacemos una generalización sobre un grupo determinado. Los estereotipos nos permiten organizar la información sobre el mundo. Estos se forman por la representación distorsionada de un grupo en la que se realzan unos aspectos del grupo, mientras que se ignoran otros. Aunque esta tendencia humana pueda ser natural, nos lleva a ignorar la individualidad de las personas.

Las generalizaciones y la diversidad

Cuando uno pertenece a cierto grupo reconoce que las generalizaciones no representan la diversidad de dicho grupo y que, por lo tanto, no son totalmente válidas. Por eso, es más común aceptar la veracidad de un estereotipo de un grupo de personas del que uno no es miembro. Por más de que uno trate de no formar estereotipos, es difícil evitarlos. Seguramente todos tienen algunas impresiones generales sobre grupos de personas de otras culturas. Sin embargo, es importante darse cuenta de que ningún estereotipo representa a toda la gente de una cultura y que la formación de impresiones negativas crea barreras para la comunicación y la comprensión.

Lo normal y lo extraño

La experiencia personal tiene una gran influencia en la manera en que se interpreta una cultura. En general, existe la tendencia a considerar nuestras costumbres "normales" y las de otra gente "extrañas". Al valorar negativamente a un grupo basándose en los estereotipos de uno, casi siempre el próximo paso es la formación de prejuicios. Cuando estos prejuicios llevan a formar opiniones o a tratar de una manera determinada a un individuo o un grupo, la consecuencia es la discriminación. Es así que los estereotipos sirven para justificar el rechazo o la aceptación del grupo al cual representa.

En este capítulo se van a explorar los factores que llevan a formar estereotipos y prejuicios, no solo sobre otras culturas, sino también sobre cualquier grupo de personas que uno considere "diferentes". Se espera que al entender mejor cómo se forman los estereotipos, se podrá encontrar maneras de derribar las barreras que existen, ya sea por género, grupo étnico, nacionalidad, edad, estatus económico, características físicas o cualquier otra diferencia que pueda separar a los unos de los otros. Una vez que uno se haya desecho de los estereotipos, podrá comenzar a apreciar al prójimo de una forma nueva.

Después de leer

1-4 **Contextos** Llena los espacios en blanco con las palabras de la lista que completen las oraciones. Haz todos los cambios de concordancia que sean necesarios.

barrera	discriminación	extraño	individuo	prejuicios	reconocer

1 Cuando formamos estereotipos de un grupo de personas no reconocemos que cada persona es un _____.

2 Si uno es miembro de cierto grupo, es más probable que no _____ como válidos los estereotipos sobre ese grupo.

3 Los estereotipos generalmente crean _____, en vez de facilitar la comunicación entre los seres humanos.

4 Es típico tener _____ contra las personas acerca de quienes hemos formado estereotipos.

5 La _____ ocurre cuando adoptamos una actitud y un comportamiento negativos hacia los miembros de un grupo de personas.

1-5 **¿Estás de acuerdo?** Di si estás de acuerdo o no con las siguientes afirmaciones. Explica por qué.

1 Una manera de evitar los estereotipos es llegar a conocer a gente de otros grupos personalmente.
2 Es más típico formar estereotipos positivos que negativos.
3 Un estereotipo es lo mismo que un prejuicio.
4 Los prejuicios acerca de gente de otras culturas o razas han disminuido en los Estados Unidos (los EE.UU.) durante los últimos años.
5 La influencia más importante en la formación de estereotipos y prejuicios es la escuela.

1-6 **Grupos y estereotipos**

Paso 1 Apunta tres grupos con los que te identifiques. Pueden ser grupos o categorías como, por ejemplo, los de sexo, religión, raza, etcétera. Luego escribe por lo menos dos estereotipos que generalmente la gente tiene acerca de ese grupo. Sigue el modelo.

Grupo
Profesor universitario

Estereotipo sobre ese grupo
Pasa todo su tiempo leyendo, usa espejuelos, viste mal,... etcétera.

Paso 2 Formen grupos de tres estudiantes para comparar lo que apuntaron anteriormente. ¿Están todos de acuerdo con las descripciones de los estereotipos? Si uno no es miembro del grupo mencionado, ¿tiene una perspectiva diferente de los estereotipos mencionados? Expliquen.

1-7 **¿Cómo son los estadounidenses?**

Paso 1 Lee la lista de los adjetivos que algunos extranjeros a veces asocian con los estadounidenses. Indica tu reacción ante estos con 0 (No estoy de acuerdo), 1 (Estoy un poco de acuerdo) o 2 (Estoy totalmente de acuerdo).

_____ **1** ruidosos	_____ **5** materialistas	_____ **9** egoístas	_____ **13** innovadores
_____ **2** informales	_____ **6** ricos	_____ **10** extrovertidos	_____ **14** violentos
_____ **3** generosos	_____ **7** trabajadores	_____ **11** inmaduros	_____ **15** superficiales
_____ **4** arrogantes	_____ **8** francos	_____ **12** independientes	_____ **16** puntuales

Paso 2 En grupos de tres o cuatro estudiantes, comparen sus reacciones hacia las características mencionadas y contesten las preguntas.

1 ¿Hay algunas características en la lista que consideren válidas? ¿inválidas? Expliquen.

2 En su opinión, ¿en qué se basan estos estereotipos?

3 ¿Cómo se sienten al leer estos estereotipos? ¿Estaban más de acuerdo con las imágenes favorables o las negativas?

4 ¿Han oído o leído otros estereotipos acerca de los norteamericanos? ¿Cuáles son?

5 ¿Qué aprendieron sobre estereotipos al hacer este ejercicio?

1-8 **¿Qué mensaje transmiten las imágenes?**

Paso 1 Busca ejemplos de imágenes en los medios de comunicación impresos en inglés y español que representen a personas o instituciones. Contesta las preguntas según lo que has encontrado.

1 ¿Las imágenes representan a alguna persona o institución de una manera estereotípica?

2 ¿Qué mensaje trasmiten las imágenes?

3 ¿Notas alguna diferencia entre las publicaciones en inglés y en español con respecto a una representación estereotípica?

Paso 2 En grupos de tres o cuatro estudiantes, comparen las imágenes que encontraron y contesten las preguntas según sus observaciones.

1 ¿Qué semejanzas y diferencias se observan en las imágenes?

2 ¿Qué estereotipos se representan en las imágenes?

 1-9 **Charlemos** Contesten las siguientes preguntas en los mismos grupos.

1 ¿Cuál es el significado de la palabra **prejuicio?** Tomando en cuenta este significado, ¿crees que alguna vez has demostrado una actitud prejuiciada hacia una persona? Explica.

2 ¿Pueden tener los estereotipos algún valor positivo? Explica.

3 ¿Has sido objeto de algún tipo de discriminación? En tu opinión, ¿cuál es la mejor manera de reaccionar ante la discriminación?

 1-10 **Interpretación** Contesten las siguientes preguntas en los mismos grupos.

1 ¿Qué semejanzas y diferencias hay entre las respuestas de los miembros de tu grupo?

2 ¿Cómo explican las diferencias?

3 ¿Qué aprendieron sobre los estereotipos, los prejuicios y la discriminación al conversar con otros compañeros?

VISUALES

La diversidad del mundo hispano

Antes de ver el video

Vas a ver y escuchar algunas ideas sobre las culturas hispanas; sobre todo podrás observar imágenes que demuestran la diversidad de la cultura hispánica. También aprenderás formas de evitar los estereotipos que impiden la comunicación, y diversas formas que usamos para la expresión de nuestras ideas.

1-11 Estereotipos Contesta las siguientes preguntas antes de ver y escuchar el video.

1 ¿Qué estereotipos crees que hay en los Estados Unidos acerca de los hispanos? ¿A qué se deben esas impresiones?

2 ¿Crees que algunos de los estereotipos que mencionaste sean válidos? Explica tu respuesta.

3 De las costumbres hispanas que conoces, ¿hay alguna que no entiendas, que te llame la atención o que haya sido un impedimento para la comunicación?

SENDEROS LÉXICOS II

abogar *to argue in favor, to advocate*

acuerdo *agreement*

aplicar *to apply something to something else*

concordar (ue) *to agree*

congreso *conference*

dañino(a) *harmful*

derribar *to demolish, to tear down*

dicho[1] **(pp)** *said, a saying*

emplear *to employ, to use*

establecer *to enact, to establish*

gesto *gesture*

hecho (pp) *done, act, fact*

honrar *to honor*

inquietudes *concerns, desire to know or learn more*

levantar *to raise, to lift*

medios *media, avenues*

no obstante *notwithstanding, nevertheless*

provenir *to arise, to proceed, to originate*

refrán *saying*

remoto(a) *distant, far off*

trasfondo *background*

trecho *gap, distance*

urbanizado(a) *urban*

veraz *true*

vivienda *housing*

1-12 ¿Qué palabras faltan? Llena los espacios en blanco con la palabra apropiada de **Senderos léxicos II**. Haz todos los cambios de concordancia que sean necesarios.

1 Los estereotipos son _____ porque nos pueden llevar a un tratamiento discriminatorio.

2 Si nos damos cuenta de que alguien es víctima de discriminación, es importante _____ por sus derechos.

3 De una cultura a otra, un _____ con las manos o con otras partes del cuerpo puede cambiar de significado.

4 Hay un _____ entre lo que la gente profesa con palabras y sus acciones.

5 *A donde el corazón se inclina, el pie camina* es un ejemplo de un _____ en español.

[1]**Del dicho al hecho hay un gran trecho.** Este refrán, común en español, expresa la idea del dicho *Easier said than done* o *Walking the walk is much harder than talking the talk.*

1-13 **¿A qué se refiere?** Identifica la palabra o expresión de **Senderos léxicos II** que describe tu profesor(a).

1 _____   3 _____   5 _____   7 _____

2 _____   4 _____   6 _____   8 _____

1-14 **Parejas disparejas** Busca el antónimo.

1 _____ construir   **a** gesto

2 _____ poca distancia   **b** abogar

3 _____ delantera   **c** derribar

4 _____ estar en contra   **d** inquietud

5 _____ palabra   **e** trasfondo

6 _____ tranquilidad   **f** trecho

Escenas del video

¿Qué espera lograr esta mujer indígena?

¿Qué celebran los delegados?

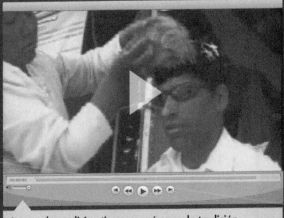

A veces la medicina tiene sus raíces en la tradición.

"Las armas de un ejército son la garantía" de un pueblo. ¿Estás de acuerdo?

PARA PENSAR ¿Cuál es la función de los gestos no verbales en estas escenas del video? ¿Los gestos son universales o varían de una cultura a otra?

Después de ver el video

1-15 **Exprésense**

Comprensión Contesta las siguientes preguntas.

1 ¿Cómo se forman los estereotipos?

2 ¿Qué contrastes observaste en el video que demuestren la diversidad entre las culturas hispanas?

3 De acuerdo a lo que observaste en el video, ¿cuáles son algunas maneras de expresar la opinión o los sentimientos?

Interpretación Contesta las siguientes preguntas.

4 ¿Qué gestos se usan para expresar ideas y sentimientos?

5 ¿Qué relación hay entre los estereotipos y los prejuicios?

6 ¿Crees que hay diferencias entre tu generación y la de tus padres con respecto a los estereotipos? Explica tu respuesta.

Conversación En grupos de tres o cuatro estudiantes compartan sus experiencias.

7 ¿Has experimentado alguna vez un conflicto con una persona o grupo de personas a causa de prejuicios? Explica tu respuesta.

8 ¿Qué otras barreras para la comunicación has experimentado, además de las que se relacionan con los prejuicios? Explica tu respuesta.

9 ¿Cuáles son algunas maneras efectivas de facilitar la comunicación? Cita ejemplos de tu propia experiencia.

¡Y yo que quería lucir profesional!

Antes de ver el video

© Heinle, Cengage Learning

Marisol nos relata su experiencia sobre una entrevista de trabajo. Antes de escuchar su entretenida historia piensa en entrevistas que hayas tenido.

¿Luzco como una profesora?

1-16 **Reflexiones personales** Contesta las siguientes preguntas.

1 Cuando fuiste a una entrevista, ¿qué puesto solicitabas?

2 ¿Cómo te preparaste para ir a la entrevista? ¿Te vestiste de una manera especial? ¿Repasaste cierta información relacionada con el trabajo? Explica.

3 ¿Qué ocurrió en la entrevista?

4 ¿Conseguiste el puesto que solicitabas? ¿Por qué crees que (no) lo conseguiste?

Después de ver el video

1-17 **Reflexiones sobre el lenguaje** Consulta el DRAE (*Diccionario de la Real Academia Española*) para aclarar el significado de estas palabras.

1 Marisol utiliza la frase *aplicar a un trabajo*. ¿Hay otra palabra que podamos usar en vez de "aplicar"?

2 También usa el término *azafata*. ¿Sabes lo que significa? ¿Qué otras palabras podemos usar con el mismo significado?

3 ¿Sabes la diferencia entre *puesto* y *posición*? Averigua sus significados y escribe dos oraciones que reflejen la diferencia de significado.

1-18 **¿Te acuerdas qué dijo Marisol?**

Comprensión Contesta las siguientes preguntas.

1 ¿De dónde es Marisol? ¿Por qué vino a los EE.UU.?

2 ¿Qué tipo de trabajo buscaba cuando empezó las entrevistas?

3 ¿Qué aspectos incluían los profesores de Marisol en la categoría de "verse profesional"? ¿Qué aspectos incluirías tú? ¿Por qué?

Interpretación Contesten las siguientes preguntas en grupos de tres o cuatro estudiantes.

4 ¿Qué confusión hubo en el aeropuerto cuando Marisol esperaba a la mujer que la iba a recoger? ¿Qué creen que produjo la confusión?

5 ¿Están de acuerdo con los profesores de Marisol con respecto a la importancia de una buena apariencia cuando se va a una entrevista? Explica.

6 Piensen en lo que significa *lucir profesional* entre distintas profesiones, por ejemplo, un hombre de negocios y un profesor. ¿Cómo luce cada uno de ellos? Piensen en otras dos profesiones y expliquen las diferencias y las semejanzas.

1-19 **Para compartir** Comparte con el resto de la clase una experiencia que hayas tenido en una entrevista de trabajo. ¿Fue tu experiencia similar a la de Marisol? Usa la información que recopilaste en actividad 1-16.

PARA LA COMUNICACIÓN

1-20 Diálogo Escojan uno de los temas para investigar y luego preparen un diálogo con un(a) compañero(a), incorporando la información que hayan encontrado.

1 ¡Ante la duda saluda! La manera de saludar varía no solo de un país a otro, sino también de persona a persona. Sin embargo, en general la forma de saludar en los países hispanohablantes tiene características en común que no se encuentran con tanta frecuencia en los Estados Unidos. El beso, por ejemplo, es un gesto que puede causar confusión y hasta incomodidad si uno es de una cultura en que no se acostumbra a saludar de esa manera. ¿Qué formas de saludarse hay en los países hispanohablantes? ¿Cómo varían entre los diversos países? ¿Cómo se comparan con la forma de saludarse entre los estadounidenses?

2 ¿Sr., Sra., Srta., don, doña? ¡Ay, qué lío! Una de las características culturales que se asocia con los estadounidenses es la tendencia de darle menos importancia que la gente hispana al uso de títulos de cortesía. En el momento de interaccionar con gente de cualquier otra cultura, es importante reconocer y respetar las convenciones establecidas en dicha cultura. ¿Qué títulos profesionales y de cortesía se usan en los Estados Unidos y en los países hispanoamericanos? ¿Qué confusión y malentendido pueden causar las diferencias culturales con respecto a cómo utilizar los títulos?

1-21 ¡Y ahora a escribir! Escoge uno de los siguientes temas para escribir una composición.

1 Los medios de comunicación Los medios de comunicación juegan un papel importante en la formación de ideas sobre otras culturas. Piensa en la manera en que los medios de comunicación influyen en nuestra percepción de la gente hispana. Busca información sobre el tema. Luego apunta las ideas que quieres incluir en la composición teniendo en cuenta los siguientes puntos:

- los diferentes medios de comunicación (televisión, cine, música, revistas, otro)
- los estereotipos presentados en cada medio de comunicación
- los cambios que han ocurrido en los últimos diez años con respecto a la manera en que se representa a la gente hispana en los medios de comunicación

....

Usa las preguntas en el Apéndice A para dirigir el proceso de redacción de la composición.

....

¡Recuerda!

Evita repetir frecuentemente expresiones como **En mi opinión** o **Creo que** en tu ensayo. El hecho que hayas escrito algo, ya indica que es tu opinión. Si lo que has escrito no representa tu opinión, debes indicar quién lo dice o lo cree. Si dices algo muy general, puedes usar el **se** impersonal (**se dice que** o **se cree que**) o expresiones como **mucha gente, algunas personas** u otra expresión similar.

2 **Días feriados o celebraciones** Hay muchos días feriados y celebraciones en todo el mundo. Seguramente tienes uno favorito. Ahora vas a aprender algo sobre alguna celebración o un día feriado que no conoces. Busca en Internet el tema de días feriados o celebraciones en países de habla española. Escoge uno que no conocías antes, y luego apunta las ideas que quieres incluir en la composición teniendo en cuenta los siguientes puntos:

- El nombre o motivo del día feriado o la celebración
- El lugar o los lugares donde se celebra
- Las actividades que constituyen la celebración del día
- Algún aspecto de la celebración que te haya llamado la atención

Usa las preguntas en el Apéndice A para dirigir el proceso de redacción de la composición.

3 **Tema prohibido** En esta película vemos la manera en que una madre rehúsa enfrentar la realidad de tener una hija enana. Como dice el título, decide que es mejor no hablar de eso.

De eso no se habla, guión y dirección de María Luisa Bemberg, Argentina, 1993

Paso 1 Es común no querer enfrentarnos con la realidad cuando nos hace sentir incómodos. Piensa en la relación entre esa tendencia y la tendencia a construir barreras entre la gente. Apunta las ideas que quieres incluir en la composición teniendo en cuenta los siguientes puntos:

- ¿Por qué decidió la mamá no hablar de la condición física de su hija?
- ¿Fue una decisión basada en compasión, miedo, amor, vergüenza u otro sentimiento?
- ¿Qué consecuencias negativas o positivas tuvo la decisión de la mamá de no hablar de "eso"?
- ¿Qué mensaje tiene esta película con respecto a lo que significa ser identificado como "diferente" a otra gente?
- ¿En qué otras formas podemos ser "diferentes" a otros?

Paso 2 Prepara el borrador de tu composición, incorporando la información que has apuntado en el Paso 1.

Introducción: Decide cuál es tu punto de vista sobre la decisión de la mamá de no hablar de la condición de su hija. Haz una lista de los detalles de la película para apoyar esa perspectiva.

Desarrollo del tema: De acuerdo a la perspectiva que has decidido desarrollar, escribe sobre los obstáculos que la mamá crea para su hija.

Conclusión: Escribe una conclusión que demuestre lo que podemos aprender acerca del tratamiento de gente "diferente".

Paso 3 Usa las preguntas en el Apéndice A para dirigir el proceso de redacción de la composición.

 La perla (álbum: *Los de atrás vienen conmigo*) de Calle 13 con Rubén Blades (Puerto Rico)

senderos
LINGÜÍSTICOS

Trampas de la lengua

To realize

a **darse cuenta de (que)** *to realize a fact, to come to understand the truth*

Es importante **darse cuenta de** que ningún estereotipo representa a toda la gente de una cultura.
*It's important to **realize** that no stereotype represents all the people of a culture.*

No **me había dado cuenta de** la diversidad de la cultura hispana.
*I **hadn't realized** the diversity of Hispanic culture.*

b **realizar** *to fulfill, to accomplish a goal*

Los inmigrantes esperan **realizar** su sueño de mejorar su vida.
*Immigrants hope **to fulfill** their dream to improve their lives.*

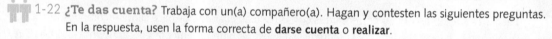 1-22 **¿Te das cuenta?** Trabaja con un(a) compañero(a). Hagan y contesten las siguientes preguntas. En la respuesta, usen la forma correcta de **darse cuenta** o **realizar**.

1 ¿Hay algo que no sabías acerca de alguna cultura extranjera antes de conocer a una persona de esa cultura?

2 ¿Qué crees que se necesita para hacer un buen trabajo?

3 ¿Qué entiendes sobre los prejuicios que no sabías de niño(a)?

4 ¿Qué sueños tienes para el futuro y qué necesitas para cumplirlos?

Time

a **tiempo** *time in a general sense, weather*

¿Te gusta pasar mucho **tiempo** con tu familia?
*Do you like to spend a lot of **time** with your family?*

¿Cuál es tu actividad favorita cuando hace mal **tiempo**?
*What's your favorite activity when the **weather** is bad?*

b **vez (veces)** *a repeatable instance, a number of occasions or occurrences*

Mi familia y yo viajamos una **vez** a España.
*My family and I traveled **once** to Spain.*

A **veces** la gente hace comentarios ofensivos sin darse cuenta.
*People **sometimes** make offensive remarks without realizing it.*

Me encontré con ella muchas **veces**.
*I got together with her many **times**.*

c **hora** *specific time of day or number of hours*

En algunos países, la cena dura varias **horas**.

*In some countries, dinner lasts many **hours**.*

Es hora cenar.
It's time to eat dinner.

d **época** *historical time period, season*

Es interesante observar cómo la gente en otros países celebra la **época** de Navidad.

*It's interesting to observe how people in other countries celebrate the Christmas **season**.*

En esa **época** las mujeres no acostumbraban a trabajar fuera de la casa.

***Back then** women were not in the habit of working outside the home.*

e **rato** *a while*

Ellas se fueron hace un **rato**.

*They left a **while** ago.*

f **momento** *particular moment in time*

Este no es un buen **momento** para hablar del problema.

*This isn't a good **time** to talk about the problem.*

1-23 **¿Tienes tiempo?** Llena los espacios en blanco con la forma correcta de una palabra que signifique *time*.

1 En las zonas templadas casi siempre hace buen _____.

2 ¿Cuántas _____ has visitado Hispanoamérica? Yo he ido solo una _____.

3 Aprender un idioma extranjero requiere muchas _____ de estudio y dedicación.

4 Cuando se viaja vale la pena pasar un largo _____ estudiando la historia del país.

5 En la _____ de vacaciones a muchas personas les gusta ir a la playa.

6 Espérame un _____; todavía no estoy lista.

7 ¿A qué _____ empieza el concierto? Es preciso ser puntual.

8 Después de la muerte de su mamá, Cristina pasó por una _____ difícil.

1-24 **En otras palabras** Expresa las frases que están en *letra cursiva* con una palabra o expresión para *time*. Haz los cambios de concordancia necesarios.

modelo La exhibición en el museo es sobre los pintores del *período* clásico.

La exhibición en el museo es sobre los pintores de la *época* clásica.

1 El estudio *del período histórico precolombino* es fascinante.

2 Esa película dura *120 minutos*.

3 He ido a España *en una sola ocasión*.

4 Hoy es un día perfecto para ir a la playa. *El clima es agradable.*

5 Pasé *unos minutos* revisando la tarea anoche.

6 Te llamé ayer *en varias ocasiones*.

1-25 **Un momento, por favor** Hagan y contesten las siguientes preguntas con otro(a) compañero(a).

1 ¿Cuántas veces has viajado a un país de habla española?

2 ¿Usas algún gesto para indicar "un momento, por favor"? ¿Cuál es?

3 ¿Qué época de la historia te parece la más interesante? ¿Por qué?

4 ¿A qué hora se come la comida principal en tu familia?

5 ¿Cuánto tiempo pasa la familia conversando después de la cena?

To look at, to see, to appear, to seem, to look like

a **mirar** *to look at, to watch*

¿Te gusta **mirar** revistas de moda?
*Do you like to **look at** fashion magazines?*

b **ver** *to see (literally or figuratively)*

No **veo** bien sin los anteojos.
*I don't **see** well without glasses.*

Es importante que uno trate de **ver** la perspectiva de otros.
*It's important for one to try to **see** the perspective of others.*

c **aparecer** *to appear, to show up*

Creía que había perdido mis llaves, pero de repente **aparecieron**.
*I thought I had lost my keys, but they suddenly **appeared**.*

d **parecer + adjetivo** *to seem, to look*

Mi nuevo jefe **parece** simpático.
*My new boss **seems** friendly.*

e **parecer que + cláusula** *to seem that, to look like (as though)*

Parecía que iba a llover.
*It **looked like** it was going to rain.*

f **parecerse a** *to look like someone*

¿**Te pareces a** alguien de tu familia?
*Do you **look like** anyone in your family?*

1-26 ¿Qué te parece? Expresa las frases que están en *letra cursiva* con una palabra o expresión para *look, seem* o *appear*. Haz los cambios de concordancia necesarios.

1 El tema de inmigración *surge* con frecuencia en las noticias.
2 A veces *nos resulta* incómodo conversar sobre el tema de los prejuicios.
3 No *encontré* ninguna lógica en lo que me decías.
4 Algunos hijos no *son parecidos/semejantes* a sus padres.
5 Es dañino dejar a los niños pasar demasiado tiempo *observando* programas de televisión.
6 *Probablemente* les interesa aprender sobre otras culturas.

1-27 ¿Lo ves? Hagan y contesten las siguientes preguntas con otro(a) compañero(a). Usen **mirar, parecer (que)** o **parecerse** en su respuesta.

1 ¿Hay algún compañero(a) en esta clase que se parezca a alguna persona famosa? ¿Quién es y a quién se parece?
2 ¿Qué aspecto del estudio de una lengua extranjera te parece el más fascinante? ¿Por qué?
3 ¿Qué tipo de película te gusta mirar?
4 ¿Te parece que este curso va a ser interesante o no? ¿Por qué?

Estructuras

 Grammar Tutorials Grammar Videos

Usos de los verbos *ser, estar, tener, haber, hacer*

- Los verbos **ser, estar, tener, haber** y **hacer** se traducen al inglés usando el verbo *to be*.

Ser

- **Ser** sirve de enlace entre un sujeto y otro elemento de la oración. El uso de **ser** señala la equivalencia entre dos elementos. **Ser** se usa para expresar:

  - **una relación**
    México y los Estados Unidos **son** países vecinos.
    *Mexico and the United States **are** neighboring countries.*

    ¿Quién **fue**? **Fui** yo.   *Who **was** it? It **was** me.*

  - **lugar de origen, nacionalidad, religión, profesión, afiliación política del sujeto**
    Su papá **es** boliviano.   *Her father **is** Bolivian.*

    Mi tío **es** dueño de una compañía de construcción.
    *My uncle **is** the owner of a construction company.*

  - **características físicas**
    Sudamérica **es** un continente enorme.
    *South America **is** an enormous continent.*

  - **rasgos de personalidad**
    Esas chicas **son** extrovertidas.   *Those girls **are** outgoing.*

  - **la voz pasiva**
    Esa ley **fue aprobada** en 2002.   *That law **was passed** in 2002.*

- **Ser** se usa para identificar o definir:

  - **el material de un objeto**
    La pulsera de Marisol **es** de plata de Taxco.
    *Marisol's bracelet **is made** of silver from Taxco.*

  - **la propiedad**
    Ese coche **es** de mi hermano.   *That car **belongs** to my brother.*

  - **la hora, la fecha y el lugar de un evento**
    El concierto **es** el 20 de octubre a las siete.
    *The concert **is** on October 20th at seven.*

    Es en el auditorio de la universidad.
    *It **will take place** in the university's auditorium.*

  - **un concepto general**
    El tema de las diferencias culturales **es** fascinante.
    *The topic of cultural differences **is** fascinating.*

    ¿Crees que los europeos **son** generalmente bilingües?
    *Do you think Europeans **are** usually bilingual?*

Aunque es común en inglés decir *It's me* en vez de *It's I*, en español siempre se usa el pronombre personal con un predicado nominativo en todos los tiempos verbales.

Soy yo.	Somos nosotros(as).
Eres tú.	Sois vosotros(as).
Es él/ella/Ud.	Son ellos/ellas/Uds.

Estar

- **Estar** no se usa como enlace entre el sujeto y otro elemento de la oración. **Estar** se usa para:

  - **formar los tiempos progresivos**
    Los estudiantes **están conversando** sobre las costumbres de sus respectivas familias.
    *The students **are talking** about the customs of their respective families.*

    Ellas **estuvieron practicando** deportes toda la tarde de ayer.
    *They **were practicing** sports all yesterday afternoon.*

  - **referirse al sitio donde se encuentra algo o alguien**
    Mi hermana **está** en casa.
    *My sister **is** at home.*

    Perú **está** en Sudamérica.
    *Perú **is located** in South America.*

  - **expresar la condición que resulta de una acción**
    No pude participar en la carrera porque **estaba lastimada**.
    *I couldn't participate in the race because I **was injured**.*

  - **referirse a la condición física, mental o emocional del sujeto**
    Las chicas **están** contentas de ser amigas.
    *The girls **are** happy to be friends.*

    ¿Cómo **estás**? **Estoy** bien.
    *How **are** you? **I'm** fine.*

    Estoy preocupada por la salud de mi padre.
    *I **am** worried about my father's health.*

  - **referirse a la percepción subjetiva de una característica del sujeto**
    No puedo tomar la sopa; **está** muy caliente. (Así la percibo al tomarla.)
    *I can't eat the soup; it **is** very hot.*

    No había visto a tu hijo en un año. ¡Ya **está** muy alto! (Así lo percibo al verlo.)
    *I had not seen your son in a year. He **has gotten** very tall.*

    ¡Qué suave **está** esta cobija! (Así la percibo al tocarla.)
    *This blanket **is** so soft!*

    ¿Puedes bajar la música? **Está** muy fuerte. (Así la percibo al oírla.)
    *Can you turn down the music? **It's** very loud.*

Hay varios adjetivos que cambian de significado, según se usen con **ser** o **estar**.

	con *ser*	con *estar*
aburrido(a)	to be boring	to be bored
bueno(a)	to be good	to be in good health
despierto(a)	to be bright, alert	to be awake
divertido(a)	to be fun	to be amused
listo(a)	to be ready	to be clever
loco(a)	to be silly	to be insane, crazy
malo(a)	to be bad, evil	to be sick
molesto(a)	to be bothersome	to be bothered
nuevo(a)	to be brand new	to be unused, like new
seguro(a)	to be reliable	to be sure, certain

Haber

- En su forma impersonal se usa para indicar existencia. Siempre se usa en tercera persona singular.

  Hubo muchos heridos en el accidente de ayer.
  There were many people hurt in yesterday's accident.

- También se usa como verbo auxiliar de todos los tiempos compuestos.

  ¿Has ido alguna vez a Machu Picchu?
  Have you ever *gone* to Machu Picchu?

  Espero que **hayan comprendido** la seriedad del problema.
  I hope they **have understood** *the magnitude of the problem.*

- **Haber + que + el infinitivo: haber** se usa de una manera impersonal para indicar necesidad u obligación.

  Hay que trabajar mucho para lograr paz en el mundo.
  One/We **must work** *hard to achieve peace in the world.*

Se usa el pronombre neutro **lo**, para hacer referencia a un adjetivo, un predicado nominativo o una cláusula. La forma es invariable y no hay equivalente en inglés.

¿Nora es tu prima? Sí, **lo** es.

¿Sabías que Rubén había llegado? No, no **lo** sabía. ¿Quién te **lo** dijo?

¿Estás cansada? Sí, **lo** estoy. No dormí bien anoche.

Tener

- El verbo **tener** se usa para indicar posesión, pero también se usa en varias expresiones que en inglés usarían el verbo *to be*.

tener _____ años to be _____ years old	**tener prisa** to be in a hurry
tener calor to be hot	**(no) tener razón** to be right (wrong)
tener cuidado to be careful	**tener sed** to be thirsty
tener frío to be cold	**tener sueño** to be sleepy
tener gracia to be funny	**tener suerte** to be lucky
tener hambre to be hungry	**tener vergüenza** to be ashamed
tener miedo to be afraid	

Mi prima es muy joven todavía; **tiene** solamente diez años.
*My cousin is still very young; **she's** only ten years old.*

Laura e Isabel **tienen** mucha hambre porque desayunaron muy temprano.
*Laura and Isabel **are** very hungry because they had breakfast very early.*

Alberto **tiene** muy buena suerte.   *Alberto **is** very lucky.*

- Otras expresiones que usan **tener** son:

tener ganas de + infinitivo	to feel like (doing something)
tener lugar	to take place
tener por qué	to have a need, reason

Tenemos ganas de ir al cine.
*We **feel like** going to the movies.*

La película **tendrá lugar** en el auditorio de la universidad.
*The movie **will take place** (will be shown) in the university auditorium.*

Tú no **tienes por qué** preocuparte por tu acento. Todo el mundo te entiende.
*You don't **have a reason to** worry about your accent. Everybody understands you.*

- **Tener que + infinitivo** se usa para indicar obligación o deber.

Cuando vas a un país extranjero **tienes que** adaptarte a sus costumbres.
*When you go to another country you **have to** adapt to its customs.*

Hacer

- Se usa el verbo **hacer** en varias expresiones de tiempo:

Hace frío. It's cold.	**Hace sol.** It's sunny.
Hace fresco. It's cool.	**Hace viento.** It's windy.
Hace calor. It's hot.	**Hace buen/mal tiempo.** The weather's good/bad.

- Sin embargo, no todas las expresiones de tiempo llevan el verbo **hacer**. En algunas se utiliza el verbo **estar: Está nublado.** *(It's cloudy.)* **Está despejado.** *(It's clear.)*

- **Hacer** también se usa en expresiones temporales para indicar por cuánto tiempo ha durado una acción o cuánto tiempo hace que tuvo lugar.

- **Hace** + *tiempo* + **(que)** + *tiempo presente* indica por cuánto tiempo se ha estado realizando una acción. Si se comienza la oración con el verbo, se quita **que** y se agrega **desde**.

  Hace dos meses (que) Uds. están aquí.   *You have been here two months.*
  Uds. están aquí **desde hace** dos meses.   *You have been here two months.*

- **Hace** + *tiempo* + **(que)** + *tiempo pretérito* indica cuánto tiempo hace que ocurrió una acción. Si se comienza la oración con el verbo, se quita **que.**

  Hace media hora **(que)** llegó a la casa.   *She got home a half an hour ago.*
  Llegó a la casa **hace** media hora.   *She got home a half an hour ago.*

¡A practicar!

1-28 ¿Ser o estar? Forma oraciones escogiendo un adjetivo de la lista. Haz los cambios de concordancia necesarios. En algunos casos es posible expresar una idea, tanto con **ser**, como **estar**. En esos casos, explica la diferencia de significado. No uses el mismo adjetivo más de dos veces.

   modelo mi casa / cómodo **Mi casa *es* cómoda.**

aburrido	enfermo	feliz	frío	grande	listo	pequeño	unido

1 mi compañero(a) de cuarto   3 mi familia   5 la gente en la fiesta
2 nuestro salón de clase   4 los estudiantes de esta clase   6 nuestro(a) profesor(a) de español

1-29 ¿Ser, estar o haber? Completa las oraciones con el tiempo presente del indicativo del verbo apropiado, según el contexto.

   1 En esta clase _____ más muchachas que muchachos.
   2 ¿Tú sabes dónde _____ la presentación esta noche?
   3 No voy a comer postre. Me pesé esta mañana y _____ muy gorda.
   4 Mis profesores este semestre _____ muy simpáticos.
   5 ¿_____ un problema con la comida, señora?
   6 Mis padres _____ preocupados por la economía.

1-30 ¿Ser o no ser? Trabaja con un(a) compañero(a). Hagan y contesten las siguientes preguntas.

   1 Di cómo son las siguientes personas, según el estereotipo popular.
      a artistas de Hollywood   c políticos   e líderes religiosos
      b abogados   d científicos   f turistas
   2 ¿Crees que los estereotipos que mencionaste son válidos? Explica tu respuesta. Da ejemplos que contradigan estos estereotipos.
   3 ¿Crees que las relaciones humanas mejoran o empeoran cuando se habla de prejuicios y estereotipos? ¿Por qué?

1-31 **¿Cómo está?** Di cómo se siente cada persona en las siguientes situaciones. Usa la forma correcta del verbo **estar** en tu respuesta. ¡OJO! No siempre se usa el tiempo presente.

modelo la profesora cuando los estudiantes entendieron

Estaba muy contenta.

1 un(a) niño(a) cuando recibió un regalo

2 los estudiantes cuando sacan malas notas

3 los padres cuando su hijo(a) maneje un coche por primera vez

4 tú cuando has tenido que hacer una presentación oral en español

5 Uds. cuando tienen que estudiar para muchos exámenes

1-32 **¿Qué tienen?** Escribe una oración para cada situación, usando una o dos expresiones con **tener** para indicar el estado emocional de las personas.

1 Un joven acaba de correr 5 kilómetros.

2 Una estudiante va a clase y salió de la casa tarde.

3 Caminas por el bosque y ves una víbora venenosa.

4 Tus amigos compran un boleto de lotería juntos y el número gana el premio gordo.

5 Uds. no han comido nada hoy.

1-33 **Háblame de ti** Entrevista a un(a) compañero(a) con las siguientes preguntas.

1 ¿Qué tienes ganas de hacer este fin de semana?

2 ¿Tienes por qué preocuparte de algo? Explica tu respuesta.

3 ¿Qué materia tienes que estudiar más? ¿Por qué?

4 ¿Cuándo tiene lugar la celebración más importante de tu familia?

5 ¿En qué situaciones tienes vergüenza?

1-34 **Pronóstico del tiempo** Trabaja con un(a) compañero(a). Preparen para la clase el informe del tiempo en las capitales de cinco países hispanos. Describan el tiempo para el día de hoy y el que se espera para mañana. Usen la imaginación, tomando en cuenta el clima y la estación del año de cada región.

modelo **Hoy, 15 de octubre, es un día agradable de primavera en Buenos Aires. La temperatura está a 16°C bajo un cielo parcialmente nublado. Hay vientos moderados, y para mañana el pronóstico es de lloviznas.**

1-35 **¿Cuánto tiempo hace que...?** Pregúntale a un(a) compañero(a) cuánto tiempo hace que hizo las siguientes actividades. Si nunca las ha hecho, puede inventar una respuesta.

modelo ¿Cuándo terminaste la tarea?

Hace dos horas que terminé la tarea. / Terminé la tarea hace dos horas.

1 ¿Cuándo conociste a una persona de origen hispano por primera vez?

2 ¿Cuándo empezaste a estudiar español?

3 ¿Cuándo fue la primera vez que viste una película española?

4 ¿Cuándo fue la última vez que comiste en un restaurante mexicano?

5 ¿Cuándo viajaste a un país de habla hispana?

1-36 **La secretaria lo sabe todo** Haz oraciones con la información provista. Haz todos los cambios que sean necesarios. Sigue el modelo.

> Hoy es viernes y son las dos de la tarde. El jefe de la Corporación Hispanoamericana de Seguros regresa de un viaje y la secretaria le informa en qué momento ocurrieron los siguientes acontecimientos. **¡OJO!** Necesitas tener en cuenta la hora y el día para contestar las preguntas.

modelo las doce: llegar un telegrama

Hace dos horas que llegó un telegrama.

1 el lunes: su suegra llamar
2 las diez de la mañana: irse la luz
3 el miércoles: dañarse la computadora
4 las ocho de la mañana: renunciar el tasador de seguros
5 el martes: los empleados irse a la huelga

1-37 **En otras palabras** Vuelve a escribir las oraciones, sustituyendo las palabras en *letra cursiva* por una expresión con el verbo **ser, estar, haber** o **hacer**.

modelo Mi casa *se encuentra* cerca de la universidad.

Mi casa *está* cerca de la universidad.

1 Mis padres se casaron *en 1990.*
2 *La temperatura hoy está a* –15° Celsius.
3 Esta tortilla española *me resultó* muy salada.
4 Mi tía *tiene una personalidad* muy agradable.
5 *Existían* muchos problemas difíciles de resolver.
6 Los novios no *se veían* muy contentos.

1-38 **En el extranjero** Trabaja con un(a) compañero(a). Imagínense que son estudiantes de intercambio en _____ (un lugar de habla española). Si nunca has viajado a un país de habla española, habla de un lugar donde hayas experimentado diferencias de costumbres. Charlen sobre el siguiente tema: ¿Cuáles son algunas observaciones que tienes sobre las diferencias entre tu lugar de origen y _____? Trata de incorporar cada uno de los siguientes verbos: **ser, estar, haber, hacer, tener.**

modelo **Quito *es* una ciudad más grande que Albany. No *hace* frío en invierno pero sí *hay* estaciones —¡a veces tres en un día! En general la gente *es* amable con los extranjeros y siempre *está* dispuesta a explicarle a uno lo que no entiende. Cuando yo conversaba con mis nuevos amigos, parecía que no *estaban* tan apurados; siempre *tenían* tiempo para sus amigos. *Hay* mucha vida en las calles a toda hora y *hay* más autobuses y taxis que en Albany.**

1-39 **Les presento a...** Trae a clase el retrato de una persona hispana famosa. Descríbesela a tus compañeros.

modelo **Isabel Allende es de nacionalidad chilena. Es autora de muchos libros y también ha trabajado como periodista. Ella tiene los ojos castaños y el pelo color café. Es baja y delgada. Es una mujer inteligente y creativa.**

Antes de leer

El siguiente texto literario trata sobre cómo cambian los puntos de vista, de acuerdo con la perspectiva del observador. ¿Alguna vez has pensado en que la perspectiva con que miramos o consideramos las cosas puede cambiarlo todo? Estamos tan acostumbrados a mirar las cosas de una manera determinada que a veces nos cegamos y no consideramos otros puntos de vista. Ya has visto esta famosa imagen, conocida por el nombre de las caras del jarrón. ¿Qué se ve? ¿Es un jarrón o son dos caras de perfil? Algunos dirán que es un jarrón, otros que son dos caras y hasta un tercero puede decir que son ambas cosas. ¿Quién tiene la razón? Así como sucede con esta imagen tan familiar, ocurre cuando estamos estudiando otra cultura o cuando nos enfrentamos con algo desconocido.

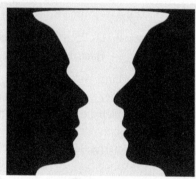

© Heinle, Cengage Learning

© Heinle, Cengage Learning

Si te fijas atentamente en esta imagen podrás ver *"good"* y también *"evil"*. ¿De qué forma vas a interpretar la imagen? Así como se puede ver la palabra "maldad", también se puede ver la palabra "bondad". Tú decides.

1-40 **Ilusiones ópticas** Busca más ilusiones ópticas que cuestionen la forma en que vemos las cosas y cómo puede variar nuestra perspectiva. Escoge una de las imágenes que consideres interesante y tráela a clase para explicarles a tus compañeros los diferentes puntos de vista que aparecen en la imagen.

¡Conoce al autor!

EDUARDO GALEANO (1940–) nació en Montevideo, Uruguay. Ha escrito libros de poesía y ensayos, muchas veces sobre temas polémicos. También se ha dedicado al periodismo por muchos años. *Las venas abiertas de América Latina* (1971) y su trilogía *Memoria del fuego* (1982–1986) han sido algunos de los títulos que le han merecido reconocimiento universal y que han sido traducidos a varios idiomas.

Patas arriba. La escuela del mundo al revés (fragmento)

Puntos de vista / 1

Desde el punto de vista del búho°, del murciélago°, del bohemio y del ladrón, el crepúsculo° es la hora del desayuno.   owl / bat
twilight

La lluvia es una maldición para el turista y una buena noticia para el campesino.

Desde el punto de vista del nativo, el pintoresco es el turista.

5

Desde el punto de vista de los indios de las islas del mar Caribe, Cristóbal Colón, con su sombrero de plumas y su capa de terciopelo° rojo, era un papagayo° de dimensiones jamás vistas. *velvet / parrot*

Puntos de vista / 2

Desde el punto de vista del sur, el verano del norte es invierno.

Desde el punto de vista de una lombriz°, un plato de espaguetis es una orgía. *earthworm*

Donde los hindúes ven una vaca sagrada, otros ven una gran hamburguesa.

Desde el punto de vista de Hipócrates, Galeno, Maimónides y Paracelso[1], existía una enfermedad llamada indigestión, pero no existía una enfermedad llamada hambre.

Desde el punto de vista de sus vecinos del pueblo de Cardona, el Toto Zaugg, que andaba con la misma ropa en verano y en invierno, era un hombre admirable:

—El Toto nunca tiene frío —decían.

Él no decía nada. Frío tenía; lo que no tenía era un abrigo.

Puntos de vista / 4

Desde el punto de vista del oriente del mundo, el día del occidente es noche.

En la India, quienes llevan luto visten de blanco.

En la Europa antigua, el negro, color de la tierra fecunda°, era el color de la vida, y el blanco, color de los huesos°, era el color de la muerte. *fertile* / *bones*

Según los viejos sabios de la región colombiana del Chocó, Adán y Eva eran negros y negros eran sus hijos Caín y Abel. Cuando Caín mató a su hermano de un garrotazo, tronaron las iras de Dios[2]. Ante las furias del señor, el asesino palideció° de culpa y miedo, y tanto palideció que blanco quedó hasta el fin de sus días. Los blancos somos, todos, hijos de Caín. *turned pale*

Puntos de vista / 6

Si Eva hubiera escrito el Génesis, ¿cómo sería la primera noche de amor del género humano?

Eva hubiera empezado por aclarar que ella no nació de ninguna costilla° ni conoció a ninguna serpiente, ni ofreció manzanas a nadie, y que Dios nunca le dijo que parirás° con dolor y tu marido te dominará. Que todas esas son puras mentiras que Adán contó a la prensa. *rib* / *will give birth*

Puntos de vista / 8

Hasta hace muchos años, los historiadores de la democracia ateniense° no mencionaban más que de paso° a los esclavos y a las mujeres. Los esclavos eran la mayoría de la población de Grecia, y las mujeres eran la mitad. ¿Cómo sería la democracia ateniense vista desde el punto de vista de los esclavos y las mujeres? *from Athens* / **de**... *briefly*

[1]Hipócrates –padre de la medicina moderna; Galeno –médico griego; Maimónides médico y filósofo judío; Paracelso –alquimista, médico, astrólogo suizo

[2]El enojo de Dios al ver que Caín había matado a su hermano Abel fue tan grande que tronó *(he thundered)*.

La Declaración de la Independencia de los Estados Unidos proclamó, en 1776, que "todos los hombres nacen iguales". ¿Qué significaba eso desde el punto de vista de los esclavos negros, medio millón de esclavos que siguieron siendo
45 esclavos después de la declaración? Y las mujeres, que siguieron sin tener ningún derecho, ¿nacían iguales a quién?

Desde el punto de vista de los Estados Unidos, es justo que los nombres de los norteamericanos caídos en Vietnam estén grabados°, sobre un inmenso muro° de mármol°, en Washington. Desde el punto de vista de los vietnamitas°
50 que la invasión norteamericana mató, allí faltan sesenta muros.

engraved

wall / marble / Vietnamese

Libro: *Patas Arriba* de Eduardo Galeano puntos de vista 1, 2, 4, 6 y 8. Used with permission.

Después de leer

1-41 **¿Y tú, qué opinas?**

Comprensión Completa la gráfica con contrastes tomados del texto de Galeano. Sigue el modelo. No cites del texto: expresa las ideas en tus propias palabras.

Punto de vista

1 El verano es de junio a agosto.

2

3

4

5

Punto de vista contrario

El verano es de diciembre a febrero.

Interpretación Contesta las siguientes preguntas.

1 ¿Qué obstáculos para la comprensión entre la gente se destacan en este texto literario?

2 ¿Qué comentario está haciendo el autor sobre la falta de comprensión?

3 Explica algunos puntos de vista que sean obstáculos para tus relaciones con tus padres, tus amigos o tus profesores.

4 Escoge un **Punto de vista** que no hayas entendido y trata de interpretarlo con la ayuda de un(a) compañero(a). Después comparte tu interpretación con el resto de la clase.

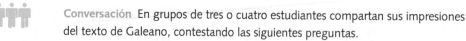

Conversación En grupos de tres o cuatro estudiantes compartan sus impresiones del texto de Galeano, contestando las siguientes preguntas.

5 ¿Por qué el texto se llama **Puntos de vista**?

6 ¿Cuál es el contraste más interesante? ¿Por qué?

7 Según el autor, ¿a qué se deben las diferencias de punto de vista? ¿Estás de acuerdo?

8 ¿Cuál es el propósito del autor al escribir este texto? ¿Tiene un propósito social, político, religioso…? Explica tu respuesta.

9 ¿Te hace reflexionar esta lectura sobre tus puntos de vista? ¿Sobre cuáles? Explica tu respuesta.

- Aprender sobre los cambios en la familia tradicional hispana
- Conocer las nuevas leyes en el mundo hispano relacionadas con el matrimonio

OBJETIVOS

- Familia, divorcio, matrimonio, nuevos roles

TEMAS DE VOCABULARIO

- La distinción entre **disfrutar, gozar, divertirse, entretenerse** y **pasarlo bien**
- La distinción entre **anciano, viejo, mayor** y **antiguo**
- La distinción entre **padres, parientes** y **relativo**
- El verbo **gustar** y otros verbos similares

ESTRUCTURAS

- Nuevos conceptos de familia
- *La guerra y la paz* – Mario Benedetti

LECTURAS CULTURALES

- ¿Matrimonio o convivencia?
- ¡Ya deja de preguntarme si voy a tener hijos!

VIDEOS

¿Qué es una familia?

CAPÍTULO 2

Andresr/iStockphoto.com

CULTURALES I

Antes de leer

Si haces una búsqueda en el Internet en español con la pregunta: "¿Qué significa familia?", es fascinante leer la gran variedad de respuestas que da la gente. Muy pocas personas enfatizan quiénes constituyen a la familia, pero casi todos describen las relaciones que consideran primordiales en una familia y los sentimientos que asocian con esa palabra. En este capítulo, veremos que el estereotipo que muchos tienen acerca de las familias hispanas no es válido ya que, igual que en muchas otras partes del mundo, la sociedad está enfrentando grandes cambios que afectan a la familia tradicional.

2-1 **¿Cómo defines la palabra *familia?*** Escribe tu propia definición de *familia*. Luego busca una definición de *familia* en dos lugares más, ya sea en el Internet o en libros de sociología y psicología. Apunta en la gráfica las características que tú y otras dos fuentes incluyeron en su definición.

Características incluídas en la definición	Mi definición de la familia	Fuente #1	Fuente #2

SENDEROS LÉXICOS I

acontecimiento *event*
alentar (ie) *to encourage*
apenas *barely*
brindar *to offer*
conceder *to grant*

convivir *to live together*
experimentar *to experience*
ligar *to tie*
monoparental *of one parent*
ocurrir *to happen*

pasar por alto *to overlook*
patriarcal *supremacy of the father*
traba *obstacle*
socavar *to undermine*
suscitar *to stir up, to provoke*

2-2 **¿A qué se refiere?** Identifica la palabra o expresión de **Senderos léxicos I** que describe tu profesor(a).

1 _____   4 _____   7 _____

2 _____   5 _____   8 _____

3 _____   6 _____

2-3 **¿Qué palabras faltan?** Llena los espacios en blanco con la palabra apropiada de **Senderos léxicos I.** Haz todos los cambios de concordancia que sean necesarios.

1 Las familias _____ son las que tienen un solo padre, ya sea el padre o la madre.

2 Las iglesias _____ a sus feligreses a que se casen y formen familia.

3 En las familias _____ los hombres son los que tienen el derecho de decidir.

4 Manuel y Gertrudis _____: esto quiere decir que viven juntos como pareja sin casarse.

5 La sociedad les pone muchas _____ a las parejas homosexuales. Esos obstáculos sirven para disuadirlas de que vivan juntas.

Nuevos conceptos acerca de la familia

Aunque las familias extensas, unidas y patriarcales caracterizan tradicionalmente a la sociedad hispana, esta no ha dejado de experimentar muchos de los cambios que se observan en otros países del mundo. El concepto de familia está íntimamente ligado al del matrimonio. Cada vez es más frecuente que la familia hispana se vea afectada por el

5 divorcio, los hogares monoparentales, los matrimonios de parejas del mismo sexo o de parejas que conviven sin casarse.

El divorcio

A la vez que la sociedad vaya aceptando formas alternativas del matrimonio tradicional, el concepto de familia se irá transformando. Sin embargo, es muy difícil hacer generalizaciones

10 acerca de este tema, ya que las circunstancias sociales, políticas y económicas que afectan a esta institución varían de un país de habla española a otro. Aunque hoy en día en todos estos países se ha legalizado el divorcio, en Chile la legalización ocurrió apenas en marzo de 2004. Las trabas legales para la disolución del matrimonio, que existían en algunos países se pasan hoy por alto; ahora existen maneras más fáciles y rápidas para obtener el

15 divorcio.

Las parejas homosexuales

España se define como un país de vanguardia, debido a que aprobó la legalización de los matrimonios homosexuales en junio de 2005. España es uno de los diez países del mundo que reconoce este derecho. El único país hispanoamericano que reconoce el matrimonio

20 gay es Argentina, pero en otros las parejas tienen derechos reconocidos por la ley. Por ejemplo, en México, D.F., las parejas gay gozan del derecho a obtener uniones civiles.

Las parejas homosexuales buscan la protección que les brinda el reconocimiento de su unión por la ley ante la sociedad. Mientras que las parejas gay luchan por el derecho a la legalización de sus uniones, más parejas heterosexuales optan por uniones consensuales,

25 no sancionadas por la ley o la Iglesia.

El papel de la mujer

Otro cambio que ha afectado a la familia es la incorporación de la mujer a la fuerza laboral. Cada vez más mujeres se preparan para obtener trabajos profesionales. En la Argentina, por ejemplo, las mujeres constituyen el 40% de la fuerza laboral. La labor que les ocupa

30 la mayor parte de su tiempo diario no es necesariamente la doméstica. Debido a que las mujeres tienen ahora más poder económico, tienen también más poder de decisión. Estos acontecimientos alteran el concepto que se tiene de la familia como núcleo principal de la organización social de un país.

Reacción ante los cambios

35 Cada uno de estos cambios ha suscitado una polémica. Mientras que algunos sectores de la sociedad están de acuerdo con facilitar el divorcio, conceder derechos a las parejas

homosexuales y alentar a las mujeres a independizarse por medio de la educación y el trabajo profesional, otros creen que cada uno de estos cambios socava la estructura familiar y pone en peligro el fundamento de la sociedad. ¿Qué opinas tú?

En este capítulo vas a leer sobre algunos cambios que han afectado recientemente a la familia hispana. También vas a conversar sobre tu familia y a comparar la estructura familiar en los Estados Unidos con la de otros países hispanos.

Después de leer

2-4 **¿De verdad?** Indica si las oraciones siguientes son verdaderas. Si no lo son, explica por qué.

1 _____ La familia hispana no ha experimentado muchos cambios.

2 _____ En todos los países hispanos se ha legalizado el divorcio.

3 _____ El poder de decisión de las mujeres aumenta según crece su poder económico.

4 _____ En casi todos los países hispanos existe el matrimonio homosexual.

2-5 **Una familia de la televisión**

Paso 1 Piensa en algún programa de televisión que trate sobre una familia. ¿Te identificas con los personajes? ¿Con cuál te identificas más? ¿Por qué? Piensa en la forma en que se relacionan los miembros de esa familia. ¿Te parece que el programa capta la realidad familiar actual? ¿En qué forma lo hace?

Paso 2 Comparte tu punto de vista con un(a) compañero(a) y compara las impresiones de tu compañero(a) con las tuyas. ¿Qué diferencias encontraron?

2-6 **¿Quién hace qué?** Menciona cinco labores domésticas que realiza tu padre, cinco que realiza tu madre y otras cinco que realizan los dos. Si prefieres, puedes hacer una comparación entre tu abuelo y tu abuela. Indica si el ejemplo dado es cierto para tu familia.

padre o abuelo	*madre o abuela*	*los dos*
cortar el césped	*lavar la ropa*	*sacar la basura*

2-7 **El mundo cambiante** Apunta cinco factores que han afectado la estructura familiar contemporánea y luego explica en qué forma la han afectado.

Cambio	*Resultado*
1 Incorporación de la mujer a la fuerza laboral	**1** Las madres pasan menos tiempo con los hijos.
2	**2**
3	**3**
4	**4**
5	**5**

2-8 **Charlemos** Contesten las siguientes preguntas en grupos de tres o cuatro estudiantes.

1 ¿Cómo es la familia ideal? Descríbela. ¿Por qué consideras ese modelo de familia mejor que otros?

2 ¿Cuáles son las razones por las que alguna gente está en contra de la unión civil o el matrimonio de parejas homosexuales?

3 ¿A qué se deben los cambios que han experimentado muchos países con respecto a la estructura familiar?

2-9 **Interpretación** Contesten las siguientes preguntas en los mismos grupos.

1 En España se legalizó recientemente el matrimonio entre homosexuales. ¿Creen que se debería hacer lo mismo en los Estados Unidos (EE.UU.)? ¿Por qué sí o por qué no? ¿Qué factores influyen en su punto de vista?

2 En su opinión, ¿los cambios que ha experimentado esta sociedad con respecto a la familia son positivos, negativos o los dos? Expliquen sus respuestas.

3 En su experiencia, ¿la gente joven tiene ideas diferentes a las de sus padres cuando se habla de temas tales como la homosexualidad, el papel de la mujer en la familia y el matrimonio? Expliquen.

© Cynthia Doutrich

Y las imágenes, ¿qué dicen?

Esta novia ecuatoriana siguió la tradición familiar de llevar el vestido que usó su madre el día de la boda. ¿Hay alguna tradición en tu familia con respecto al matrimonio o la boda? Explícala. ¿Te gustaría conservar esa tradición? ¿Por qué sí o por qué no?

senderos
VISUALES

¿Matrimonio o convivencia?

Antes de ver el video

Vas a ver y escuchar acerca del matrimonio, del divorcio y de las uniones de parejas gay en los países hispanoamericanos. Te vas a enterar del papel que tradicionalmente ha tenido la Iglesia Católica en estos asuntos y cómo algunos cambios en la sociedad han alterado a la familia tradicional.

2-10 Lo tradicional en contraste con lo moderno

Paso 1 Pon una X al lado de cada una de las ideas que tengas acerca de la familia hispana. Después de ver el video revisa la lista y piensa si has cambiado de punto de vista.

_____ El padre es el que manda.

_____ Hay muchas parejas homosexuales.

_____ Las madres son religiosas.

_____ Los abuelos son parte importante de la familia.

_____ Los hijos son independientes.

_____ Los hombres hacen las tareas domésticas.

_____ Se reúnen con frecuencia.

_____ Son familias grandes.

_____ Son familias unidas.

_____ Los jóvenes prefieren convivir en vez de casarse.

Paso 2 Contesta las siguientes preguntas según tu opinión.

1 ¿Qué derechos y obligaciones ante la ley y la sociedad tienen las parejas casadas?

2 ¿Qué ventajas y desventajas tiene la facilitación del divorcio?

SENDEROS LÉXICOS II

a raíz de *stemming from*
bautizo *baptism*
beneplácito *goodwill, approbation, consent*
conllevar *to carry (responsibilities, obligations)*
contrayente *marriage partner*
convivencia *living together*
de mutuo acuerdo *by mutual consent*
delito *crime*
derrumbarse *to collapse*
desechable *disposable*
don *a knack, gift, ability*
entrar en vigor *to become official*

escritura *deed*
facilitar *to facilitate, to make easier*
fallo *verdict, court decision*
formar empresa *to have a common goal*
juzgado *court*
ley no formativa *a law that doesn't contribute to moral development*
luz pública *in the public eye*
patrimonio *possessions*
trámite *required procedure in a process*
uso y costumbre *customary or habitual practices*

2-11 **¿A qué se refiere?** Identifica la palabra o expresión de **Senderos léxicos II** que describe tu profesor(a).

1 _____   6 _____

2 _____   7 _____

3 _____   8 _____

4 _____   9 _____

5 _____   10 _____

2-12 **Relaciones** Lee las siguientes oraciones y escribe la palabra o término de la lista de **Senderos léxicos II** que mejor se relacione con cada oración.

1 _____ Tengo una casa en Querétaro, dos coches y una cuenta de ahorros en el banco. Soy dueño de todos esos bienes *(goods)*.

2 _____ Para obtener una visa de turista, es necesario presentarse en el consulado con los siguientes documentos: el pasaporte, dos fotos y el acta de nacimiento.

3 _____ La nueva ley que les permitirá a los homosexuales casarse será válida a partir de marzo del próximo año.

4 _____ Todos los años, el día de Navidad, mi familia se reune en casa de mis padres para comer juntos, cantar villancicos *(carols)* y abrir regalos.

5 _____ Según la tradición católica, los bebés reciben su nombre en la iglesia durante una ceremonia especial.

2-13 **Cada oveja con su pareja** Busca el sinónimo.

1 _____ patrimonio   **a** habilidad, talento

2 _____ beneplácito   **b** sentencia

3 _____ delito   **c** diligencia

4 _____ derrumbarse   **d** herencia

5 _____ don   **e** crimen

6 _____ fallo   **f** desplomarse

7 _____ trámite   **g** aprobación

2-14 **Contextos** Llena los espacios en blanco con la forma correcta de una palabra o expresión de **Senderos léxicos II**.

1 Una de las funciones del _____ de familia es decidir sobre la custodia de los hijos.

2 Surgieron protestas _____ las nuevas leyes que legalizan el matrimonio homosexual.

3 Los novios contrajeron matrimonio con el _____ de sus respectivas familias.

4 Los _____ se casaron en una ceremonia civil antes de la boda en la iglesia.

5 La decisión de tener hijos _____ muchas responsabilidades.

6 La pareja decidió separarse _____ porque no veían manera de reconciliar sus diferencias.

Una familia hispana celebra un bautismo.

"La Iglesia promueve matrimonios sólidos, responsables."

Los gay abogan por la diversidad.

Intercambio de anillos en una boda

PARA PENSAR Observa y compara las fotos tomadas del video. ¿Qué valores u opiniones promueven cada una de ellas?

Después de ver el video

2-15 **Exprésense**

Comprensión Contesta las siguientes preguntas.

1 ¿En qué consiste el divorcio rápido en Colombia?
2 ¿Qué implica que las parejas de un mismo sexo puedan tener un patrimonio común?
3 ¿Por qué la ex esposa de uno de los contrayentes en Barcelona se siente feliz?

Interpretación Contesta las siguientes preguntas.

4 ¿Qué hechos han contribuido al cambio en la familia en los países de habla hispana?

5 ¿Qué esperan las parejas homosexuales que implique la nueva ley en Colombia?

6 ¿Por qué el divorcio rápido se le concede solo a las parejas que no tienen hijos menores de edad?

Conversación Contesten las siguientes preguntas en grupos de tres o cuatro estudiantes.

7 ¿Cuáles son las ventajas y desventajas del divorcio rápido? ¿Por qué?

8 ¿Qué derechos deben tener las parejas homosexuales? ¿Por qué?

9 ¿Qué papel debe tener la Iglesia en la determinación de los derechos y deberes de las parejas, ya sean heterosexuales u homosexuales?

¡Ya deja de preguntarme si voy a tener hijos!

Antes de ver el video

© Heinle, Cengage Learning

¿Por qué se meten en mi vida privada?

Lucía es una mujer joven, dinámica y feliz. Está muy contenta con su vida con la excepción de un aspecto: según ella, la gente se mete demasiado en su vida privada. Escucha lo que dice Lucía y decide si estás de acuerdo con ella.

2-16 Reflexiones personales Contesta las siguientes preguntas.

1 ¿Qué aspectos de tu vida prefieres mantener privados?

2 ¿Hay gente que te haga preguntas demasiado privadas? ¿Quién(es)?

3 ¿Cómo le respondes a la gente que quiere meterse en tu vida?

4 ¿Por qué crees que algunas personas tienen tanta curiosidad sobre la vida íntima de otros?

Después de ver el video

2-17 **¿Entendiste?** Mientras escuchas el video, indica si las siguientes afirmaciones son ciertas o falsas.

1 _____ Lucía se casó hace siete años.

2 _____ Ella y su esposo están felizmente casados.

3 _____ Cuando Lucía y su esposo empezaron a salir juntos, se dieron cuenta muy pronto que querían casarse.

4 _____ Lucía y su esposo terminaron su carrera universitaria antes de casarse.

5 _____ La gente le hace más preguntas sobre los hijos a Lucía que a su esposo.

2-18 **¿Te acuerdas qué dijo Lucía?**

Comprensión Contesta las siguientes preguntas.

1 ¿Dónde se conocieron Lucía y su esposo?

2 ¿Cómo explicó Lucía la manera en que ella y su esposo decidieron casarse?

3 ¿Cómo se siente ella cuando la gente le pregunta si quiere tener hijos?

Interpretación Contesten las siguientes preguntas.

4 ¿Piensan que en general la gente le hace más preguntas personales a las mujeres que a los hombres? Expliquen.

5 ¿Cuál es la mejor manera de contestarle a una persona que hace preguntas que uno considera privadas?

6 Si la persona que te hace una pregunta se ofende porque no quieres contestársela, ¿qué deberías hacer o decir?

2-19 **Los medios sociales** Cuando se crea un perfil personal en un sitio de la Red como *Facebook* se puede incluir mucha información de carácter personal. Indica con una X la información que estás dispuesto(a) a divulgar.

_____ nombre   preferencias en:

_____ foto   _____ música   _____ religión   _____ deportes

_____ dirección   _____ libros   _____ creencias políticas   _____ equipos y atletas

_____ teléfono   _____ películas

_____ educación   _____ televisión   _____ gente que te inspira   _____ actividades e intereses

_____ trabajo   _____ juegos

2-20 **Para compartir** En grupos de tres o cuatro, hablen sobre la información que incluyen en su perfil en lugares como *Facebook* o *MySpace*. Si no participan en estos medios, expliquen por qué.

2-21 **Debate** Escojan uno de los siguientes temas para hacer un debate. La clase debe dividirse en dos grupos para defender posiciones contrarias.

1 **El derecho a casarse de los homosexuales** Los estudiantes a favor deben imaginar que son abogados que defienden el derecho al matrimonio de las parejas homosexuales ante la Corte Suprema de los EE.UU. El segundo grupo de estudiantes actuará como jueces de la Corte Suprema, estableciendo su opinión y cuestionando la validez de las afirmaciones del grupo de abogados.

2 **Ventajas y desventajas del divorcio rápido** Los estudiantes imaginarán estar frente a los legisladores de su ciudad quienes consideran un proyecto de ley para facilitar el divorcio. Cada grupo expresará su opinión a favor o en contra del proyecto de ley, indicando la forma en que afecta a la familia el tener un proceso de divorcio largo, en contraste con un divorcio rápido.

¡Recuerda!

Los sustantivos colectivos son de número singular.

La familia es una institución social de mucha importancia.
The family is a very important social institution.

La gente no necesita muchas cosas materiales para ser feliz.
People do not need many material possessions to be happy.

2-22 **¡Y ahora a escribir!** Escoge uno de los siguientes temas para escribir una composición.

1 **Cambios en la estructura familiar** El concepto de familia ha evolucionado a partir de mediados del siglo XX. Piensa en los cambios por los que ha pasado la familia estadounidense a partir de la generación de tus abuelos. Anota las ideas que quieras incluir en la composición teniendo en cuenta los siguientes puntos:

- relaciones entre los miembros de la familia
- la diferencia entre los roles de la mujer y el hombre como miembros de la familia
- el papel que desempeña la religión en la concepción de la familia
- la familia con padres del mismo sexo

Usa las preguntas en el Apéndice A para dirigir el proceso de redacción de la composición.

¡Recuerda!

Los títulos en español se escriben en letras minúsculas. Nunca se <u>subrayan</u> ni se ponen en *cursivas*. El título de tu composición debe reflejar el tema del que trata. Nunca escojas un título demasiado general como por ejemplo: el matrimonio. Ese título es tan general que en realidad no dice nada.

2 Representación en los medios de comunicación Hay muchos programas televisivos que tratan sobre la familia. ¿Qué imagen de la familia presentan? Escoge uno o varios programas de televisión como ejemplo(s) para tu composición. Apunta las ideas que quieres incluir en la composición teniendo en cuenta los siguientes puntos:

- los datos demográficos de los miembros de la familia
- la manera en que interactúan los miembros de la familia
- los estereotipos sobre la familia
- la moraleja del programa
- la verosimilitud del programa

Usa las preguntas en el Apéndice A para dirigir el proceso de redacción de la composición.

¡Recuerda!

En español *and* se dice **y**. Sin embargo, cuando la palabra que sigue comienza con "i" o "hi" se cambia a **e**. Por ejemplo: manzanas **y** peras; pero: ciruelas **e** higos, Laura **e** Isabel.

Se usa **y** ante "hie": musgo *(moss)* y hiedra *(ivy)*.

Asímismo, *or* se traduce como **o**. Pero cuando la palabra a continuación comienza con "o" u "ho" se cambia a **u**. Por ejemplo: mujer **u** hombre.

3 El cambio y la tradición Esta película presenta una variedad de conflictos a raíz de las tradiciones familiares.

Como agua para chocolate, basada en la novela de Laura Esquivel, dirección de Alfonso Arau, México, 1993

Paso 1 Piensa en la tradición en esta película que prohíbe que la hija menor se case porque debe cuidar a su madre. Apunta las ideas que quieres incluir en la composición teniendo en cuenta los siguientes puntos:

- ¿Quién impone esta tradición en la familia?
- ¿A quiénes les afecta esta tradición? ¿Cómo?
- ¿Cuáles son las consecuencias de imponer la tradición?

Paso 2 Prepara el borrador de tu composición, incorporando la información que has apuntado en el Paso 1.

Introducción: Decide si el punto principal de tu composición es establecer las consecuencias de la tradición o establecer una comparación con las costumbres de hoy en día. Haz una lista de los puntos principales que vayas a desarrollar.

Desarrollo del tema: De acuerdo a lo que decidiste en el Paso 1, analiza cada uno de los puntos principales e incluye ejemplos, ya sea de la vida real o de la película, para ilustrar tu razonamiento.

Conclusión: Establece claramente tu punto de vista sobre la tradición que observaste en la película o cómo se comparan las tradiciones observadas con las de hoy en día.

Paso 3 Usa las preguntas en el Apéndice A para dirigir el proceso de redacción de la composición.

 A Dios le pido (álbum: *A Dios le pido*) de Juanes (Colombia)

Trampas de la lengua

To enjoy

a **disfrutar** to enjoy, to have a good time, to experience joy
   ¡Cuánto **he disfrutado** la reunión familiar de hoy!
   I've really enjoyed the family get-together today!

b **gozar** to enjoy, to benefit from, to be fortunate to have, to take pleasure
   Gabriel García Márquez **goza** de muy buena fama como escritor.
   *Gabriel García Márquez **enjoys** a good reputation as a writer.*

   Mi hermano **goza** de buena fortuna en el juego, pero no en el amor.
   *My brother **is lucky** in gambling, but not in love.*

   Gozamos grandemente en la boda de mi prima ayer.
   ***We enjoyed** ourselves tremendously at my cousin's wedding yesterday.*

c **divertirse** to have fun, to have a great time
   Fernando y su esposa Eugenia **se divertirán** muchísimo en su viaje a España.
   *Fernando and his wife Eugenia **will have a great time** on their trip to Spain.*

d **entretenerse** to entertain oneself, to get wrapped up in an activity
   Hoy en día los niños **se entretienen** viendo televisión y no hacen suficiente ejercicio.
   *Nowadays kids **entertain themselves** watching TV and do not exercise enough.*

e **pasarlo bien** to have a good time
   Estoy segura que mis padres **lo pasaron bien** en su luna de miel.
   *I am sure my parents **had a good time** on their honeymoon.*

2-23 **¿Qué tal lo pasaste?** Hazle las siguientes preguntas a un(a) compañero(a) de clase.

1 ¿Cómo te diviertes con tu familia? ¿Con qué miembros de tu familia te diviertes más? ¿Por qué?
2 ¿Cómo lo pasas cuando vas de viaje con tus padres? Cuenta una experiencia que hayas tenido.
3 ¿Gozabas de buena o mala fama entre los miembros de tu clase de secundaria? ¿Por qué?
4 ¿Qué haces para entretenerte cuando esperas en el consultorio del doctor?
5 ¿Qué materia de estudio disfrutas más? ¿Por qué?
6 ¿Qué haces para entretenerte? Menciona al menos tres actividades que haces para divertirte.
7 ¿Disfrutas de algún talento o don? Si crees que no tienes ninguno, ¿qué talento te gustaría tener? ¿Cómo lo emplearías?
8 ¿Lo pasas bien o mal cuando estás en clase? ¿Depende de la clase? Explica.

Old

a **anciano** *old, aged* (Se usa solo con personas.)

> El **anciano** abrió la puerta con mucha cautela.
> *The **old man** opened the door carefully.*

b **viejo** *old* (Se usa con personas y cosas. Cuando se usa para referirse a personas suele tener una connotación negativa.)

> La **vieja** se sentía muy enferma y fue al doctor.
> *The **old woman** was feeling very sick and went to the doctor.*

> Mi carro no funcionaba porque era muy **viejo**.
> *My car was not working because it was very **old**.*

c **mayor** *older, old, bigger* (Se usa como sustituto de los términos **viejo** y **anciano**. Puede indicar que la persona no es demasiado **vieja**. También se usa para evitar la connotación negativa del término **viejo**. Este adjetivo se usa también para hacer comparaciones de edad entre las personas.)

> Mi tía Aurelia es una persona **mayor**; tiene 60 años.
> *My aunt Aurelia is an **older** person; she is 60 years old.*

> Mis hermanos son **mayores** que yo.
> *My brothers are **older** than I.*

d **antiguo** *old, antique, ancient* (Se usa para cosas solamente, no para personas.)

> A Raúl le fascinan los muebles **antiguos**.
> *Raúl loves **antique** furniture.*

> En épocas **antiguas** las mujeres no tenían muchos derechos civiles.
> *In **ancient** times women didn't have many civil rights.*

2-24 **¿Anciano, viejo, mayor o antiguo?** Contesta las siguientes preguntas.

1 ¿Qué tipo de colección de antigüedades te parece interesante?
2 ¿Qué objetos antiguos coleccionas tú o algún miembro de tu familia o amigo(a)?
3 ¿Quién es tu profesor(a) mayor?
4 ¿Qué planes tienes para cuando seas mayor?
5 ¿Qué privilegios deben tener las personas ancianas: descuentos en el cine, en los restaurantes; lugares reservados en los autobuses o estacionamientos? Explica tu respuesta.

¡Recuerda!

Los apellidos no se usan en plural aunque se refieran a toda la familia. Cuando los usamos para referirse a toda la familia, se usa el artículo definido masculino y plural.

Los Martínez *The Martinezes*   Los Rivera *The Riveras*

2-25 ¿Sabes cuál es la palabra contraria? Contesta las preguntas negativamente usando la palabra opuesta a la que está en cursiva.

   1 ¿Eres el hermano *menor* de tu familia?

   2 ¿Tu profesor(a) es *joven*?

   3 ¿El bautismo es una tradición *moderna*?

   4 ¿Tu computadora es *nueva*?

   5 ¿Los *jóvenes* no están de acuerdo con el divorcio rápido?

Relatives

  a **padres** *parents* (En singular significa *father*; en plural, *parents*.)

> Mis **padres** me trajeron muchos regalos de su último viaje a Argentina.
> *My **parents** brought me many gifts from their last trip to Argentina.*

> El **padre** de Julieta es un abogado de mucho renombre.
> *Julieta's **father** is a famous lawyer.*

  b **parientes** *relatives*

> Conocimos a los **parientes** de Laura anoche en la fiesta.
> *We met Laura's **relatives** last night at a party.*

  c **relativo(a)** *(adj.) relative*

> Los valores son **relativos** a la cultura del individuo.
> *Values are **relative** to one's culture.*

2-26 Dime quién es Llena los espacios en blanco con **padres, parientes** o **relativos**.

   1 Mi padre y mi madre, esto es, mis _____ se la pasan discutiendo todo el tiempo. A veces me pregunto si se divorciarán.

   2 A mis hermanos y a mí nos encantan las Navidades. En esa época del año vemos a todos nuestros _____: tíos, abuelos, primos…

   3 Cuando éramos pequeños, nuestros _____ nos llevaban al circo todos los años. Nunca nos dejaban ir con nadie más, ni siquiera con otros parientes.

   4 Tal parece que en nuestra época todos los valores son _____, nunca absolutos.

   5 Los _____ favoritos de mi esposo son sus tías maternas.

2-27 ¿Padres, parientes, relativos? Contesta las siguientes preguntas.

   1 ¿Crees que todos los parientes deben considerarse parte de la familia inmediata o solo algunos? ¿A quiénes debe considerárseles parte de la familia inmediata? ¿Por qué?

   2 ¿A qué se dedican tus padres? ¿Crees que es importante que al menos uno de los padres se quede en la casa criando a los hijos? ¿Por qué?

   3 ¿Qué valores familiares te parecen relativos? ¿Hay alguno en que no estés de acuerdo con tus padres?

Estructuras

Gustar y verbos similares a *gustar*

El verbo *gustar*

- El verbo **gustar** generalmente se conjuga, usando un pronombre de complemento indirecto y el verbo en tercera persona singular o plural.

  No nos **gusta** el sillón antiguo del abuelo.   *We don't **like** our grandfather's old chair.*

  ¿Te **gustan** las familias grandes?   *Do you **like** large families?*

  ....

  La oración comienza con un pronombre de complemento indirecto seguido por el verbo **gustar**.

  En el ejemplo anterior el verbo está en plural para que concuerde con el sujeto de la oración (familias grandes). Una traducción literal de esta oración es: *Are large families pleasing to you?*

  ....

- Para hacer énfasis o aclarar se puede añadir una frase preposicional.

  ¿A ti te gustan las familias grandes?   **A ellos** *les gustó la boda.*

- Al verbo **gustar** le puede seguir una cláusula o un infinitivo. En ambos casos el verbo **gustar** debe estar en singular.

  A los padres les gusta **que los hijos sean obedientes**.
  Parents like their children to be obedient.

  A las personas mayores les gusta **viajar** frecuentemente.
  Older people like to travel often.

Verbos similares a *gustar*

- En español hay muchos verbos que se conjugan de la misma manera que **gustar**.

apetecer to appeal, to have an appetite for, to feel like (eating something)	Me **apetece** comer fruta. *I feel like eating fruit.*
convenir to suit, to be convenient	Nos **convino** juntarnos a las siete. *It suited us to meet at seven.*
doler to hurt	A Pedro le **dolería** la cabeza. *Pedro probably had a headache.*

faltar	A ellos todavía les **falta** llenar la solicitud de empleo.
to need, to lack	*They still need to fill out the job application.*
importar	A Carlos no le **importa** que yo no sea feliz.
to care about, to matter, to mind	*Carlos doesn't care that I'm not happy.*
interesar	¿Qué te **interesa** hacer?
to interest	*What are you interested in doing?*
molestar	No nos **molestan** los niños traviesos.
to bother	*Naughty kids do not **bother** us.*
parecer	Les **parecerá** buena idea.
to seem, to think	*They will **think** that it's a good idea.*
sorprender	Nos **sorprende** que no quiera estudiar una carrera universitaria.
to surprise	*It surprises us that he doesn't want to study a professional career.*
tocar	¿Te **toca** a ti o me **toca** a mí lavar los platos?
to be one's turn	*Is it my turn or your turn to wash the dishes?*

- Aunque estos verbos se usan frecuentemente en la tercera persona, también tienen una conjugación completa.

No me **importas**. *I don't care about you.*
Me **molestas**. *You bother me.*

¿Te **intereso**? *Are you interested in me?*
*Le **gusto** a Miguel. *Miguel likes me.*

*En este contexto **gustar** significa tener interés romántico en la persona.

- Otros verbos como **gustar** que regularmente se conjugan en todas las personas:
  - **convenir, encantar, fascinar** y **parecer**.

¡A practicar!

2-28 **Te toca a ti.** Forma oraciones completas, según el modelo. Usa cualquier verbo de la lista.

modelo **A mis padres les preocupa el costo de la vida.**

1 A mis abuelos
2 A los padres gruñones
3 A los hijos perezosos
4 A nosotros
5 A ti
6 A los sacerdotes católicos

apetecer
caer bien/mal
doler
encantar
faltar
fascinar

gustar
importar
interesar
molestar
preocupar
sorprender

2-29 **¡Decisiones!** Gabriela no sabe qué pensar sobre el divorcio rápido. A ella le gustaría encontrarse con su Príncipe Azul. Llena los espacios en blanco de este párrafo con el tiempo verbal adecuado de verbos como **gustar** o similares y el complemento indirecto.

No sé qué pensar sobre el divorcio rápido. A veces **(1)** _____ (parecer) que es una buena idea. **(2)** _____ (gustar) pensar que, si cometo el error de casarme con una persona que no es la indicada, puedo salir del atolladero sin mayores complicaciones. A veces **(3)** _____ (apetecer) quedarme soltera y otras **(4)** _____ (parecer) conveniente casarme. A mi **(5)** _____ (faltar) experiencia para decidir a favor o en contra del matrimonio. Mi amiga Lucía se divorció el año pasado tan pronto como a ella **(6)** _____ (parecer) que **(7)** _____ (convenir). A Lucía no **(8)** _____ (molestar) pedir el divorcio inmediatamente. Soy un poco más tradicional. A mí **(9)** _____ (encantar) encontrar a mi Príncipe Azul y **(10)** _____ (sorprender) que él no me quisiera como yo a él.

2-30 **¿Por qué?** Contesta las preguntas, incorporando en tu respuesta uno de los verbos como **gustar**.

modelo ¿Por qué no quieres comprar ese vestido? **Porque no me queda bien.**

1 ¿Por qué tienes una colección tan grande de cochecitos?
2 ¿Por qué tu compañero(a) de cuarto no estudia nunca?
3 ¿Por qué salen tú y tus amigos a bailar todos los fines de semana?
4 ¿Por qué tomas tantas clases de español?
5 ¿Por qué tus primos nunca vienen a visitarte?
6 ¿Por qué no se permite fumar en tu casa?
7 ¿Por qué crees que quiero enseñarles acerca de la cultura hispana?
8 ¿Por qué llora ese bebé?

2-31 **¿Qué opinan?** Contesten las preguntas, usando uno de los verbos de la lista.

modelo ¿Qué piensas del machismo? **Me parece que es un concepto polémico.**

1 ¿Qué opinan ustedes sobre el divorcio? ¿Por qué?
2 ¿Qué piensan las personas mayores de las relaciones prematrimoniales?
3 ¿Te molestaría trabajar en una profesión que te mantuviera alejado de tu familia? Explica tu respuesta.
4 ¿Cómo reaccionas ante las personas que tratan a los animales como miembros de la familia?
5 ¿Les molestan a tus abuelos las familias monoparentales? ¿Por qué?
6 ¿Qué les parece a tus amigos tener una familia grande?
7 ¿Cómo reaccionan tus amigos y tú ante las parejas homosexuales?
8 ¿Qué te parece la manera en que los programas de televisión representan a la familia?

2-32 **¿Nos casaremos?** Trabaja con un(a) compañero(a). Preparen y representen el siguiente diálogo ante la clase. Tú y tu novio(a) están por casarse. Ahora conversan sobre sus gustos y preferencias con respecto a la familia que formarán en el futuro. Tú eres muy conservador(a) y tu novio(a) es bastante liberal. Ambos le quieren dejar saber al / a la otro(a) lo que le gusta o disgusta, interesa, importa, encanta, etcétera. Cada uno va a tratar de convencer al / a la otro(a) de que su punto de vista y sus preferencias son mejores. Decidan al final del diálogo si todavía se casarán o romperán el compromiso.

senderos
CULTURALES II

Antes de leer

El cuento que aparece a continuación trata acerca de la manera en que el divorcio afecta a los niños. El cuento es relatado desde la perspectiva del hijo de la pareja, mientras esta discute cómo dividirá los bienes gananciales del matrimonio. ¿Ha habido un divorcio en tu familia o en la de algún amigo o pariente? Seguramente has observado algunas acciones por parte de los padres que han sido destructivas para todos, especialmente para los hijos de la pareja.

2-33 El comportamiento de los padres

Paso 1 Lee a continuación las acciones y comportamientos de los padres y decide si ayudan (Sí) o no ayudan (No) a los hijos cuando se trata del divorcio de los padres.

1 _____ Usar a los niños de mensajeros.

2 _____ Mantener las mismas rutinas.

3 _____ Darles explicaciones que los niños puedan comprender.

4 _____ Decirle al niño todo lo que el cónyuge ha hecho mal.

5 _____ Incluir a los niños en la discusión de la división de bienes.

6 _____ Permitirles a los niños seguir las relaciones con los dos lados de la familia.

7 _____ Dejar que los niños decidan con quién quieren vivir.

8 _____ Comprarles a los niños nuevos juguetes para que se distraigan.

9 _____ Proveer estructura y poner límites en el hogar.

10 _____ Pedirles consejo a los niños sobre las decisiones que necesiten tomar.

Paso 2 Compara tus reacciones con las de tus compañeros. ¿Están de acuerdo? ¿Hay alguna acción que consideren buena en algunas circunstancias y mala en otras? Expliquen.

2-34 Matrimonio exitoso Haz una lista de las características que son necesarias para que un matrimonio sea exitoso. También menciona lo que debe evitar la pareja para que el matrimonio no termine en divorcio.

caracterísiticas de un matrimonio exitoso	circunstancias que hay que evitar en un matrimonio
hay buena comunicación entre la pareja	un miembro de la pareja grita cuando algo no le gusta

¡Conoce al autor!

MARIO BENEDETTI (1920–2009), autor uruguayo, fue poeta, novelista, dramaturgo, cuentista, ensayista y crítico literario. Con la obra *La Tregua*, publicada en 1960, adquirió reconocimiento internacional. Esa novela fue traducida a diecinueve idiomas y llevada al teatro, la televisión, la radio y el cine. Benedetti ganó varios premios prestigiosos por sus obras. Estos incluyen el Premio Reina Sofía de Poesía Iberoamericana en 1999 y el Premio Iberoamericano José Martí en 2001. El cuento que sigue pertenece a la colección de cuentos *Montevideanos*, publicada en 1959.

La guerra y la paz

Cuando abrí la puerta del estudio, vi las ventanas abiertas como siempre y la máquina de escribir destapada y sin embargo pregunté: —¿Qué pasa?—. Mi padre tenía un aire autoritario que no era el de mis exámenes perdidos. Mi madre era asaltada por

espasmos de cólera° que la convertían en una cosa inútil. Me acerqué a la biblioteca y me arrojé° en el sillón verde. Estaba desorientado, pero a la vez me sentía misteriosamente atraído por el menos maravilloso de los presentes. No me contestaron, pero siguieron contestándose. Las respuestas, que no precisaban el estímulo de las preguntas para saltar y hacerse añicos°, estallaban frente a mis ojos, junto a mis oídos. Yo era un corresponsal de guerra. Ella le estaba diciendo cuánto le fastidiaba° la persona ausente de la Otra. Qué importaba que él fuera tan puerco como para revolcarse con esa buscona°, que él se olvidara de su ineficiente matrimonio, del decorativo, imprescindible ritual de la familia. No era precisamente eso, sino la ostentación desfachatada°, la concurrencia al Jardín Botánico llevándola del brazo, las citas en el cine, en las confiterías°. Todo para que Amelia, claro, se permitiera luego aconsejarla con burlona° piedad (justamente ella, la buena pieza°) acerca de ciertos límites de algunas libertades. Todo para que su hermano disfrutara recordándole sus antiguos consejos prematrimoniales, justamente él, el muy cornudo°, acerca de la plenaria indignidad de mi padre. A esta altura el tema había ganado en precisión y yo sabía aproximadamente qué pasaba. Mi adolescencia se sintió acometida por una leve sensación de estorbo° y pensé en levantarme. Creo que había empezado a abandonar el sillón. Pero, sin mirarme, mi padre dijo: —Quédate—. Claro, me quedé. Más hundido que antes en el pullman verde. Mirando a la derecha alcanzaba a distinguir la pluma del sombrero materno.

rage

I threw myself

small pieces

bothered

tramp

impudent

candy shop

mockingly / **buena…** *good for nothing*

cuckold

to be in the way

Hacia la izquierda, la amplia frente y la calva paternas. Estas se arrugaban
y alisaban alternativamente, empalidecían y enrojecían siguiendo los tirones
de la respuesta, otra respuesta sola, sin pregunta. Que no fuera falluta°.   *hipócrita*
35 no había chistado cuando ella galanteaba con Ricardo, no era por cornudo sino
por discreto, porque en el fondo la institución matrimonial estaba por encima de
todo y había que tragarse las broncas° y juntar tolerancia para que sobreviviese.   *fights*
Mi madre repuso que no dijera pavadas°, que ella bien sabía de dónde venía su   *silliness*
tolerancia.

40   De dónde, preguntó mi padre. Ella dijo que de su ignorancia; claro, él creía
que ella solamente coqueteaba° con Ricardo y en realidad se acostaba con él. La   *flirted*
pluma se balanceó con gravedad, porque evidentemente era un golpe tremendo.
Pero mi padre soltó una risita y la frente se le estiró, casi gozosa. Entonces ella
se dio cuenta que había fracasado, que en realidad él había aguardado eso para
45 afirmarse mejor, que acaso siempre lo había sabido, y entonces no pudo menos
que desatar unos sollozos histéricos y la pluma desapareció de la zona visible.
Lentamente se fue haciendo la paz. Él dijo que aprobaba, ahora sí, el divorcio. Ella
que no. No se lo permitía su religión. Prefería la separación amistosa, extraoficial,
de cuerpos y de bienes°. Mi padre dijo que había otras cosas que no permitía la   *property*
religión, pero acabó cediendo. No se habló más de Ricardo ni de la Otra. Sólo de
50 cuerpos y de bienes. En especial, de bienes. Mi madre dijo que prefería la casa del
Prado. Mi padre estaba de acuerdo: él también la prefería. A mí me gusta más la
casa de Pocitos. A cualquiera le gusta más la casa de Pocitos. Pero ellos querían
los gritos, la ocasión del insulto. En veinte minutos la casa del Prado cambió de
usufructuario° seis o siete veces. Al final prevaleció la elección de mi madre.   *owner*
55 Automáticamente la casa de Pocitos se le adjudicó° a mi padre. Entonces   *granted*
entraron dos autos en juego. Él prefería el Chrysler. Naturalmente ella también.
También aquí ganó mi madre. Pero a él no pareció afectarle; era más bien una
derrota táctica. Reanudaron° la pugna a causa de la chacra°, de las acciones de   *resumed / piece of*
Melisa, de los títulos hipotecarios, del depósito de leña. Ya la oscuridad invadía   *land*
60 el estudio. La pluma de mi madre, que había reaparecido, era sólo una silueta
contra el ventanal. La calva paterna ya no brillaba. Las voces se enfrentaban
roncas, cansadas de golpearse; los insultos, los recuerdos ofensivos, recrudecían
sin pasión, como para seguir una norma impuesta por ajenos. Sólo quedaban
números, cuentas en el aire, órdenes a dar. Ambos se incorporaron°, agotados de   *raised, sat up*
65 veras, casi sonrientes. Ahora los veía de cuerpo entero. Ellos también me vieron,
hecho una cosa muerta en el sillón. Entonces admitieron mi olvidada presencia
y murmuró mi padre, sin mayor entusiasmo: —Ah, también queda éste—. Pero
yo estaba inmóvil, ajeno, sin deseo, como los otros bienes gananciales°.   *property acquired*
                                                                                        during marriage

Mario Benedetti, "La guerra y la paz," from *Montevideanos* (Mexico: Alfaguara, 2003). © Fundación
Mario Benedetti, c/o Guillermo Schavelzon & Asociados, Agencia Literaria, www.schavelzon.com.

CAPÍTULO 2

Después de leer

2-35 **¿Y tú, qué opinas?**

Comprensión Contesta las siguientes preguntas.

1 ¿Sobre qué discute la pareja? Haz una lista de las razones por las que quieren divorciarse.

2 ¿Cómo reaccionan los padres ante la presencia del hijo? ¿Cómo se siente el hijo ante la discusión de los padres?

3 ¿Por qué la esposa prefiere separarse en vez de divorciarse? ¿Qué opina el esposo?

Interpretación Contesta las siguientes preguntas.

4 ¿Qué tiene en común esta pareja con otras que se van a divorciar o se han divorciado?

5 ¿Por qué crees que el autor relata el cuento desde la perspectiva del hijo? ¿De qué forma afecta la discusión de los padres al hijo?

6 ¿Qué argucias (*tricks*) utiliza cada uno de los cónyuges para sacar provecho de la discusión?

Conversación Contesta las siguientes preguntas en grupos de tres o cuatro estudiantes.

7 ¿Qué efecto tiene el divorcio en los hijos? ¿en la sociedad? ¿Hay veces en que el divorcio beneficia a los hijos? Explica.

8 ¿Cuáles son los motivos más comunes por los cuales las parejas se divorcian? ¿Qué razones consideras válidas para el divorcio?

9 ¿Cuáles de las razones que mencionaste varían de una sociedad a otra? ¿Cómo?

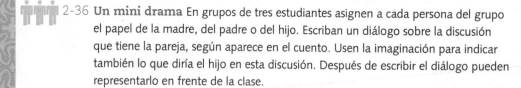

2-36 **Un mini drama** En grupos de tres estudiantes asignen a cada persona del grupo el papel de la madre, del padre o del hijo. Escriban un diálogo sobre la discusión que tiene la pareja, según aparece en el cuento. Usen la imaginación para indicar también lo que diría el hijo en esta discusión. Después de escribir el diálogo pueden representarlo en frente de la clase.

- Aprender acerca del medio ambiente y de cómo cuidarlo
- Considerar nuestros hábitos como consumidores
- Usar el vocabulario relacionado con los temas del medio ambiente y el consumismo
- Explorar maneras de acercarnos al desarrollo sostenible

OBJETIVOS

- El medio ambiente y la contaminación ambiental y cultural
- El consumismo

TEMAS DE VOCABULARIO

- La distinción entre **medio ambiente, ambiente** y **atmósfera**
- La distinción entre **tema, asunto, sujeto** y **materia**
- La distinción entre **salvar, ahorrar, conservar** y **guardar**
- Los usos de **se**: pasivo, no responsable, impersonal, pronombre indirecto y reflexivo

ESTRUCTURAS

- La contaminación y el medio ambiente
- *Hacia una sociedad de consumo ético* (fragmento) – Alfredo Stornaiolo Pimental

LECTURAS CULTURALES

- Problemas ambientales
- ¡Me encanta mi equipo de fútbol!

VIDEOS

¿Por que lo compraste?

CAPÍTULO 3

John Warburton-Lee Photography/Alamy

senderos
CULTURALES I

Antes de leer

En este capítulo exploraremos las consecuencias que el consumismo tiene sobre el medio ambiente. De seguro ya habrás discutido este tema en otras clases y habrás escuchado noticias sobre los efectos de nuestros hábitos como consumidores. Sin embargo, a veces olvidamos otros tipos de contaminación, tales como la contaminación publicitaria, la sensorial y la cultural. Todo tipo de contaminación amenaza la supervivencia de algún aspecto de nuestro planeta.

3-1 **¿Qué crees?** Contesta las siguientes preguntas.

1 ¿Cómo definirías tú la contaminación?

2 ¿Qué tipo de contaminación te parece más dañina? ¿Por qué?

3 ¿Qué medidas se podrían tomar para detener la contaminación?

SENDEROS LÉXICOS I

ajeno(a) *foreign, another's*

amontonamiento *accumulation, gathering*

bienestar *well-being*

cartel *poster*

como tal *as such*

concienciar *to make aware*

consumismo *consumerism*

daño *harm*

deterioro *deterioration, impairment*

disfrutar *to enjoy*

divulgar *to publish, to reveal*

embate *attack*

escasez *scarcity*

estridente *noisy, screechy*

intricadamente *intricately*

ni siquiera *not even*

paulatinamente *gradually, little by little*

prevenir *to prevent*

publicitario(a) *related to advertising*

redundar *to bring about, to result in*

sostenible, sustentable *sustainable*

transeúnte *transient, passerby*

3-2 **¿Qué palabras faltan?** Llena los espacios en blanco con la palabra apropiada de **Senderos léxicos I**. Haz todos los cambios de concordancia que sean necesarios.

1 La contaminación ha contribuido al _____ del medio ambiente.

2 Los temas del consumismo y la contaminación están _____ relacionados.

3 El medio ambiente se ha ido deteriorando poco a poco; en otras palabras, se ha deteriorado _____.

4 El _____ de bienes materiales es una consecuencia del _____.

5 Los científicos quieren _____ al público para que se dé cuenta de los _____ que ha sufrido el planeta.

6 Causar ruidos _____ contribuye a la contaminación sensorial.

7 Es necesario _____ que el planeta continúe deteriorándose.

8 Evitar la contaminación _____ en el beneficio de todos los habitantes.

9 Un resultado de la globalización es que hoy en día la gente de todos los países está más expuesta a influencias _____, lo cual tiene un impacto en la cultura local.

10 Debemos utilizar los recursos naturales de una manera responsable para asegurar el _____ del planeta para futuras generaciones.

3-3 **Cada oveja con su pareja** Busca el sinónimo.

1 _____ disfrutar	**a** pasquín
2 _____ prevenir	**b** difundir, propagar
3 _____ paulatinamente	**c** mal, perjuicio
4 _____ cartel	**d** caminante
5 _____ divulgar	**e** chirriante, rechinante, agudo
6 _____ daño	**f** gozar, divertirse
7 _____ intricadamente	**g** poco a poco
8 _____ estridente	**h** resultar, causar
9 _____ transeúnte	**i** evitar
10 _____ redundar	**j** complicadamente, confusamente

La contaminación y el medio ambiente

Los científicos nos advierten que nuestro planeta está en peligro y que si no tomamos medidas inmediatas para remediar el daño que se le ha hecho al planeta, las generaciones futuras sufrirán las consecuencias de nuestra negligencia. Uno de los factores que ha contribuido al deterioro de las condiciones del planeta ha sido el consumismo, es decir,

5   el consumo excesivo de los recursos, particularmente en las sociedades tecnológicamente más avanzadas. Las causas del consumismo son varias y complejas; en términos sencillos, sin embargo, se basan en el concepto de que mientras más se consuma, mayor es la felicidad.

Diferentes tipos de contaminación

10   Un aspecto relacionado con el consumismo es la contaminación publicitaria. Esta consiste en las presiones que ejercen los medios de comunicación en general, y la publicidad en particular, sobre nuestros hábitos como consumidor. La contaminación publicitaria puede a su vez redundar en la contaminación sensorial; es decir, los elementos en el ambiente que afectan negativamente los sentidos. La concentración de carteles de anuncios en

15   las carreteras, el amontonamiento de la basura, la música estridente que tocan los transeúntes o los conductores son ejemplos de contaminación sensorial.

La contaminación cultural

La contaminación toma muchas formas, algunas de las cuales a veces ni siquiera consideramos como tal, de primera impresión. Considera, por ejemplo, la contaminación

20   cultural. Esta se refiere a la introducción de prácticas o costumbres ajenas a una cultura que tienen como consecuencia la pérdida de tradiciones o valores de dicha cultura. Las áreas de mucha concentración turística corren el riesgo de perder su identidad ante el embate continuo de costumbres ajenas a las propias. Así mismo los lingüistas nos previenen sobre la posibilidad de que las diferencias regionales, o sea los dialectos de

25   un idioma, se pierdan debido al influjo permanente de un idioma estándar que nos llega a través de los medios noticiosos.

La misión de los ecologistas

La misión primordial de los ecologistas es concienciar a los individuos, los grupos o los comercios sobre las repercusiones de sus decisiones y prácticas. En años recientes, un gran número de organizaciones se ha dedicado al estudio y a la solución de los problemas relacionados con el deterioro del medio ambiente. Estos grupos analizan los diferentes componentes de un ecosistema y sugieren medios para que, paulatinamente, se pueda lograr un desarrollo sostenible. Los esfuerzos que tales organizaciones han puesto en divulgar información y concienciar al mundo acerca de la crisis del medio ambiente han sido admirables.

La función de los consumidores

Sin embargo, no sirve de mucho entender los problemas si uno no está dispuesto a tomar acciones responsables. Las soluciones no son fáciles porque cualquier remedio que se sugiera tiene implicaciones multidimensionales. Nuestro mundo es un sistema complejo; los problemas y sus soluciones no existen aisladamente, sino que están intricadamente relacionados.

El planeta tiene una abundancia de recursos, todos los necesarios para alimentarnos y proveer los materiales necesarios para nuestra subsistencia. Es nuestra responsabilidad cuidar los recursos para asegurar que las generaciones futuras puedan disfrutar de la misma abundancia y del bienestar que disfrutamos nosotros. Necesitamos modificar nuestra relación con el medio ambiente para acercarnos al desarrollo sostenible. Ignorar esa necesidad significa perjudicar nuestro bienestar y el de las generaciones futuras.

En este capítulo consideraremos algunos de los factores que contribuyen a la contaminación ambiental así como nuestras decisiones sobre las compras. Analizaremos el papel de la publicidad, la moda, la calidad de los productos y otros aspectos que afectan nuestros hábitos de consumo. También conversaremos sobre el concepto del consumidor ético.

Después de leer

3-4 **Contextos** Llena los espacios en blanco con la palabra apropiada de la lista para completar cada oración. Haz todos los cambios de concordancia que sean necesarios. **¡OJO!** ¡No se usan todas las opciones!

advertir	deterioro	escasez	moda
concienciar	dispuesto	individualmente	prevenir
consumismo	divulgar	lingüista	remediar

1 Para resolver los problemas del medio ambiente no debemos trabajar _____, sino en conjunto.

2 Los que no están _____ a hacer sacrificios no contribuyen a la preservación del medio ambiente.

3 Los _____ afirman que los medios noticiosos pueden acabar con las diferencias regionales de las lenguas.

4 Los ambientalistas se han dedicado a _____ información sobre los peligros que enfrenta nuestro planeta para _____ a los ciudadanos.

5 El _____, el hábito de comprar una gran cantidad de cosas, contribuye grandemente al _____ del medio ambiente.

6 El afán de estar siempre a la _____, de llevar los estilos de ropa más recientes, contribuye al consumismo.

7 Los científicos no solo nos dan consejos sobre cómo preservar el medio ambiente, sino que nos _____ acerca de las consecuencias del consumismo.

3-5 **¿Ecologista o consumista?**

Paso 1 Indica con qué frecuencia practicas las siguientes actividades.

	Siempre	*A veces*	*Nunca*
1 Reciclo el papel, los periódicos y los recipientes de vidrio y plástico.			
2 Cuando imprimo mis trabajos, trato de usar la menor cantidad posible de papel.			
3 Utilizo un recipiente reusable para beber y cargar agua.			
4 Cuando me baño cierro el agua mientras me estoy enjabonando para no desperdiciarla.			
5 Trato de no usar la calefacción o el aire acondicionado, a menos que las temperaturas sean extremas.			
6 Llevo mi propia bolsa reusable cuando voy de compras.			
7 Uso la ropa aunque esté pasada de moda si todavía está en buenas condiciones.			
8 Utilizo el transporte público disponible.			

Paso 2 Asigna puntos para cada actividad de la siguiente manera: siempre – 2 puntos, a veces – 1 punto, nunca – 0 puntos. Luego suma los puntos y lee la descripción que corresponde al número total de puntos que obtuviste.

16–12 puntos: ¡Excelente! Vas por buen camino. Continúa tomando acciones responsables para la preservación del medio ambiente.

11–6 puntos: ¡Bien! Intentas proteger el medio ambiente, pero debes hacer un esfuerzo mayor.

5–0 puntos: ¡Qué pena! Debes modificar tu conducta para proteger el medio ambiente.

Paso 3 En grupos de tres o cuatro personas comparen sus respuestas. Cada persona debe comprometerse a cambiar por lo menos un aspecto de su comportamiento para preservar el medio ambiente.

3-6 **Reflexiona** Piensa en las circunstancias que te impiden actuar de una manera más responsable hacia el medio ambiente. Haz una lista de los impedimentos y anota cómo estos afectan tu conducta. Sigue el modelo.

modelo Circunstancia: **Vivo lejos de mi trabajo.**

Conducta: **Voy en coche porque no tengo tiempo para caminar al trabajo.**

Circunstancia	*Conducta*

3-7 **ECOBICI:** Un programa de desarrollo sostenible

Paso 1 Fíjate en la foto de las bicicletas. Busca más información sobre el programa mexicano ECOBICI y luego contesta las preguntas a continuación.

1 ¿Cuándo se inauguró el sistema ECOBICI?
2 ¿Cuántas estaciones para alquilar bicicletas hay en la ciudad?
3 ¿Cómo se inscribe el usuario en este sistema de alquiler?
4 ¿Cuánto cuesta anualmente la tarjeta de usuario?
5 ¿Cuánto se paga cada vez que se usa una bicicleta?
6 ¿Por qué crees que este programa se llama ECOBICI?
7 ¿En qué sentido se puede decir que ECOBICI es un ejemplo de desarrollo sostenible?

© Cynthia Doutrich

Una solución ecológica

Paso 2 Busca por lo menos dos programas en España o en Hispanoamérica que demuestren ejemplos de desarrollo sostenible. Trae la información que encuentres a clase para compartirla con tus compañeros.

Paso 3 En grupos de tres o cuatro organicen los programas que hayan encontrado de acuerdo a su objetivo: limpiar el aire, limpiar el agua, proteger especies en peligro de extinción, limitar el crecimiento de la población, disminuir el consumo de energía, preservar la biodiversidad, mejorar el transporte público, otro objetivo. ¿De qué tipo de programa encontraron más ejemplos? ¿Qué programas consideran más efectivos?

3-8 **Resoluciones (No esperes hasta el Año Nuevo.)** Siempre podemos hacer algo para mejorar. Escribe seis formas en que te propones modificar tu comportamiento para no perjudicar el medio ambiente.

1 _____

_____

2 _____

_____

3 _____

_____

4 _____

_____

5 _____

_____

6 _____

_____

 3-9 **Charlemos** Contesten las siguientes preguntas en grupos de tres o cuatro estudiantes.

1 En su opinión, ¿cuál es el problema ambiental más grave en su comunidad? ¿Qué medidas toman o deberían tomar en sus comunidades para resolver los problemas ambientales?

2 ¿Participan ustedes voluntariamente en algún programa para proteger el medio ambiente? Describan las actividades en las que participan. Si no participan en ninguna, expliquen por qué no lo hacen.

3 ¿Qué son la contaminación cultural y la tecnología verde? Defínanlas y piensen en por lo menos tres ejemplos de cada una.

 3-10 **Interpretación** Contesten las siguientes preguntas en los mismos grupos.

1 ¿Cómo amenaza la contaminación cultural la supervivencia de culturas indígenas? Expliquen.

2 ¿Qué más podría hacer la universidad en donde estudian para contribuir a la conservación de los recursos naturales?

3 ¿Por qué hay resistencia a soluciones, tales como el uso del transporte público o la compra exclusiva de productos fabricados con "tecnología verde"?

VISUALES

Problemas ambientales

Antes de ver el video

Vas a ver y escuchar un video sobre varios problemas ambientales y los esfuerzos que se realizan para solucionarlos. En el video tendrás la oportunidad de enterarte acerca de la escasez de algunos recursos naturales, tales como el agua, así como también de las medidas alternas para la producción de energía y para desechar los productos sin que causen daño al medioambiente. También conocerás las islas Malpelo y su biodiversidad.

3-11 **Prepárate** Contesta las siguientes preguntas antes de ver y escuchar el video.

1 ¿Qué problemas ambientales crees que presentan un reto más grande en los países pobres que en los países ricos? Explica tu respuesta.

2 ¿Qué problemas ambientales ha habido recientemente, debido a la falta de control gubernamental?

3 ¿Qué medidas específicas se han tomado en este país para resolver los problemas ambientales?

SENDEROS LÉXICOS II

a largo plazo *in the long run*

agotar *to exhaust*

agua potable *drinking water*

ahorrar *to save (to not waste)*

aleta *fins*

comprometer *to put at risk*

desperdiciar *to waste*

energía eólica *wind power*

enfrentarse (con) *to face; to come face to face with*

gastar *to spend*

herramienta *tool*

interrelacionado(a) *interrelated*

materia prima *natural and mineral resources*

perjudicar *to damage*

reto *challenge*

reacción en cadena *chain reaction*

tiburón *shark*

tirar *to throw away, to dispose of*

3-12 **¿Qué palabras faltan?** Llena los espacios en blanco con la palabra apropiada de **Senderos léxicos II.** Haz todos los cambios de concordancia que sean necesarios. En algunos casos hay más de una respuesta correcta.

1 El empleo irresponsable del petróleo _____ la salud de las generaciones futuras.

2 Hay comunidades en todo el mundo donde es un _____ conseguir suficiente agua para las necesidades básicas.

3 La pesca ilimitada de _____ va a provocar la extinción de varias especies.

4 Para _____ energía, basta con mantener los electrodomésticos *(home appliances)* apagados.

5 En algunos estados del país ya es común que las granjas *(farms)* funcionen con _____; es decir, con la ayuda del aire.

3-13 Cada oveja con su pareja y parejas disparejas

Paso 1 Busca el sinónimo.

1 _____ ahorrar
2 _____ comprometer
3 _____ agotar
4 _____ desperdiciar
5 _____ perjudicar
6 _____ tirar

a arriesgar
b dañar
c botar
d guardar, economizar
e acabar
f malgastar, malbaratar, derrochar

Paso 2 Busca el antónimo.

1 _____ perjudicar
2 _____ ahorrar
3 _____ tirar
4 _____ desperdiciar
5 _____ abundancia
6 _____ interrelacionado

a gastar, derrochar
b falta
c aislado
d beneficiar, favorecer
e recoger
f ahorrar, conservar, guardar

3-14 ¿Cómo lo explicarías? Explica los siguientes términos con tus propias palabras.

1 a largo plazo   **2** agua potable   **3** reacción en cadena   **4** recursos naturales

Escenas del video

Hay que proteger a las especies en peligro de extinción.

© Heinle, Cengage Learning

La escasez de agua afecta adversamente las cosechas.

© Heinle, Cengage Learning

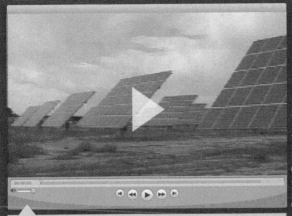

La energía solar es más limpia que la que proviene del petróleo.

© Heinle, Cengage Learning

El reciclaje de teléfonos evita el desperdicio.

© Heinle, Cengage Learning

PARA PENSAR ¿Por qué algunas personas se oponen a las medidas que recomiendan los científicos para proteger nuestro planeta? ¿Cuáles son los intereses que a veces están en conflicto?

Después de ver el video

3-15 Exprésense

Comprensión Contesta las siguientes preguntas.

1 ¿Qué es el ecoturismo?

2 ¿Qué energías se proponen como alternativas al uso del petróleo?

3 ¿Por qué es importante reciclar los teléfonos celulares?

Interpretación Contesta las siguientes preguntas.

4 ¿Cuáles son las ventajas y desventajas de emplear la energía eólica y solar?

5 ¿Cuáles son los conflictos entre los intereses comerciales y la preservación de las especies?

6 ¿Cuál es la relación entre el cambio climático y el desarrollo sostenible?

Conversación En grupos de tres o cuatro estudiantes, compartan sus opiniones y observaciones.

7 De las medidas ecológicas que vieron en el video, ¿cuál creen que tenga el mayor impacto? ¿Por qué?

8 ¿Hay alguna de esas medidas que no se aplique en este país? ¿Cuál? ¿Por qué?

9 ¿En qué sentido creen que su lugar de origen y sus circunstancias personales influyen en sus ideas sobre los problemas del medio ambiente? Expliquen sus respuestas.

¡Recuerda!

Cuando queremos afirmar la consecuencia de lo que hemos establecido podemos usar expresiones como **por lo tanto** *(therefore)*, **en conclusión** *(in conclusion)*, **entonces** *(then)*, **por eso** *(therefore)* y **en resumen** *(to summarize)*

Cuando queremos presentar dos opiniones contrarias sobre un argumento, en español decimos: **Por un lado..., por el otro (lado)...** *(On one hand . . . on the other hand) . . .*

¡Me encanta mi equipo de fútbol!

© Heinle, Cengage Learning

¿Te gusta mi camiseta?

Antes de ver el video

A Roberto le fascina su equipo favorito de fútbol. Antes de escucharle hablar del equipo, piensa en la gente que sigue algún deporte y un equipo en particular.

3-16 **Reflexiones personales** Contesta las siguientes preguntas de acuerdo a tu propia perspectiva si eres aficionado(a) a un equipo y si no, contéstalas según las preferencias de algún conocido.

  1 ¿Qué equipo te gusta? ¿Hay algún deportista que admires?
  2 ¿Cómo demuestras tu entusiasmo por el equipo? ¿Tienes alguna tradición cuando juega tu equipo preferido? Explícala.
  3 ¿Cuál es el mejor recuerdo que tienes sobre tu equipo preferido?
  4 En general, ¿prefieres los deportes individuales o los de equipo? ¿Por qué?

Después de ver el video

 3-17 **El aspecto consumista del deporte**

No hay duda de que el deporte sirve como fuente económica y de que también contribuye al consumismo. Indica tus impresiones acerca de los siguientes fenómenos en el mundo de los deportes y luego compártelas con tus compañeros.

  - El costo de los boletos para asistir a un partido profesional
  - Los salarios de los deportistas profesionales
  - Los estadios de deportes patrocinados por empresas
  - La venta de productos asociados con los equipos profesionales

3-18 **¿Entendiste?** Vuelve a escuchar el video y llena los espacios en blanco, de acuerdo con lo que dice Roberto.

"Pero **(1)** _____. No necesita **(2)** _____ **(3)** _____ de zapatos. Deberían **(4)** _____ su **(5)** _____. Está **(6)** _____ de blusas, **(7)** _____, **(8)** _____, **(9)** _____, **(10)** _____. En fin, lo **(11)** _____ y todo **(12)** _____ **(13)** _____ cae **(14)** _____".

3-19 **¿Te acuerdas qué dijo Roberto?**

Comprensión Contesta las siguientes preguntas.

  1 Según Roberto, ¿por qué empezó a ser aficionado de su equipo favorito?
  2 ¿Por qué cree la familia de Roberto que él le trajo buena suerte al equipo el día que nació?
  3 ¿Cuáles son algunos objetos que tiene Roberto con el nombre de su equipo?

 Interpretación Contesten las siguientes preguntas.

  4 Cuando Roberto hablaba de su novia, ¿qué gestos usó para demostrar su disgusto sobre las compras de ropa que hace ella?
  5 ¿Qué ironía notaron en los comentarios que hizo Roberto sobre el armario de su novia?
  6 Piensen en los deportes, las causas u organizaciones a las que Uds. se dedican con mucho entusiasmo. ¿Son tan entusiastas como Roberto?

3-20 **Para compartir** Trae algún objeto a clase que represente al equipo, la causa o la organización que mencionaste en **Interpretación 6**. Enséñales el objeto a tus compañeros y explícales por qué lo valoras.

3-21 Presentación oral Escojan uno de los temas para hacer una presentación oral en grupos de tres o cuatro.

1 **Un viaje de ecoturismo** Imagínense que representan una agencia de viajes de ecoturismo y que van a presentarles varias opciones sobre ecoturismo a los clientes de una corporación. Hagan una investigación sobre lugares en Hispanoamérica que sean populares por el ecoturismo, como por ejemplo, Costa Rica. Hablen sobre la importancia y los beneficios del ecoturismo y de sus retos. Definan qué se entiende por ecoturismo. Sean específicos acerca de las ofertas de cada lugar que mencionen.

2 **Una conferencia** Imagínense que van a dar una conferencia en su universidad sobre la contaminación sensorial. Definan lo que se entiende por contaminación sensorial, cuáles son sus causas y en qué forma somos los seres humanos responsables por esta. Sugieran posibles soluciones. El propósito de la presentación es persuadir a su público a que acepte las conclusiones a las que ustedes hayan llegado y a que ayude a remediar los problemas ambientales. Imagínense que el (la) rector(a) *(president)* de la universidad está entre el público y sugiéranle maneras para remediar el problema de la contaminación en la universidad.

¡Recuerda!

Muchos sustantivos que terminan en **-ma** son masculinos: **el problema, el drama, el idioma, el poema, el tema, el programa, el crucigrama, el clima, el diagrama, el dilema, el sistema.** Cuando hables de los problemas ecológicos recuerda que **problema** es masculino.

3-22 **¡Y ahora a escribir!** Escoge uno de los siguientes tres temas para escribir una composición.

1 **Un problema ambiental** Hay muchos problemas ambientales que debemos enfrentar. Escoge uno de los siguientes como tema de tu composición.

- el calentamiento global
- la contaminación cultural
- la lluvia ácida
- la desertificación
- la escasez y la contaminación del agua

Paso 1 Investiga sobre los problemas ambientales y anota las ideas que quieras discutir en la composición, incluyendo los puntos siguientes:

- una definición del problema
- las causas del problema
- las consecuencias
- algunos conflictos que existen en la resolución del problema

....

Usa las preguntas en el Apéndice A para dirigir el proceso de redacción de la composición.

....

2 El desarrollo sostenible Existen varios planes en muchas partes del mundo para contribuir a un desarrollo que tome en cuenta las necesidades del futuro.

Paso 1 Investiga sobre uno de los planes o proyectos y anota las ideas que quieras discutir en la composición incluyendo los puntos siguientes:

- una descripción del problema que el plan pretende solucionar
- una descripción del plan
- ejemplos del plan en acción
- ventajas y desventajas del plan

Usa las preguntas en el Apéndice A para dirigir el proceso de redacción de la composición.

3 Civilización y barbarie El protagonista de la película abandona la ciudad en busca de una nueva vida en la selva.

La muralla verde, dirección de Armando Robles Godoy, Perú, 1970

Paso 1 Piensa en las características que tiene la vida en la ciudad. Apunta las ideas que quieras discutir en la composición, incluyendo los puntos siguientes:

- ¿Qué conflictos tiene el protagonista en la ciudad?
- ¿Qué características se le atribuyen a la ciudad en contraste con la selva?
- ¿Qué consecuencias tiene la decisión del protagonista?

Paso 2 Prepara el borrador de tu composición, incorporando la información que has apuntado en el Paso 1.

Introducción: Decide si el punto principal de tu composición es establecer las consecuencias para nuestra civilización de los abusos contra el medio ambiente o demostrar que el protagonista tiene una visión idealizada de la naturaleza. Haz una lista de los puntos principales que vayas a desarrollar.

Desarrollo del tema: De acuerdo a lo que decidiste en el Paso 1, analiza cada uno de los puntos principales e incluye ejemplos, ya sea de la vida real o de la película, para ilustrar tu razonamiento.

Conclusión: Establece claramente tu punto de vista sobre el conflicto entre la civilización y la naturaleza que observaste en la película, o sobre las consecuencias que el comportamiento humano tiene sobre el medio ambiente.

Paso 3 Usa las preguntas en el Apéndice A para dirigir el proceso de redacción de la composición.

¿Dónde jugarán los niños? (álbum: *¿Dónde jugarán los niños?*) de Maná (México)

senderos
LINGÜÍSTICOS

Trampas de la lengua

Environment

a **medio ambiente** *environment*

Debemos reciclar para proteger el **medio ambiente**.
*We must recycle to protect the **environment**.*

b **ambiente** *environment, atmosphere*

Las descripciones en la novela ayudan a crear un **ambiente** de suspenso.
*The descriptions in the novel contribute to create an **atmosphere** of suspense.*

c **atmósfera** *atmosphere*

La nave espacial se incendió cuando salió de la **atmósfera**.
*The spaceship caught on fire when it left the **atmosphere**.*

3-23 ¡Qué ambiente! Llena los espacios en blanco con la palabra apropiada: **medio ambiente, ambiente** o **atmósfera**.

1 Debemos evitar la emisión de gases para proteger la _____.

2 ¡Qué _____ tan relajado se respira en la casa de su madre!

3 La lluvia ácida es dañina para el _____.

4 Horacio Quiroga siempre crea un _____ de horror en sus cuentos.

5 Benito Pérez Galdós es un maestro en la recreación del _____ del siglo XIX español.

Topic, theme, subject

a **tema** *theme, topic*

¡Ojo! La palabra *topic* no se traduce al español como *tópico* sino como *tema*.

A Elena no le gustó el **tema** de la novela que leyeron en el club literario.
*Elena didn't like the **topic (theme)** of the novel that they read in the literary club.*

El comité escogerá el **tema** para las actividades del año próximo.
*The committee will chose the **theme** for next year's activities.*

b **asunto** *subject, issue*

Ellos rehúsan hablar sobre ese **asunto**.
*They refuse to talk about that **subject (issue)**.*

El **asunto** a tratar en la próxima reunión es muy serio.
*The **issue** to be discussed in the next meeting is very serious.*

c **sujeto** *subject, individual*

En español el **sujeto** del verbo puede quedar implícito.
*In Spanish the **subject** of the verb can be left out.*

La policía arrestó a un **sujeto** muy peligroso.
*The police arrested a very dangerous **individual**.*

d **materia** *subject, basic element or component*

En la secundaria estudiamos varias **materias** interesantes, tales como historia, literatura y lenguas.
*In high school we studied many interesting **subjects**, such as history, literature, and languages.*

El petróleo es la **materia** principal del plástico.
*Oil is the main **component** of plastic.*

3-24 **Muchos temas** Llena los espacios en blanco con la palabra apropiada: **tema, asunto, sujeto** o **materia**.

1 Discutiremos el _____ en la próxima reunión.

2 La película trata sobre un _____ que se dedica al tráfico de drogas.

3 ¿Cuántas _____ tomas este semestre?

4 Me pregunto cuál es el _____ de la conferencia de esta tarde.

5 Es preciso que subrayemos el _____ y el verbo en las oraciones.

6 La física es una _____ que me resulta difícil.

7 Maribel es muy entremetida *(nosy)*. Siempre se mete en los _____ de los demás.

8 El profesor nos pide que escribamos una composición sobre el _____ de consumismo.

3-25 **¿Qué dices?** Contesta las preguntas, incorporando la palabra adecuada de la lista siguiente en la respuesta: **tema, asunto, sujeto** o **materia**.

1 En la escuela secundaria, ¿qué clases te gustaban más?

2 Cuando conversas con tus padres o con tus hermanos, ¿qué cosas hay que nadie quiera discutir?

3 ¿Te resulta fácil o difícil pensar en algo sobre qué escribir para una clase de literatura?

4 ¿Por qué no quieres hablar sobre tu vida amorosa?

5 Si te digo, "*Fui* al supermercado esta mañana", ¿cómo sabes a quién me refiero?

6 ¿De qué se trata la lectura al principio del capítulo?

7 ¿Cuál es el recurso natural que se utiliza en la producción de papel?

To save

a salvar to save

Ayer Rosa se habría ahogado si Emilio no le hubiera **salvado** la vida.
*Yesterday Rosa would have drowned if Emilio had not **saved** her life.*

b ahorrar to save

Mis padres están **ahorrando** dinero para ir de vacaciones a Machu Picchu.
*My parents are **saving** money to go on vacation to Machu Picchu.*

c conservar to conserve

Es importante apagar las luces para **conservar** energía.
*It is important to turn off the lights to **conserve** energy.*

d guardar to save, to set aside, to keep

Guarda este pedazo de pastel para más tarde.
***Set aside** this piece of cake for later.*

Guarda tus quejas para cuando llegue el administrador.
***Save** your complaints for when the manager arrives.*

3-26 **¡Ahorra ahora!** Llena los espacios en blanco con la forma correcta de **salvar, ahorrar, conservar** o **guardar**, según el contexto.

1 Voy a _____ todos los papeles en el portafolio para que no se me pierdan.

2 Para comprar el anillo de compromiso, Gustavo tuvo que _____ por muchos meses.

3 En los cuentos de hadas el héroe siempre _____ a la doncella en peligro.

4 Manuel _____ su dinero bajo el colchón para que su esposa no lo encontrara.

5 Los atletas deben _____ su energía al comienzo de la carrera.

6 Me alegro de que aún _____ la muñeca que te regaló tu padre.

7 Elena siempre gasta todo lo que tiene. Nunca _____ nada.

8 Hubo un accidente terrible anoche en la autopista. Solo pudieron _____ a una persona.

3-27 **¿A qué se refiere?** Escribe la palabra de la lista que corresponda a cada descripción: **salvar, ahorrar, conservar** o **guardar**.

1 no desperdiciar los recursos naturales

2 evitar que alguien sufra las consecuencias de una situación peligrosa

3 poner en un lugar seguro

4 no gastar todo el dinero

Estructuras

 Grammar Tutorials Grammar Videos

Usos de *se*

se pasivo

- Una construcción de voz pasiva se puede formar de dos maneras: con el verbo **ser** y el participio pasado, o con la palabra **se** y el verbo en tercera persona. En español la forma más común es la voz pasiva con **se**.

Voz pasiva con *ser*	Voz pasiva con *se*
Mucha energía **fue malgastada**.	**Se malgastó** mucha energía.
*A lot of energy **was wasted**.*	*A lot of energy **was wasted**.*
Los recursos **fueron agotados**.	**Se agotaron** los recursos.
*The resources **were depleted**.*	*The resources **were depleted**.*

se no responsable

- Este uso de **se** es común para referirse a acciones no planeadas o accidentales.

Se nos acaban los recursos naturales.   *Our natural resources **are running out**.*

....

Los recursos naturales es el sujeto de la oración, mientras que **nos** es el pronombre de complemento indirecto que corresponde a **nosotros**. Esta oración no indica por causa de quién se acaban los recursos.

....

- Otros verbos que indican que la acción no fue intencionada son:

caer	**Se le cayeron** los platos que llevaba.
	He dropped the plates he was carrying.
echar a perder	No quiero que **se me eche a perder** la ensalada.
	I don't want my salad to spoil.
ocurrir	¿**Se te ocurre** algún remedio para los problemas ambientales?
	Can you come up with any solution to the environmental problems?
olvidar	No **se te olvide** apagar las luces.
	Don't forget to turn off the lights.
perder	Espero que no **se te pierdan** las tarjetas de crédito.
	I hope you don't lose your credit cards.
romper	**Se nos rompió** el envase.
	Our container broke.
quedar	**Se les quedó** el paquete en el tren.
	They left their package on the train.

- El **se** impersonal se usa cuando no es importante identificar quién hace la acción.

  Se puede encontrar casi cualquier cosa que quieras en esa tienda.
  You can find almost anything you want at that store.

- En inglés se usan las palabras *people*, *one* o *you* para referirse a acciones que no tienen un sujeto específico. En español podemos usar los términos **la gente, uno** o la tercera persona plural del verbo para indicar que no es importante quién realiza la acción.

La gente cree todo lo que lee.	*People believe everything they read.*
Uno no debe hacerle caso a los rumores.	*One shouldn't pay attention to rumors.*
Abren la biblioteca a las 3 p.m.	*They open the library at 3 p.m.*

  ....

  La palabra *you* no se traduce con **tú, usted, vosotros** o **ustedes,** sino con **se** porque no se refiere a una persona en particular.

  ....

Mucha gente recicla los envases de vidrio.	**Se reciclan** envases de vidrio.
Many people recycle glass containers.	*Glass containers are recycled.*
Hoy día casi nadie usa una máquina de escribir.	Hoy día casi no **se usa** una máquina de escribir.
Nowadays almost nobody uses a typewriter.	*Nowadays typewriters are rarely used.*
Uno nunca sabe qué va a pasar.	Nunca **se sabe** qué va a pasar.
One never knows what's going to happen.	*You never know what's going to happen.*

- En una oración con **se** en la que el sujeto son personas, el verbo de la oración siempre se usa en singular.

  Se reconoció a los ecologistas por sus medidas para proteger el medio ambiente.
  The ecologists were recognized for their measures to protect the environment.

- El pronombre **se** se usa para indicar acciones recíprocas.

Él la mira y ella lo mira. **Se** miran.	*They look at each other.*

- También se puede usar el pronombre **nos** en el mismo sentido.

Él me mira y yo lo miro.	**Nos** miramos.
He looks at me and I look at him.	*We look at each other.*

- Se pueden usar las frases **el uno al otro, la una a la otra, los unos a los otros,** etcétera, para hacer énfasis. Cuando el sujeto está compuesto por un pronombre masculino y un pronombre femenino, se usa la forma masculina. En cambio, cuando está compuesto por dos pronombres femeninos se usa la forma femenina.

Carlos y Mercedes **se** miran **el uno al otro.**	*Carlos and Mercedes look at each other.*
La madre y su bebita **se** miran **la una a la otra.**	*The mother and her (fem.) baby look at each other.*
Él la mira y ella lo mira.	*He looks at her and she looks at him.*
Se miran **el uno al otro.**	*They look at each other.*
Ellas **se** miran **las unas a las otras.**	*They look at each other.*
Nos miramos **los unos a los otros.**	*We look at each other.*

se como pronombre de complemento indirecto

- Los pronombres de complemento indirecto **le** y **les** cambian a **se** frente a los pronombres de complemento directo de tercera persona (**lo[s], la[s]**).

—¿Le enviaste la carta a Raúl?	*Did you send the letter to Raul?*
—Sí, **se** la envié.	*Yes, I sent it to him.*
—¿Les explicaste los problemas ambientales a los granjeros?	*Did you explain the environmental problems to the farmers?*
—Sí, **se** los expliqué.	*Yes, I explained them to them.*

se reflexivo

- El pronombre **se** también se utiliza con los verbos reflexivos para la tercera persona singular y plural.

  Cristina **se lava** las manos frecuentemente para evitar contaminarse.
  Cristina washes her hands frequently to avoid contamination.

  ....

  Fíjate que la acción de lavar recae sobre el mismo sujeto que ejecuta la acción. **Las manos** es el complemento directo por lo que podemos decir: **Cristina se las lava**. En este caso **se** es un pronombre reflexivo.

  ....

¡A practicar!

3-28 **Dilo de otra manera** Vuelve a escribir las siguientes oraciones usando el **se** pasivo. Sigue el modelo. **¡OJO!** Ponle atención al tiempo del verbo.

modelo El agua será contaminada.   **Se contaminará el agua.**

1 Muchos esfuerzos son dedicados a la solución del problema.
2 Algunas soluciones fueron sugeridas.
3 Las especies en peligro de extinción son protegidas.
4 Los recursos han sido desperdiciados.
5 Es importante que nuestros hábitos sean modificados.
6 Los bienes duraderos eran reemplazados con frecuencia.

3-29 **No es culpa de nadie** Contesta cada pregunta con una expresión que indique que la acción no fue planeada.

modelo ¿Por qué no apagaste las luces?   **Se me olvidó.**

1 ¿Cómo rompiste los lentes?
2 ¿Por qué no tenemos comida en el refrigerador?
3 ¿Por qué tus padres no tienen llave de la casa?
4 ¿Dónde están tus libros?
5 ¿Por qué los estudiantes no escogieron un tema para la composición?
6 ¿Por qué no reciclaron las botellas?

3-30 **El uno al otro** Vuelve a escribir las oraciones, usando el **se** recíproco. De ser posible, usa la forma enfática (**el uno al otro**, etcétera).

> modelo Yo te beso y tú me besas.
> **Nos besamos.**
>
> Roberto felicita a Fernanda por sus esfuerzos ecológicos y Fernanda felicita a Roberto también por sus esfuerzos.
> **Se felicitan el uno al otro por sus esfuerzos ecológicos.**

1 Él la convence a ella y ella lo convence a él de la importancia de reciclar.

2 Yo olvidé tu nombre y tú olvidaste mi nombre.

3 El legislador escucha la opinión del grupo a favor de la conservación y ellos a su vez escuchan al legislador.

4 Los ciudadanos consultaron al científico sobre cómo conservar energía y el científico los consultó sobre sus necesidades energéticas.

¡Recuerda!

La posición de los pronombres de complemento directo en español es diferente a la del inglés. Por lo general se colocan frente al verbo conjugado.

> ¿El celular? **Lo** compré el sábado.
> *The cell phone? I bought **it** on Saturday.*
>
> No debes desperdiciar la comida. Por favor, no **la** desperdicies.
> *You shouldn't waste food. Please, don't waste **it**.*

Con infinitivos y gerundios tenemos la opción de colocarlos frente al verbo conjugado o después del infinitivo o del gerundio.

> ¿Los periódicos? **Los** vamos a reciclar. / Vamos a reciclar**los**.
> *The newspapers? We are going to recycle **them**.*
>
> Nos pidieron que no botáramos las bolsas. Por eso **las** estamos guardando. / Por eso estamos guardándo**las**.
> *They asked us not to throw away the bags. That is why we are saving **them**.*

Con los mandatos negativos los pronombres siempre se colocan antes del verbo conjugado.

> ¿Los zapatos? No **los** compres.   *The shoes? Don't buy **them**.*

Sin embargo, con los mandatos afirmativos los pronombres tienen que colocarse después del verbo.

> ¿Quieres agua? Tóma**la**.   *Do you want water? Have **some**.*

3-31 **Quiero que me lo digas** Contesta las siguientes preguntas, usando pronombres de complemento directo e indirecto juntos (se lo/la/los/las) para evitar la repetición.

1 ¿A quién le pediremos respaldo económico para nuestra causa?

2 Señor Ramos, ¿cuándo me dará usted la contribución para la Sociedad Ecologista?

3 ¿A quiénes les daremos la información para el debate sobre el medio ambiente?

4 ¿Les enviaste las pancartas a los líderes de la manifestación?

5 ¿A quiénes les vas a explicar los objetivos de nuestra organización?

6 ¿Para qué le vas a comprar esa bolsa reusable a tu hijo?

3-32 **Sí, ya lo hicieron** Contesta las preguntas en forma afirmativa, usando pronombres reflexivos. También, si hay un complemento directo, debes reemplazarlo con el pronombre.

1 ¿Olga y Raimundo se lavaron las manos para evitar el contagio?
2 ¿Se puso Julián el abrigo para salir a la calle?
3 ¿Se bañaron ellos en el río contaminado?
4 ¿Se dio cuenta Roberto de que es necesario preservar los recursos naturales?
5 ¿Se despidieron ellos de los conferenciantes invitados?
6 ¿Se quitó la ropa sucia inmediatamente?

3-33 **Los usos de se en resumen** Vuelve a escribir las oraciones, reemplazando las palabras en letra cursiva con una de las estructuras que usan **se**. Haz todos los cambios necesarios.

Jodi Jacobson/iStockphoto.com

Este turista disfruta de una aventura de tirolesa (*zip-line*) en una de las selvas de Costa Rica.

1 *Dejé caer* el pasaporte en el aeropuerto cuando viajaba a Costa Rica. Afortunadamente, mi esposo *observó* lo que había pasado.
2 Los turistas le hicieron muchas preguntas al guía cuando caminaban por la Reserva de Monteverde en Costa Rica. El guía *les contestó las preguntas* muy cortésmente.
3 Cuando *uno* visita el Parque Manuel Antonio, *uno* puede observar muchos monos capuchinos.
4 Es curioso ver cómo los monos *miran a los turistas* y los turistas *miran a los monos*.
5 La gente de todas las edades *lo pasa muy bien* en las líneas de tirolesa que atraviesan las junglas.
6 Un viaje de ecoturismo *es considerado* una de las mejores maneras de apoyar el desarrollo sostenible y también disfrutar de unas lindas vacaciones.

Antes de leer

La siguiente lectura parte de la perspectiva de que los hábitos de consumismo tienen efectos que nos perjudican de manera económica, social y ambiental. Este artículo, que apareció en la revista *Gestión*, hace hincapié *(emphasizes)* en la importancia de tomar nuestro papel como consumidor con seriedad. Los *10 mandamientos del consumidor ético* que aparecen dentro del texto dan sugerencias concretas que los consumidores deben seguir para lograr una sociedad de consumo ético.

3-34 **Consumismo ético** Trabajen en grupos de tres o cuatro estudiantes. Respondan a las siguientes preguntas.

1 Antes de comprar un producto, ¿leen las etiquetas *(labels)* para ver en qué país fue hecho? ¿Afecta o determina esta información sus decisiones de compra? Expliquen sus respuestas.

2 ¿Alguna vez han dejado de comprar un producto por causa de sus efectos ecológicos negativos? Den algunos ejemplos.

3 ¿En qué creen ustedes que consiste el concepto de "consumo ético"? Apunten sus ideas y traten de escribir una definición del concepto.

¡Conoce al autor!

El autor, Alfredo Stornaiolo Pimentel, vive en Quito, Ecuador, y es economista de profesión.

Hacia una sociedad de consumo ético (fragmento)

Las decisiones de consumo confirman todo el sistema de mercado. Al consumir, los ciudadanos ratifican en última instancia el proceso empresarial: la adquisición de materias primas, la contratación del recurso humano, la producción y comercialización de bienes finales y el pago de obligaciones fiscales
5 al gobierno. [...]

Los consumidores están al final de la cadena productiva y cierran el proceso. Al comprar ejercen un gran poder, pues las empresas dependen totalmente de su decisión. Si dejan de consumir, cualquier mercado, por importante que sea, colapsará.
10 Muchas veces los individuos y las familias consumen productos que no necesariamente satisfarán sus necesidades y compran bienes y servicios sin requerirlos, porque alguien les hizo creer que los necesitaban.

Pero frente a este poder existe otro, más organizado y eficiente al momento de alcanzar sus objetivos. La gran mayoría de empresas han crecido
15 honestamente, y algunas se han convertido en imperios capaces de influir en los flujos° comerciales internacionales. Las 50 empresas más grandes del mundo facturan valores mayores que el PIB° de los 150 países más pobres del planeta;
20 los 200 empresarios más ricos del mundo tienen más dinero que la mitad de la población más pobre del planeta (unos 3.000 millones de personas).

En este escenario, durante la
25 segunda mitad del siglo XX nació el concepto de consumo ético. Este es, ante todo, un consumo crítico, solidario y responsable, basado en el cuestionamiento de las condiciones
30 económicas, sociales y ecológicas en las que se producen los bienes y servicios. El consumo ético es una actitud diaria para elegir minuciosamente lo que se compra a base de criterios
35 relacionados con la historia del producto y la conducta de la empresa productora. Pretende que las empresas, si no cumplen prácticas laborales, ambientales y productivas apropiadas, cambien de reglas de juego. La obtención de ganancias no puede ser la única motivación empresarial de corto plazo, ni la visión de largo plazo convertirse en líder solitario por desaparición de los competidores. El mercado funciona mejor si existe
40 competencia y se vuelve perverso cuando proliferan oligopolios° y monopolios.

El consumidor ético toma en cuenta la justicia, la solidaridad, los valores morales y los aspectos ecológicos de lo que se pretende comprar, además de su beneficio personal. Concibe a la austeridad como una forma de vida y da más importancia a otras actividades distintas a consumir. Ha desarrollado la
45 capacidad de discernimiento entre una necesidad real y otra impuesta por la moda, la publicidad, un "nueva estilo de vida" o simplemente la falta de criterio o la información incompleta.

El consumidor crítico sabe qué comprar y qué descartar; tiene capacidad para
50 hacer conocer a las empresas lo que aprueba y lo que condena y, de esta manera, defiende las formas productivas correctas y se opone a las incorrectas. Consumir de manera ética es como votar cada vez que se sale de compras: premia° lo deseable y sanciona lo indeseable. [. . .]

© Heinle, Cengage Learning

fluxes

producto de ingreso bruto

control comercial en manos de pocos

rewards

Los 10 mandamientos del consumidor ético

1. Comprar menos

No existen productos "ecológicos". Unos son menos dañinos° que otros, pero todos (hasta un vaso de agua) contienen un invisible "peso ecológico", por su consumo de recursos naturales, de energía y de tiempo de trabajo.

harmful

2. Comprar ligero°

Es conveniente elegir productos con menos envoltura y materiales de embalaje; el material "inútil" es un peso ecológico.

light

3. Preferir productos durables

Gran parte de los bienes considerados duraderos son reemplazados con demasiada frecuencia. Cambiar de carro cada cinco o seis años en lugar de cada dos ahorra un gran peso ecológico (estudios sobre producción y desperdicios estiman que cada tonelada de automóvil producida destruye 25 toneladas de naturaleza). El mismo criterio se aplica a muebles y ropa.

4. Comprar productos simples

Utilizar productos eléctricos solo si es estrictamente necesario. Es recomendable comprar productos artesanales° o del campo (es preferible consumir pollos del campo que pollos de "fábrica", de crecimiento acelerado artificialmente).

handmade

5. Preferir productos propios

En general, el ingrediente más nocivo de un producto es el kilometraje° que contiene. Es preferible comprar productos de la región o del país porque, además de fortalecer la economía local, reduce el daño ambiental generado por el transporte.

distance in kilometers, mileage

© Cynthia Doutrich

Dos mujeres de descendencia maya venden sus artesanías en un mercado en Antigua, Guatemala.

6. Consumir sano

Comprar alimentos frescos, producidos con medios biológicos, sin pesticidas, conservantes° o colorantes°. Muchas veces el precio está inversamente relacionado con la salud (a fin de cuentas, la salud de las personas y del ambiente tienen un valor mucho más alto).

preservatives / dyes

7. Comprar con justicia

Muchas mercancías se producen en condiciones sociales, sanitarias y ambientales inaceptables. El consumidor ético se da tiempo° para investigar el origen de lo que compra y, en lo posible, prefiere productos relacionados con el comercio justo.

se... *takes time*

8. Ser prudentes en las compras

Conviene, en ciertos casos, evitar productos o materiales sintéticos fabricados por grandes empresas industriales. Generalmente la legislación y las políticas comerciales de algunos países son el producto de las presiones de grupos económicos para su beneficio, a costa° incluso de daños ambientales.

a... *at the expense of*

9. Comprar con sinceridad

Es recomendable evitar los productos demasiado publicitados°. Al final, la publicidad es pagada por los mismos consumidores; la publicidad debería ser un mecanismo para incentivar° el consumo responsable, pero casi siempre es utilizada en la dirección contraria.

advertised

to encourage

10. Invertir en justicia

En lugar de invertir en proyectos netamente° lucrativos° con un retorno de muy poco tiempo, se recomienda pensar en un plazo° mayor y en alternativas relacionadas con [el] desarrollo social y ambiental.

merely / profitable

term

Revista Gestión, Issue 150, December 2006, pp. 28–33. Used with permission.

Después de leer

3-35 **¿Y tú, qué opinas?**

Comprensión Contesta las preguntas de acuerdo a la información que aparece en la lectura.

1 ¿Por qué se dice que los consumidores "están al final de la cadena productiva"?
2 ¿Qué comparación se hace entre las 50 empresas más grandes del mundo y los 150 países más pobres?
3 ¿En qué consiste el consumo ético? ¿Cuáles son las condiciones de la producción que se tienen que considerar?
4 ¿Por qué se dice que no existen productos ecológicos?
5 ¿Qué significa "consumir sano"?
6 ¿Por qué se recomienda comprar productos no muy publicitados?

Interpretación Contesta las preguntas, usando la información que aprendiste en la lectura y de cualquier otra fuente de información que tengas del tema.

7   ¿Cómo se explica el hecho de que muchas veces la gente compre productos y servicios que no necesita?

8   ¿Cómo beneficia al consumidor la competencia en el mercado? ¿Qué ventajas tiene la competencia sobre el monopolio de las empresas?

9   ¿Es importante ser un consumidor crítico? Explica tu respuesta.

10   ¿Cuál es la relación entre el consumismo y el sistema político de un país?

11   ¿Conoces alguna organización de comercio justo *(fair trade)*? ¿En qué sentido es diferente a un comercio convencional? Busca información detallada sobre una organización de comercio justo y tráela a clase para compartir con tus compañeros.

Conversación En grupos de tres o cuatro, compartan sus impresiones del tema del artículo y contesten las siguientes preguntas.

12   ¿Qué factores tienen mayor influencia en sus decisiones individuales como consumidores (por ejemplo, el precio, la moda y la publicidad)?

13   ¿Qué relación hay entre la capacidad de adquirir todo lo que uno quiera y el sentido de felicidad?

14   ¿Cuáles son los hábitos del consumidor que se necesitan cambiar con el fin de realizar un consumo más ético? Expliquen sus respuestas.

15   ¿Qué opinan del punto de vista sobre el consumismo expresado en el artículo?

16   Comparen la información que encontraron acerca del comercio justo y completen la siguiente gráfica según el modelo. ¿Qué tienen en común estos comercios?

Nombre del comercio	País donde se encuentra	Productos que venden
Comercio Justo México A.C.	México	café, ajonjolí, miel, limón, mango, maracuyá

- Analizar las razones por las que los inmigrantes vienen a los Estados Unidos
- Comparar las razones de la inmigración entre hoy día y el pasado
- Conocer las leyes de inmigración en otros países
- Identificar las posibles soluciones a la inmigración

OBJETIVOS

- La inmigración y las leyes
- La identidad cultural
- Los derechos de los inmigrantes

TEMAS DE VOCABULARIO

- La distinción entre **cambiar (de)**, **mudarse** y **mover(se)**
- La distinción entre **convertirse (en)**, **ponerse**, **volverse** y **hacerse**
- La distinción entre **preguntar**, **pregunta**, **hacer preguntas**, **cuestionar**, **cuestión** y **pedir**
- El presente del subjuntivo

ESTRUCTURAS

- La inmigración hispana
- *Casi una mujer* (fragmento) – Esmeralda Santiago

LECTURAS CULTURALES

- Inmigación y amnistía
- Mi experiencia como inmigrante "ilegal"

VIDEOS

¿Quién cruzó la frontera?

CAPÍTULO 4

Design Pics Inc./Alamy

CULTURALES I

Antes de leer

En este capítulo vas a explorar el tema de la inmigración en general y, en particular, la de los hispanos en los Estados Unidos (los EE.UU.). Al hablar de la población hispana hay que recordar que el término hispano es impreciso. La gente hispana ha emigrado de muchas naciones y, por lo tanto, representa una gran diversidad, tanto racial como étnica.

4-1 **¿Qué crees?** Contesta las siguientes preguntas.

1 ¿En quién o quiénes piensas cuando oyes el término **inmigrante**?
2 ¿Cuáles son algunas razones por las que la gente decide emigrar de su país?
3 ¿En qué consiste la polémica sobre la inmigración en los EE.UU.?

SENDEROS LÉXICOS I

agrupar to group
argüir to argue, to discuss
carga burden
ciudadano(a) citizen
cumplir to fulfill a promise
desarraigar to uproot
desigualdad inequality
disparidad disparity, difference

estadounidense citizen of the United States
expectativa hope, expectation
forastero(a) foreigner, outsider
fuente source
impedir to impede, to prevent from happening
imprescindible necessary

orgullo pride
otorgar to offer, to give
polémica controversy
provenir to originate
rechazar to reject, to resist
trasladar(se) to transfer, to move

4-2 **¡Apuesto a que ya lo sabías!** Indica el sustantivo que corresponda a los siguientes verbos. Consulta un diccionario si es necesario.

Verbo	Sustantivo		Verbo	Sustantivo
1 argüir			**5** otorgar	
2 cumplir			**6** rechazar	
3 desarraigar			**7** trasladar	
4 impedir				

4-3 **Parejas disparejas** Busca el antónimo.

1 _____ oriundo de un lugar			**a** agrupar	
2 _____ igualdad entre dos entidades			**b** orgullo	
3 _____ aceptar			**c** forastero	
4 _____ innecesario			**d** trasladarse	
5 _____ separar			**e** desigualdad	
6 _____ quedarse en un lugar			**f** impedir	
7 _____ vergüenza, desdén			**g** rechazar	
8 _____ facilitar, permitir			**h** imprescindible	

La inmigración hispana

En el pasado más reciente la mayoría de los inmigrantes a los EE.UU. ha llegado de países americanos de habla hispana. Aunque estos inmigrantes provienen de países muy diversos se tiende a agruparlos y a identificarlos como hispanos o latinos. El agruparlos de esta manera responde al hecho de que, a pesar de la diversidad cultural y étnica que existe
5 entre los países de habla hispana, estos también comparten muchas características en común. Sobre todo comparten un idioma y la herencia hispana. Otro aspecto importante que comparte la mayoría de los inmigrantes son las razones por las que ha venido a los Estados Unidos. La inmigración responde generalmente a circunstancias políticas o económicas. Estas condiciones existen por muchas razones; entre ellas figuran la
10 corrupción política, la disparidad de oportunidades económicas y la represión de algunos grupos por sus ideas. En los países de origen de los inmigrantes, se debate quiénes son responsables por tales condiciones.

Los inmigrantes contemporáneos y los del pasado

Una diferencia entre los inmigrantes del pasado y los del presente es que muchos de los
15 inmigrantes de hoy en día tienen la posibilidad de ir y venir entre su país de origen y los Estados Unidos. En el pasado, el inmigrante no tenía la posibilidad de regresar a su país. Era sumamente difícil y costoso cruzar el Atlántico para visitar a la familia que se había quedado en Alemania, Italia, Grecia, o Irlanda, por ejemplo. Sin embargo, en la actualidad, muchos inmigrantes hispanos guardan una relación estrecha con la familia que dejaron
20 en su país de origen. Esta circunstancia puede cambiar las expectativas del inmigrante y la manera en que es percibido por los estadounidenses. El constante traslado de los inmigrantes de su país de origen a los Estados Unidos hace que conserven su idioma y muchas de sus costumbres con la esperanza de mantener, tanto ellos como sus hijos, su identidad cultural. Irónicamente esta estrategia puede resultar en el desarraigo cultural, en
25 ser percibidos como forasteros en ambos lugares, en no ser ni de aquí ni ser de allá. Uno de los temas más discutidos entre esta población es la identidad cultural.

Los Estados Unidos: un país de inmigrantes

Los Estados Unidos se ha definido a sí mismo como un país de inmigrantes. Esto le ha dado una de sus características más notables: la diversidad. Sin embargo, lo que por
30 un lado se considera una característica en la que se funda el orgullo nacional es, por el otro lado, fuente de preocupación. Algunas personas rechazan a los inmigrantes porque los consideran una carga económica para el país. Piensan que el país y sus ciudadanos tienen que pagar por la salud y la educación de los inmigrantes. Algunos afirman que los inmigrantes compiten con los estadounidenses por los mismos trabajos. Por el otro lado,
35 otros aseguran que muchos inmigrantes pagan impuestos, contribuyen al Seguro Social y están empleados en puestos que otros estadounidenses no quieren tomar: muchos toman empleos en los que solo pagan el salario mínimo. La mayoría de los inmigrantes trabajan en construcción, en agricultura, en preparación de comida o en limpieza, ya sea de casas

particulares o de empresas. Es por esto que algunos arguyen que también hay que
tener en cuenta la contribución que hace el inmigrante a la economía y a la vida
cultural del país. Es por los inmigrantes hispanos que en la actualidad podemos disfrutar
de un buen plato de arroz con habichuelas o un taco sabroso y picante o una empanada
muy nutritiva. La salsa, el merengue, el tango y la rumba, entre otros bailes y ritmos
musicales, se han convertido en ritmos muy populares en los EE.UU. Estos, por supuesto,
son solo algunos ejemplos de la forma en que los inmigrantes latinos han contribuido
a la cultura popular.

España: la inmigración y la amnistía

En España, donde el 11% de los residentes nacieron fuera del país, se ha adoptado una
política relativamente receptiva hacia la inmigración. El país ha abierto sus puertas a
grandes números de inmigrantes en años recientes. Se estima que casi la tercera parte
de estos ha llegado ilegalmente. Sin embargo, la política de España ha sido otorgarles
amnistía si cumplen con ciertos requisitos, entre ellos tener trabajo. Sin embargo, esta
decisión ha ocasionado algún malestar entre ciertos sectores de la población. No todos
están de acuerdo con que la solución para la inmigración ilegal sea la amnistía, aunque
esta exija ciertas condiciones. Hay quienes se preguntan si es posible recibir a tantos
inmigrantes cuando la situación económica del país no es óptima. Debido a que España
tiene un sistema universal de salud pública, todos los residentes del país tienen derecho
a recibir asistencia médica, aun cuando no sean ciudadanos españoles o de la Unión
Europea.

En busca de una solución

A fin de resolver la situación de la inmigración en este país o en cualquier otro, es
imprescindible entender que la inmigración existirá en tanto existan la desigualdad
y la injusticia en el mundo. Los menos afortunados buscarán siempre la forma de
mejorar su condición de vida inmigrando a países en los que las condiciones de vida
sean más favorables. Es, por esto, necesario encontrar una solución justa y razonable a
la inmigración. En los Estados Unidos, algunos creen que la mejor forma de solucionar
el problema de la inmigración es construir más y mejores barreras que les impidan
la entrada. Otros, sin embargo, piensan que, debido al hecho de que la economía
estadounidense depende en cierta medida de los inmigrantes, se debe hacer un plan
en el que los inmigrantes puedan, con el tiempo, obtener la ciudadanía, con tal de
que aprendan inglés, estén empleados, paguen impuestos y no tengan antecedentes
criminales. Los inmigrantes tendrían que cumplir todas estas condiciones a fin de
conseguir su estatus legal en el país.

En este capítulo vamos a estudiar la experiencia del inmigrante, sus motivos, sus
condiciones de vida y su futuro.

Después de leer

4-4 **Contextos** Llena los espacios en blanco con la palabra apropiada de la lista que mejor complete las oraciones. Haz todos los cambios de concordancia que sean necesarios.

agrupar	diversidad	identidad cultural	latino
ciudadano	económico	identificar	orgullo
desigualdad	hispano	idioma	político

1 Las razones principales de la inmigración hispana a los Estados Unidos en años recientes han sido
   _____ y _____.

2 En los Estados Unidos, hay la tendencia de _____ e _____ a toda la gente de los
   países de habla española como _____ o _____.

3 Hoy en día es más común que en el pasado que un inmigrante hispano quiera mantener su
   _____ y su _____.

4 Como país de inmigrantes, los Estados Unidos siempre ha tenido una gran _____ de gente.

5 La inmigración existirá en el mundo mientras haya _____ entre los países, con respecto
   a las oportunidades para ganarse la vida.

4-5 **¿Estás de acuerdo?** Di si estás de acuerdo o no con las siguientes afirmaciones. Explica por qué.

1 Es mejor que un inmigrante deje de hablar su lengua nativa cuando se traslada a otro país.

2 La diversidad étnica, racial y religiosa en una sociedad contribuye a su riqueza cultural.

3 Debido a la presencia latina hay menos oportunidades laborales para los estadounidenses.

4 El inglés debería ser la lengua oficial de los Estados Unidos.

5 Una solución justa al problema de la inmigración es otorgar visas para los que quieran inmigrar.

4-6 **¿Cuánto sabes?**

Paso 1 Contesta las preguntas de opción múltiple para determinar tu conocimiento sobre
la inmigración.

1 ¿Qué porcentaje de los inmigrantes del mundo viene a los Estados Unidos?

   a más de 35% **b** 22% **c** 15% **d** menos de 2%

2 En 1900 el 15% de la población estadounidense había nacido en el extranjero. En 2000 el
   porcentaje de la población estadounidense nacida en el extranjero era el:

   a 1.4% **b** 9.7% **c** 17.6% **d** 22.3%

3 Aproximadamente el 60% de todos los inmigrantes indocumentados entran en el país legalmente y
   después dejan expirar la visa. ¿Qué porcentaje de inmigrantes indocumentados cruza la frontera sur
   de los EE.UU.?

   a 90% **b** 75% **c** 40% **d** 15%

4 ¿Qué porcentaje de los inmigrantes está ilegalmente en los EE.UU.?

   a 40% **b** 35% **c** 30% **d** 25%

5 En el 2002 la mayoría de los refugiados en los EE.UU. era de:

   a la antigua Unión Soviética **b** Irán **c** Guatemala **d** Cuba

Paso 2 En grupos de tres o cuatro personas comparen sus respuestas y apunten las respuestas más comunes para cada pregunta. Luego escuchen las respuestas correctas que les da su profesor(a). ¿Alguna respuesta les sorprende? Expliquen.

4-7 **Los mitos** Busca información sobre algunos mitos que existen con respecto a la inmigración en los Estados Unidos. Luego completa la gráfica, siguiendo el modelo. Acuérdate de apuntar la fuente en la que has encontrado la información.

La realidad

El mito

La mayoría de los inmigrantes llega a los Estados Unidos ilegalmente.

La mayoría (75%) de los inmigrantes está aquí legalmente. http://www.pbs.org/independentlens/newamericans/quiz/

4-8 **Charlemos** En grupos de tres o cuatro estudiantes completen las siguientes actividades.

1 Hagan una lista de los distintos grupos que han emigrado a los EE.UU. y de las contribuciones de cada grupo.
2 ¿Se identifican Uds. con algunos de estos grupos? ¿con cuáles? ¿Por qué?
3 ¿En tu familia hay algún pariente todavía vivo que haya venido a este país como inmigrante? ¿Por qué razones tomó esa decisión?
4 ¿Qué tiene en común la situación de inmigración en España y en los Estados Unidos? Por otro lado, ¿qué diferencia hay con respecto a la reacción de los dos gobiernos hacia la inmigración?

4-9 **Interpretación** Contesten las siguientes preguntas en los mismos grupos.

1 ¿Qué problemas causa la inmigración de indocumentados? ¿Cómo resolverían los problemas asociados con la inmigración ilegal?
2 ¿Qué requisitos deben llenar los inmigrantes para que se les conceda permiso de trabajo? ¿para obtener la ciudadanía?
3 ¿Por qué creen que algunas personas optan por vivir en otro país como residente legal permanente, pero no desean el estatus de ciudadano?
4 ¿Qué derechos, si alguno, deben tener los hijos de los inmigrantes indocumentados? Expliquen su respuesta.

¡Recuerda!

Inmigrar significa **llegar** de un país a otro para establecerse en él. En cambio, **emigrar** quiere decir **dejar** su propio país para establecerse en otro. Un refugiado, a diferencia de un inmigrante, es forzado a abandonar su país por razones políticas.

Para pensar… En vista de que Puerto Rico es territorio estadounidense y los puertorriqueños ciudadanos americanos, ¿es correcto llamar inmigrante a un puertorriqueño que vive en uno de los cincuenta estados de los Estados Unidos? ¿Por qué?

Y las imágenes, ¿qué dicen?

¿Qué ironía destaca esta caricatura? ¿Crees que la caricatura refleja un conflicto real con relación a la inmigración? ¿Cómo se podría resolver el conflicto?

senderos
VISUALES

Inmigración y amnistía

Antes de ver el video

Como ya has aprendido, hay numerosas razones que impulsan a una persona a emigrar de su país. El fenómeno de cruzar una frontera internacional ilegalmente no solo ocurre en los Estados Unidos, sino en todo el mundo, especialmente entre países vecinos donde hay una gran disparidad económica o política. En este video vas a ver y escuchar algunas ideas sobre la inmigración en los Estados Unidos y en otros países.

4-10 Prepárate Contesta las siguientes preguntas antes de ver y escuchar el video.

1 ¿La construcción de barreras físicas en la frontera entre los EE.UU. y México ha sido efectiva en detener el flujo de la inmigración? ¿Porqué sí o por qué no?
2 ¿Crees que los diferentes grupos de inmigrantes sean acogidos de diferente manera? Explica.
3 ¿Qué circunstancias te harían emigrar?

SENDEROS LÉXICOS II

acogido(a) *welcomed, accepted*
apresurar(se) *to hurry up*
coyote *a person who, usually charging a very high fee, brings undocumented immigrants across the U.S.-Mexico border*
derecho *right, straight, law*
edificar *to edify, to construct, to build*
efecto llamada *pull effect, term used to indicate that the new immigration law in Spain will encourage more immigrants to come to the country*

perjudicar *to injure, to cause damage*
plenamente *fully*
porvenir *future*
recalcar *to emphasize*
superarse *to overcome, to excel*
temeroso(a) *fearful*

4-11 En otras palabras Reemplaza las palabras en letra cursiva con la palabra apropiada de **Senderos léxicos II.** Haz todos los cambios de concordancia que sean necesarios.

1 ¡Qué lástima que su salud no lo deje vivir *al máximo*.
2 Es lógico que algunos inmigrantes se sientan *miedosos* en su nuevo medio ambiente.
3 Es posible que *construyan* una pared más alta en la frontera.
4 Es necesario que te *des prisa* si quieres llegar a tiempo.
5 A veces los inmigrantes no son *aceptados* por el país adoptivo.
6 Muchos inmigrantes abandonan su país en busca de un *futuro* más halagüeño.
7 Los liberales *insisten en* los beneficios que aportan los inmigrantes al país adoptivo.

4-12 **¿A qué se refiere?** Identifica la palabra o expresión de **Senderos léxicos II** que describe tu profesor(a).

1 _____   4 _____

2 _____   5 _____

3 _____   6 _____

4-13 **¿Cómo lo explicarías?** Explica los siguientes términos con tus propias palabras.

1 coyote   3 edificar   5 perjudicar

2 efecto llamada 4 temeroso   6 superarse

Escenas del video

Los inmigrantes piden amnistía. ¿Contra qué protestan? ¿Estás de acuerdo con su mensaje? ¿Por qué?

"Todos contra el muro" ¿A qué muro se refieren? ¿Quiénes crees que están en contra y quiénes a favor del muro?

Los inmigrantes son detenidos por la policía de la frontera ¿Quiénes fueron detenidos? ¿por quiénes? ¿Qué solución puedes ofrecer para mejorar esta situación?

Los hijos de inmigrantes polacos en España estudian su idioma natal. ¿Qué estudia esta niña? ¿Cuáles son los méritos de aprender el idioma natal?

Después de ver el video

4-14 **Exprésense**

Comprensión Indica si las siguientes afirmaciones son verdaderas, según el video. Si no lo son, explica por qué.

1 Los coyotes son personas que les consiguen trabajo a los indocumentados.

2 Un riesgo que corren los indocumentados que entran a los EE.UU. por la frontera con México es morir de sed.

3 La mitad de los indocumentados en España inicialmente entró ilegalmente.

4 En España un inmigrante indocumentado debe comprobar que ha vivido en ese país un año si desea obtener un trabajo legalmente.

5 Los inmigrantes que llegan a España y que quieren conseguir la residencia están obligados a aprender español.

¡Recuerda!

En la comunidad latina el término **indocumentado** se usa más que el término **ilegal** para referirse a una persona que está en el país sin los documentos adecuados. ¿Qué diferencia hay entre la connotación de esas dos palabras?

Interpretación Contesta las siguientes preguntas.

6 ¿A qué riesgos se exponen los inmigrantes al cruzar la frontera ilegalmente?

7 ¿En qué contribuyen los inmigrantes al bienestar de este país?

8 ¿Por qué el tema de inmigración es tan polémico? Piensa, por ejemplo, en algunas razones económicas y políticas que puedan afectar la actitud de algunas personas.

Conversación En grupos de tres o cuatro estudiantes indiquen si están de acuerdo, o no, con las siguientes afirmaciones y defiendan su punto de vista.

9 Los inmigrantes deberían abandonar su lengua y cultura cuando emigran de su país para vivir en otro.

10 Es una buena idea concederles amnistía a los indocumentados que viven en este país.

11 Los inmigrantes indocumentados que tienen hijos nacidos en los EE.UU. no deberían ser deportados.

12 Los ciudadanos tienen la obligación de reportar a los indocumentados.

13 Las decisiones acerca del estatus de un individuo indocumentado deberían ser la responsabilidad del gobierno estatal, no federal.

Mi experiencia como inmigrante "ilegal"

Prefiero trabajar en los EE. UU.

Antes de ver el video

Carmen vino a los Estados Unidos a hacer su maestría. Más tarde regresó a los EE.UU. a trabajar, pero encontró un obstáculo que parecía insalvable: no tenía permiso de trabajo. Aquí nos cuenta las razones por las que se convirtió en inmigrante indocumentada.

4-15 **Reflexiones personales** Contesta las siguientes preguntas.

1 ¿Qué documentos les exige el gobierno de los Estados Unidos a los inmigrantes para trabajar?

2 ¿Te gustaría trabajar en algún otro país? ¿en cuál? ¿Por qué?

Después de ver el video

4-16 **¿Entendiste?** Vuelve a escuchar el video y llena los espacios en blanco, de acuerdo a lo que dice Carmen.

Luego, al **(1)** _____ de estudiar **(2)** _____ acá en los Estados Unidos

(3) _____ a mi país, a la República Dominicana, y traté de **(4)** _____ un

trabajo **(5)** _____ pero no **(6)** _____ fácil aceptar una **(7)** _____

en mi país porque tenía otras **(8)** _____. Luego volví a los Estados Unidos y fue con

una **(9)** _____ de **(10)** _____ que no me **(11)** _____ aceptar trabajo

(12) _____ en los Estados Unidos.

4-17 **¿Te acuerdas qué dijo Carmen?**

Comprensión Contesta las siguientes preguntas.

1 ¿Qué objetivos tenía Carmen cuando decidió estudiar en los EE.UU.?

2 ¿Por qué Carmen decidió regresar a los Estados Unidos?

3 ¿Qué fue lo más doloroso para Carmen con respecto a su estado como inmigrante indocumentada?

Interpretación Contesten las siguientes preguntas en un grupo de tres o cuatro estudiantes.

4 ¿Cómo creen que Carmen consiguió un trabajo aun cuando no tenía permiso de trabajo en los EE.UU.? ¿Creen que esta situación ocurre frecuentemente? ¿Por qué? Expliquen.

5 ¿Por qué la madre de Carmen no entendía que su hija quisiera estar en los EE.UU.? ¿Entienden Uds. las razones de Carmen? Expliquen.

4-18 **Presentación oral** Haz una investigación sobre uno de estos temas. Después escribe un informe y preséntalo en clase.

1 **La inmigración en otros países** Busca información sobre la inmigración en un país hispano como, por ejemplo, Argentina, España o México. Compara esta información con la inmigración en los EE.UU. Apunta la información que encuentres sobre ambos países según las siguientes categorías: las tres nacionalidades más prevalentes de inmigrantes, las principales razones para inmigrar, los requisitos legales para establecer residencia en el país, la política hacia los inmigrantes que entran ilegalmente.

2 **Un foro** Uds. van a participar en un foro sobre la inmigración en los EE.UU. Cada persona del grupo debe explicar la situación actual desde el punto de vista de una de las siguientes personas: un miembro de Amnistía Internacional, un agente del cuerpo de seguridad que patrulla la frontera *(Border Patrol),* un puertorriqueño en los EE.UU., un mexicano indocumentado y un ranchero en la zona fronteriza en Texas. Organicen sus observaciones e incluyan en la presentación oral las perspectivas de cada uno de los personajes que Uds. representen.

¡Recuerda!

Varios términos usados para referirse a grupos de personas tienen una connotación peyorativa; por eso debes evitar usarlos.

mojado: un inmigrante que ha llegado ilegalmente de México

la migra: los oficiales de inmigración

Otras palabras tienen una connotación negativa para algunos, pero no para otros. Tal es el caso con las siguientes palabras.

jíbaro: campesino puertorriqueño

gringo: persona de origen anglo; se usa normalmente para referirse a un estadounidense

chicano: persona de origen méxicoamericano que se identifica con la cultura mexicana y que se asocia con ciertas creencias políticas de su grupo

4-19 **¡Y ahora a escribir!** Escoge uno de los siguientes temas para escribir una composición.

1 **Las experiencias del inmigrante** Entrevista a uno de tus parientes o a un miembro de tu comunidad que tenga información sobre algún antepasado que inmigró a este país.

Paso 1 Averigua la información a continuación y agrega otros detalles que te parezcan interesantes.

Nombre, su relación contigo, lugar de origen, edad cuando llegó a este país, razones por las que inmigró, persona(s) con la(s) que inmigró, lugar adonde inmigró y otros donde vivió, idioma natal y su experiencia con el inglés, costumbres de la familia y otros detalles interesantes.

Paso 2 Usando esta información, escribe una composición sobre algunas de las experiencias que esa persona tuvo al emigrar. Si tú eres inmigrante, puedes contar tu propia experiencia.

Usa las preguntas en el Apéndice A para dirigir el proceso de redacción de la composición.

2 Diversos grupos de hispanos en los EE.UU. Busca más información sobre uno de los tres grupos de inmigrantes mayoritarios hispanos: méxicoamericanos, puertorriqueños o cubanos.

Paso 1 Escribe sobre los siguientes aspectos con respecto al grupo que escogiste: las causas de la inmigración, los lugares en donde se han establecido, los problemas particulares de adaptación, los trabajos a los que se dedican en su mayoría, las diferencias entre inmigrantes del mismo grupo y las características únicas del grupo.

Usa las preguntas en el Apéndice A para dirigir el proceso de redacción de la composición.

3. Los retos de ser inmigrante Esta película presenta la historia de un inmigrante dominicano en Nueva York, los problemas que enfrenta y la manera en la que los resuelve.

Nueba Yol, dirección de Angel Muñiz, República Dominicana, 1995

Paso 1 Piensa en las situaciones en las que se encuentra Balbuena en esta película. Apunta las ideas que quieres incluir en la composición en relación a las siguientes preguntas: ¿Por qué decidió emigrar a los Estados Unidos? ¿Cuáles son los problemas que ha enfrentado debido a su estatus ilegal? ¿Qué soluciones ha encontrado para los problemas que ha enfrentado? ¿Cuáles son las consecuencias de sus acciones?

Paso 2 Prepara el borrador de tu composición, incorporando la información que has apuntado en el Paso 1.

Introducción: Presenta a Balbuena como personaje principal y sus razones para inmigrar.

Desarrollo del tema: Escribe sobre los problemas de Balbuena como inmigrante. Decide si vas a presentar estos problemas de manera objetiva o desde tu punto de vista.

Conclusión: Escribe una conclusión que demuestre la complejidad del tema de inmigración y las posibles soluciones para resolver estos problemas en los Estados Unidos.

Paso 3 Usa las preguntas en el Apéndice A para dirigir el proceso de redacción de la composición.

Las cruces de Tijuana (álbum: *Bonito*) de Jarabe de Palo (España)

senderos
LINGÜÍSTICOS

Trampas de la lengua

To change or to move

a **cambiar (de)** *to change, to exchange, to move to a different position*

Mi mamá siempre **cambiaba** las sábanas los sábados.
*My mom always **changed** the sheets on Saturdays.*

Después de leer más sobre la inmigración, **cambié de** opinión sobre la situación.
*After reading more about immigration, **I changed** my mind about the situation.*

Necesito **cambiar** esta camisa por una más chica.
*I need **to exchange** this shirt for a smaller one.*

Si no podías ver bien la pantalla, ¿por qué no **cambiaste de** asiento?
*If you couldn't see the screen well, why didn't you **move** to a different seat?*

b **mudarse** *to move to a different place; to move within a home*

Silvia antes vivía en Quito pero **se mudó** a Guayaquil hace diez años.
*Silvia used to live in Quito but she **moved** to Guayaquil ten years ago.*

Esteban **se mudó** de cuarto porque quería cambiar de compañero.
*Esteban **moved** to a different room because he wanted to change roommates.*

c **mover(se)** *to move, to move around, to hurry up (in a command)*

¡Qué pesado es este sillón! ¿Me puedes ayudar a **mover**lo?
*This armchair is so heavy! Can you help me **move** it?*

Me duele todo el cuerpo. Ni me puedo **mover**.
*My whole body aches. I can't even **move**.*

Ese niño es muy inquieto; **se mueve** constantemente.
*That boy is very restless; he **moves around** constantly.*

4-20 **Muchos cambios** Decide qué tipo de cambio se implica en cada una de las oraciones y escribe la forma correcta del verbo adecuado: **cambiar, cambiar de, mudarse, mover** o **moverse**.

1 Antes tenía mala impresión de él, pero (yo) ya _____ de opinión; ahora me cae bien.

2 Oye, niña, ¡_____! Ya es hora de irnos.

3 ¿Los Muñoz ya viven en Caracas? ¿Cuándo _____?

4 A mi hermana no le gustó el suéter que le compré, así que lo _____ por otro.

5 Anoche fui al cine y me senté detrás de un señor que _____ constantemente. ¡Qué difícil fue mirar la película! No sé porqué (yo) no _____ de asiento.

6 ¿Tú sabes _____ el aceite de tu coche?

7 Si te duele la espalda, no deberías _____ objetos pesados.

8 No puedo ayudarte a poner los zapatos si _____ tanto.

To become

a   convertirse (en) *to turn into, to change, to become*

Después de sufrir una tragedia personal, ella **se convirtió en** una persona muy amarga.
*After suffering a personal tragedy, she **became** a very bitter person.*

Después de inmigrar a los Estados Unidos, él **se convirtió** en activista político.
*After immigrating to the United States, he **became** a political activist.*

Antes no se aguantaban, pero **se han convertido en** los mejores amigos.
*They used to not be able to stand each other, but they **have become** best friends.*

b   ponerse *to become, to turn (often used with adjectives)*

Cuando mencioné a su novio, ella **se puso** roja.
*When I mentioned her boyfriend, she **turned** red.*

La situación política **está poniéndose** fea.
*The political situation **is becoming** ugly.*

c   volverse *to become, to go (similar to* **ponerse,** *but often more drastic)*

Su hijo **estaba volviéndose** muy violento y tuvieron que buscar ayuda profesional.
*Their son **was becoming** very violent and they had to seek professional help.*

No encuentro mi error en las cuentas. Esto **me vuelve** loca.
*I can't find my mistake in the calculations. This **is driving me** crazy!*

De cachorro, era muy travieso. Ya **se ha vuelto** muy tranquilo.
*As a puppy he was very naughty. He **has** finally **become** very calm.*

d   hacerse *to become (with professions); to become, to get (with adjectives)*

Cristina **se ha hecho** experta en el campo de bioética.
*Cristina **has become** an expert in the field of bioethics.*

Bill Gates **se hizo** muy rico con su compañía, Microsoft.
*Bill Gates **became** very rich with his company, Microsoft.*

4-21 Ya no es igual Indica qué tipo de cambio ha ocurrido con uno de los siguientes verbos: **convertirse en, ponerse, volverse** o **hacerse.** En algunas oraciones, se puede usar más de una opción.

1 Cuando la gente supo del ataque terrorista, _____ furiosa.

2 El Dr. Martin Luther King, Jr. _____ un héroe del movimiento por los derechos civiles en los Estados Unidos.

3 Ese grupo musical _____ famoso con su primera canción.

4 Bajó la temperatura y la lluvia _____ nieve.

5 Cuando Alberto ganó la lotería _____ rico de la noche a la mañana.

6 Después de pasar por una experiencia muy traumática Juliana _____ una persona muy religiosa.

To (ask a) question

a **preguntar** to ask, to ask about

> Le **pregunté** si necesitaba algo.
> *I **asked** her if she needed anything.*

> Cuando vi a Daniel, me **preguntó** por ti.
> *When I saw Daniel, he **asked** about you.*

b **hacer una pregunta** to ask a question

> Si hay algo que no entiendas, es importante que **hagas preguntas**.
> *If there's something you don't understand, it's important for you to **ask questions**.*

c **cuestionar** to question, to doubt

> **Cuestiono** la veracidad de lo que me ha dicho.
> *I **question** the truth of what he has told me.*

d **cuestión** a matter, debatable topic or issue

> La inmigración ilegal es una **cuestión** que no tiene una solución fácil.
> *Illegal immigration is a **matter** that doesn't have an easy solution.*

e **pedir** to request, to ask for something; to order (food or drink)

> El agente de inmigración nos **pidió** los pasaportes.
> *The immigration official **asked** us **for** our passports.*

> El mesero nos preguntó si íbamos a **pedir** postre.
> *The server asked us if we were going to **order** dessert.*

4-22 **Pregúntame** Llena los espacios en blanco con la forma correcta de los verbos y las palabras siguientes, según el contexto: **preguntar, pregunta, hacer preguntas, cuestionar, cuestión o pedir.**

1 Cuando veas a Elena, dile que yo _____ por ella.

2 Nos molesta que ellos siempre nos _____ nuestras decisiones.

3 Si tienes dudas sobre la fecha del examen, ¿por qué no le _____ al profesor?

4 No es necesario que (tú) le _____ permiso al profesor para usar el baño.

5 Ese niño es muy curioso; hace muchas _____.

6 Voy a _____ mis libros por el Internet.

7 A veces la gente no tiene la intención de ofender, sino que es una _____ de ignorancia de otras culturas.

8 Es típico que los niños _____ muchas _____.

9 Las _____ éticas son polémicas en parte porque generalmente involucran asuntos acerca de la vida.

10 Tengo que escribir un informe y no funciona mi computadora, así que se la voy a _____ prestada a mi novio.

Estructuras

Grammar Tutorials Grammar Videos

El presente del subjuntivo

Repaso Repasa las formas del presente del subjuntivo en el Apéndice C.

- Cuando se considera si una oración requiere el subjuntivo, lo primero que hay que recordar es que el subjuntivo no es un tiempo, sino un modo. Es decir, el uso del subjuntivo tiene que ver con la manera de considerar un evento. Cuando se refiere a un evento como parte de la realidad, sin revelar una actitud hacia el hecho y sin poner restricciones, se utiliza el modo indicativo. En cambio, cuando se expresa alguna incertidumbre, subjetividad o de alguna manera se impone alguna restricción al evento, se utiliza el subjuntivo.

Juan **viene** esta tarde.　　　　　　　　　Juan **is coming** this afternoon.

Espero que Juan **venga** esta tarde.　　　　I hope that Juan **(comes) is coming** this afternoon.

La primera oración expresa el hecho como una realidad: Juan viene esta tarde. Aunque la oración pueda ser falsa, se expresa sin ninguna opinión, emoción o restricción.

La segunda oración expresa un deseo: espero que venga. En la segunda oración, no se sabe si ese deseo se cumplirá o no pero el oyente sabe la actitud del hablante hacia la posible visita de Juan.

- Para que una oración se exprese con el subjuntivo tiene que tener dos cláusulas: una independiente (principal) y otra dependiente (subordinada) conectadas generalmente con el pronombre relativo **que**.

Cláusula independiente		*Cláusula subordinada*
Es imprescindible	que	**entregues el informe a tiempo.**
It's essential	*that*	*you turn the report in on time.*

Usos del subjuntivo

- El subjuntivo se usa para expresar emociones cuando hay una cláusula subordinada con un sujeto diferente al de la cláusula principal. Algunos verbos que indican emociones y que requieren el subjuntivo son los siguientes:

alegrarse de *to be glad*	**fascinar** *to fascinate, to delight*	**quejarse** *to complain*
arrepentirse de *to regret*	**gustar** *to like*	**sentir** *to be sorry*
encantar *to delight*	**importar** *to matter*	**temer** *to fear*
esperar *to hope*	**preocuparse** *to be worried*	**tener miedo** *to be afraid*

- La expresión **ojalá**, que deriva del árabe, denota el deseo de que algo ocurra. Con **ojalá** el uso de **que** para introducir la cláusula subordinada es opcional.

Ojalá (que) lo pases bien.　　　　　　　*I hope you have a good time.*

Estamos contentos de que nuestro equipo **sea** tan bueno.
We're happy our team is so good.

¡Qué bueno que el pronóstico no **sea** de lluvia!
It's great the forecast isn't for rain!

Me alegro de **estar** aquí.
I am glad to be here.

▪ También se usa el subjuntivo con expresiones impersonales cuando hay una cláusula subordinada con un sujeto diferente al de la cláusula principal. De lo contrario, se usa el infinitivo. En general, las expresiones impersonales comienzan con el verbo **ser,** seguido por un adjetivo.

ser bueno/malo	ser lógico/ilógico	ser terrible
ser extraño	ser mejor	ser triste
ser fantástico	ser mentira	ser una lástima
ser importante	ser necesario	ser urgente
ser interesante	ser preferible	
ser increíble	ser ridículo	

Es triste que muchas personas **tengan** prejuicio hacia la gente de otras razas.
It's sad that many people are prejudiced toward people of other races.

Es importante aprender acerca de otras culturas.
It's important to learn about other cultures.

▪ Se usa el subjuntivo para expresar duda e incertidumbre. Algunos verbos y frases comunes que se usan para expresar duda son los siguientes:

dudar	no creer	no ser cierto	(no) ser posible/imposible
negar	no estar seguro de	ser increíble	(no) ser probable/improbable

Dudo que todos **estén** de acuerdo con respecto a las leyes sobre inmigración.
I doubt that everyone is in agreement with respect to immigration laws.

¿Crees que una muralla más grande en la frontera **sea** una buena idea?
Do you believe that a bigger wall at the border is a good idea?
(Como es pregunta hay incertidumbre)

Sí, **creo** que **es** una buena idea.
Yes, I believe that it is a good idea.
(La respuesta no muestra duda)

▪ Las expresiones **tal vez** y **quizás** son expresiones impersonales, también. Requieren el subjuntivo cuando expresan duda; de lo contrario se usa el indicativo.

Tal vez (quizás) los estudiantes **puedan** estudiar en el extranjero.
Maybe (perhaps) the students can study abroad.

Es posible que **prefieran** regresar a su país.
It's possible that they prefer to return to their country.
(Es posible, pero hay duda.)

▪ Las expresiones que indican seguridad y certeza se usan con el indicativo. Algunos ejemplos de tales expresiones son los siguientes:

creer	**ser cierto**	**ser obvio**
no haber duda	**ser evidente**	**estar seguro**

Estamos seguros de que todo **va** a salir bien.
We're certain that everything will turn out well.

▪ Se usa el subjuntivo cuando se habla de alguien o algo indefenido o inexistente, o cuando no hay certeza sobre su existencia.

Busco un artículo que **tenga** información sobre organizaciones de derechos humanos.
I'm looking for an article that has information about human rights organizations.

¿**Hay** alguien que me lo **pueda explicar**?
Is there anybody who can explain it to me?

No hay nadie que **sepa** exactamente cómo se siente otra persona.
Nobody knows exactly how another person feels.

▪ También se usa el subjuntivo con cláusulas adverbiales que ponen una condición o expresan el propósito de una acción. Cuando se habla de un evento pendiente que depende de alguna condición para que se cumpla, se expresa esta incertidumbre con el subjuntivo.

No habrá paz en el mundo **hasta que** todos **aprendan** a respetarse.
There won't be peace in the world until everyone learns to respect one another.

Me ha contado lo que pasa **para que** yo **entienda** mejor el problema.
She has told me what the situation is so that I understand the problem better.

▪ Otras conjunciones comunes que siguen este patrón son las siguientes:

a menos que *unless*	**donde** *where(ever)*
antes (de) que *before*	**en caso de que** *in case*
aunque *although*	**en cuanto** *as soon as*
cuando *when*	**hasta que** *until*
de manera que *so that*	**sin que** *without*
después (de) que *after*	**tan pronto como** *as soon as*

¡A practicar!

4-23 La inmigración ilegal en la frontera Completa las oraciones con el presente del subjuntivo o del indicativo según lo requiera la oración.

1 Es importante que los países (cooperar) _____ para resolver el problema.

2 No creo que (ser) _____ fácil encontrar una solución.

3 La oposición a la inmigración continuará hasta que (haber) _____ soluciones justas.

4 La gente va a seguir cruzando la frontera, a <u>menos que</u> las condiciones de vida (mejorar) _____ mucho en los países fronterizos.

5 Es evidente que no todo el mundo (tener) _____ la misma opinión sobre una posible solución.

6 Algunas personas <u>temen que</u> los trabajadores indocumentados les (quitar) _____ el empleo a los ciudadanos.

7 Hay leyes que (castigar) _____ a patronos que contratan a trabajadores indocumentados.

8 Después de mandar a un indocumentado de vuelta a su país, es probable que (intentar) _____ regresar.

9 Los inmigrantes les pagan a los "coyotes" <u>para que</u> los (guiar) _____ por la frontera.

10 Hay grupos humanitarios que colocan agua en la frontera, a fin de que la gente no (morir) _____ de sed después de cruzar.

4-24 Completa las oraciones sobre tu vida y sobre la de personas conocidas de una manera lógica.

modelo Me preocupa que mi esposo… **Me preocupa que mi esposo esté enfermo.**

1 Estoy contento(a) de que mi amigo(a)…
2 Todos los estudiantes temen que los profesores…
3 A los jóvenes no les gusta que sus amigos…
4 Me molesta que mis profesores…
5 Mis padres se alegran de que yo…
6 A mis amigos les fascina que las películas…
7 Nunca quiero que tú…
8 A mí no me importa que el presidente…

4-25 Estudiante modelo Contesta las preguntas, indicando alguna razón para explicar lo que hace Luis, un estudiante modelo. Incorpora la expresión entre paréntesis en tu respuesta.

modelo ¿Cuándo va a salir Luis con sus amigos? (después de que)
Va a salir después de que acabe su informe.

1 ¿Por qué Luis nunca entrega tarde la tarea? (porque)
2 ¿Por qué siempre lleva más de un lápiz a clase? (en caso de que)
3 ¿Cuándo empieza él siempre la tarea? (en cuanto)
4 Generalmente, ¿cuándo descansa Luis? (cuando)
5 ¿Por qué Luis sabe las horas de oficina de su profesor(a)? (de manera que)
6 ¿Nunca falta a clase? (a menos que)

4-26 **Mis vecinos de Guatemala** Llena los espacios en blanco con la forma correcta del verbo entre paréntesis. Decide si necesitas usar el indicativo, el subjuntivo o el infinitivo.

Ayer estuve hablando con mis vecinos y me enteré de cosas interesantes sobre su familia. Alberto es un inmigrante de Guatemala. Vino a los EE.UU. porque necesitaba **(1)** _____ (conseguir) un trabajo mejor que el que tenía en su país natal. Al principio se le hizo muy difícil adaptarse a la vida en los EE.UU., pero poco a poco ha ido aprendiendo el idioma y ahora está muy contento con su decisión. Él me cuenta que quiere que sus hijos **(2)** _____ (estudiar) en una universidad americana. Él piensa que estas universidades les **(3)** _____ (ofrecer) muchas oportunidades a los estudiantes, aunque sabe que **(4)** _____ (ser) muy caras. Por eso, él está dispuesto a trabajar duro para **(5)** _____ (realizar) su sueño para sus hijos. La esposa de Alberto, Marta, dice que es necesario que los niños se **(6)** _____ (alimentar) bien para que **(7)** _____ (poder) asistir al colegio y aprovechar sus clases. Aunque Marta **(8)** _____ (tener) un trabajo muy exigente, ella se levanta temprano para **(9)** _____ (preparar) el almuerzo para su familia. Ella desea que todos **(10)** _____ (estar) bien alimentados. Me alegro de que a Marta y a Alberto les **(11)** _____ (ir) tan bien en el trabajo y que a los niños les **(12)** _____ (gustar) mucho la escuela. Yo espero que todos ellos **(13)** _____ (tener) mucho éxito porque son personas muy trabajadoras.

4-27 Imagínate que un amigo tuyo que vive en un país extranjero quiere venir a los EE.UU. a buscar un empleo y te ha pedido que lo aconsejes sobre lo que debe hacer para encontrar trabajo y vivienda. Haz una lista de lo que le aconsejas que haga o que evite para tener éxito. Escribe tres consejos sobre lo que debe hacer y otros tres sobre lo que debe evitar. Puedes usar frases como **te recomiendo, es necesario, lo mejor es que, no debes...**, etcétera.

4-28 **Soñar no cuesta nada** Llena los espacios en blanco con la forma correcta del verbo entre paréntesis del presente del indicativo, del subjuntivo o del futuro, según el contexto.

Me gusta pensar que algún día viviremos en un mundo pacífico en el que no **(1)** _____ (haber) conflictos ni guerra. Si fuera así, podríamos concentrarnos en trabajar para construir una vida mejor para todos. Aunque mis amigos **(2)** _____ (pensar) que soy idealista, confío en que así será en el futuro. Para que esto **(3)** _____ (ocurrir) es necesario que todo el mundo se **(4)** _____ (respetar) mutuamente y **(5)** _____ (estar) dispuesto a examinar las ideas de otros, en vez de rechazarlas. Todos tendrán que reconocer que los conflictos armados no **(6)** _____ (ser) la mejor solución para los problemas entre las naciones. Aunque no es fácil que todas las naciones **(7)** _____ (ponerse) de acuerdo, confío en que algún día lo harán. Estoy seguro de que todo **(8)** _____ (ir) a salir bien. Es evidente que cuando esto **(9)** _____ (suceder), estaré muy contento. La gente podrá viajar sin temor de que el mundo **(10)** _____ (acabarse) debido a una guerra mundial. Tan pronto esto suceda, yo **(11)** _____ (vivir) tranquilamente. Es una pena que muchas personas no **(12)** _____ (estar) de acuerdo conmigo.

senderos
CULTURALES II

Antes de leer

Este texto autobiográfico trata sobre las experiencias de una puertorriqueña en los EE.UU. La autora cuenta sobre su deseo de adaptarse a la cultura estadounidense, mientras trataba de hablar inglés sin acento. A pesar de que los puertorriqueños son ciudadanos americanos, por su herencia hispana, su idioma, su religión y, en muchos casos, por sus condiciones económicas, pueden sufrir las mismas experiencias que los inmigrantes.

4-29 Inmigrantes Tu compañero(a) y tú quieren trabajar un año o dos en un país de habla hispana. Contesten las siguientes preguntas con esta idea en mente; luego compartan sus respuestas con el resto de la clase.

1 ¿Uds. se considerarían inmigrantes si se fueran a vivir a otro país? ¿Por qué sí o por que no?
2 ¿Creen que sería fácil conseguir un empleo? ¿Por qué? ¿Creen que les deberían dar la oportunidad de trabajar en el país aunque no sean ciudadanos?
3 ¿Piensan que tendrían derecho a seguro médico gratuito o a la educación pública u otras oportunidades que se les ofrezcan a los ciudadanos del país?
4 ¿Qué tan importante sería que hablaran español sin acento extranjero? ¿Creen que otros aceptarían su forma de hablar? Expliquen su respuesta.
5 ¿Creen que sería difícil integrarse a la cultura de ese país? ¿Qué complicaciones anticiparían?

¡Conoce a la autora!

Esmeralda Santiago (1948–) nació en San Juan, Puerto Rico, pero se fue a vivir a los Estados Unidos. *Casi una mujer* trata sobre su transformación de niña a mujer joven en circunstancias muy diferentes a las que había vivido en su país de origen. En su primer libro, *Cuando era puertorriqueña*, relata las circunstancias que obligaron a su familia a mudarse a los EE.UU.

Casi una mujer (fragmento)

¿Tú no quieres sonar puertorriqueña?

En mi vida secreta no era puertorriqueña. No era americana. Hablaba todos los idiomas del mundo, por lo tanto nunca me confundía con lo que la gente decía; y todo el mundo me entendía. Mi piel no tenía un color particular, así es que no sobresalía por negra, blanca o marrón.

Vivía esta vida secreta todas las noches, según me iba quedando dormida°, y todas las mañanas me resistía a abrir los ojos en la cama estrecha del estrecho cuarto que compartía con Delsa, el pecho apretado° ante la sorpresa y el desencanto de que todo fuera un sueño.

"Eee, eee, eee." Enunciaba las vocales según nos instruía la Dra. Dycke, la directora del Departamento de Dramas. "Ay, ay, ay. Eee, eee, eee."

según... *as I was falling asleep*

tight

Raymond se asomó° por el quicio° de la puerta.   *peeped / door frame*

"¿Qué tú hace'°"?   *haces*

"Practicando. Eee, ay, eee, ay, eee."

15   "¿Por qué?"

"Para poder aprender a hablar inglés sin acento."

"Ah," siguió andando.

"Eee, eee, ay, ay, eee, eee, ay, ay."

Unos minutos después apareció Edna en la puerta.

20   "¿Qué tú hace'?"

"Practicando. Eee. Eee. Eee."

"¿Practicando qué?"

"¡Pregúntale a Raymond!" Le cerré la puerta en la cara. "Ay. Ay. Ay. Oo. Oo."

Se abrió la puerta. "¡Pa'° fuera!" grité. "Ah, eres tú.   *Para*

25   "Tengo que buscar algo," Delsa señaló al gavetero°.   *chest of drawers*

Me eché para atrás° para dejarla pasar. "Eeu. Oo. Eeu. Oo. Ay."   **Me**... *I leaned back*

"¿Qué es lo que haces?" Sacó una camisa limpia de la gaveta.

"¡Ya!" la empujé hasta el cuarto de al frente. "¡Venga todo el mundo!" grité.

"¡Hector! ¡Norma! ¡Mami! ¡Tata!"

30   "¿Qué quieres?" gritó Norma desde el cuarto de atrás del apartamento. Mami

salió de la cocina. "¿Qué es esa gritería°?"   *screaming*

"Quiero a todo el mundo aquí para decir esto una sola vez."

"¿Decir qué?"

"¡Norma! ¡Héctor! ¡Alicia! ¡Avancen°!"   *Hurry up!*

35   "Silencio", dijo Mami irritada, "Franky está durmiendo."

"Con calma. Ya no soy tan rápida como antes", llegó Tata arrastrándose° hasta   *dragging herself*

el cuarto del frente.

Cuando todo el mundo se había acomodado° en las camas, el piso y el sofá,   *settled*

comencé. "Tengo una clase que se llama Voz y Dicción, donde estoy aprendiendo

40   a hablar sin acento."

"¿Por qué? ¿Tú no quieres sonar puertorriqueña?"

"Déjenla hablar", dijo Tata.

"Es parte de mi trabajo de la escuela", dije atravesando° a Héctor con la   *piercing*

mirada.

45   "Sonaba como que estabas imitando animales", se burló° Edna y todo el   *mocked*

mundo se rió.

"Ja, ja, very funny." Seria, esperé que se calmaran. "Tengo que practicar y

no puedo hacerlo si cada cinco segundos uno de ustedes me interrumpe para

venirme a preguntar qué estoy haciendo. Así es que si oyen sonidos extraños

50   saliendo del otro cuarto, es mi asignación. ¿Está bien?"

"¿Por eso era to'a° esa gritería?" preguntó Mami.   *toda*

"Sí. Los muchachos me estaban molestando." Con la mirada fulminé° a Edna,   *struck like lightning*

Raymond y Delsa. Ellos miraron a Mami, que me dio una mirada seca. Por un

momento, me pareció que me iba a regañar por formar tanto lío° por tan poca   *fuss*

55   cosa. Pero, se volvió hacia los nenes y les advirtió°: "Dejen a su hermana quieta   *warned*

cuando esté estudiando."

"Suena como un zoológico allá adentro", protestó Norma.

"Se me van pa'° otro la'o° del apartamento cuando ella esté practicando." *para / lado*

Yo me volví al cuarto, seguida de las quejas de Norma. "But it's not fair."

60 No era justo. Desde que había empezado a estudiar en Performing Arts High School, Mami me favorecía. Si yo estaba leyendo y me quejaba de que el volumen del televisor estaba muy alto, ella hacía que los nenes lo bajaran. Si yo me quería acostar temprano todo el mundo se movía hasta la cocina donde podían formar el barullo° sin que yo los oyera. Si yo traía a casa una lista de materiales para la *disorder, noise*

65 escuela, Mami nunca decía qué habían costado. Yo sabía lo mucho que trabajaba para mantenernos, así es que no abusaba. Pero me sentía culpable de que tanto de lo poco que teníamos se gastara en mí y me aterraba° el costo que tendría **me...** *I was terrified*
a la larga.

"Vivo para mis hijos", afirmaba Mami. Yo estaba segura de que no importaba

70 cuánto trabajara, nunca podría pagarle por todo lo que ella había tenido que renunciar para que yo pudiera tener todo lo que necesitaba.

Mami se había salido de la escuela elemental y nunca nos permitió olvidar el error que había cometido al no continuar su educación. Aunque nunca se quejaba de que fuéramos una carga, le temblaba la voz cuando nos decía lo

75 difícil que era ser madre y padre de ocho hijos. Aunque nunca los mencionaba, debió haber tenido sueños alguna vez, pero nací yo, y cada año después, con el nacimiento de cada una de mis hermanas y hermanos, esos sueños se fueron esfumando poco a poco, según ella se concentró en asegurarse de que tuviéramos nuestros propios sueños.

Excerpt from *Casi una mujer* by Esmeralda Santiago (New York: Vintage, 1999). Used with permission.

Después de leer

4-30 ¿Y tú, qué opinas?

Comprensión Contesta las siguientes preguntas.

1 ¿Cómo reaccionan sus hermanos al ver cómo practica Esmeralda los sonidos?

2 ¿Por qué los hermanos de Esmeralda creen que la madre no es justa?

3 ¿Por qué la madre no había realizado sus sueños?

Interpretación Contesta las siguientes preguntas.

4 ¿En qué consistía la vida secreta de Esmeralda Santiago?

5 ¿Cómo se sentía cada día al despertar y darse cuenta de que su vida secreta era solo un sueño? ¿Por qué se sentía así?

6 ¿Qué relación hay entre su vida secreta y su raza e idioma?

Conversación Contesta las siguientes preguntas en grupos de tres o cuatro estudiantes.

7 ¿Qué significaba para Esmeralda "sonar puertorriqueña"?

8 ¿Qué dificultades crees tendría Esmeralda por tener acento puertorriqueño? ¿Crees que podría realizar su sueño de ser actriz con un acento extranjero?

9 ¿Cuán importante es el idioma natal en la formación de la identidad de una persona?

- Aprender sobre lo que se entiende por derechos humanos y las diferencias culturales con respecto a la manera de interpretar cuáles son estos derechos
- Hablar sobre derechos específicos, tales como el derecho a la salud y a la vida
- Usar el vocabulario relacionado con el tema de los derechos humanos

OBJETIVOS

- Los derechos humanos y los derechos inalienables
- El derecho a la vida y a la eutanasia

TEMAS DE VOCABULARIO

- La distinción entre **cercano, cerca, íntimo, intimidad** y **unido**
- La distinción entre **asistir, atender** y **ayudar**
- La distinción entre **respeto, respecto** y frases que emplean estas palabras
- Los usos del imperfecto y el pretérito para hablar del pasado

ESTRUCTURAS

- Los derechos humanos
- *Los censores* – Luisa Valenzuela

LECTURAS CULTURALES

- Los derechos de los pueblos indígenas
- El costo de la asimilación

VIDEOS

¿A qué tenemos derecho?

CAPÍTULO 5

senderos
CULTURALES I

Antes de leer

En este capítulo estudiaremos lo que se entiende por derechos humanos. Comentaremos sobre varios de ellos, tales como el derecho a la muerte, a la vida, a la libre expresión y el derecho de las culturas indígenas a la preservación de sus valores y su forma de vida.

5-1 **¿Qué crees?** Contesta las siguientes preguntas.

1 ¿Qué es un derecho humano?
2 ¿Cuáles son algunos derechos humanos? Menciona por lo menos cinco.
3 ¿Cuál es la función de las Naciones Unidas con respecto a los derechos humanos?

SENDEROS LÉXICOS I

amparar *to protect, to shelter*
ardientemente *ardently, with burning desire*
cadena perpetua *life imprisonment*
células madre *stem cells*
delictivo(a) *crime related*
delito *crime*
discrepancia *difference, discrepancy*
encarcelar *to imprison*
enmienda *amendment*
esclavitud *slavery*
fundamento *foundation*
gratuito(a) *free of charge*
infringir *to infringe, to violate or break*

libertad de expresión *freedom of speech*
libertad de pensamiento *freedom of thought*
omitir *to omit, to neglect*
padecer *to suffer*
pena capital / de muerte *capital punishment*
póliza *policy*
poseer armas *to bear arms*
preso *prisoner*
presumir *to assume, to suppose, to boast*
proclamar *to give public notice*
siglas *acronym*
sufragio universal *universal suffrage, right to vote*
trata de esclavos *slave trade*

5-2 **Cada oveja con su pareja** Busca el sinónimo de las siguientes palabras.

1 _____ amparar
2 _____ delito
3 _____ discrepancia
4 _____ preso
5 _____ infringir
6 _____ presumir
7 _____ proclamar

a diferencia
b violar
c suponer
d divulgar
e crimen
f encarcelado
g proteger

5-3 **¿Cómo lo explicas?** Define los siguientes términos con tus propias palabras.

1 sufragio universal
2 cadena perpetua
3 pena capital

4 trata de esclavos
5 libertad de expresión
6 células madre

Los derechos humanos

La Asamblea General de la Organización de las Naciones Unidas, ONU por sus siglas en español, con el propósito de proteger a las personas de abusos políticos, sociales y legales, aprobó y proclamó la Declaración Universal de Derechos Humanos el 10 de diciembre de 1948. Entre estos derechos se encuentran el derecho a la libertad, a la vida, a la seguridad,
5 a la libre expresión, al matrimonio y a la educación elemental gratuita. Estos son derechos que todas las naciones deben respetar y garantizarles a sus ciudadanos, por lo que forman parte de las leyes internacionales. En la actualidad se acepta de una manera generalizada el concepto de derechos humanos. Sin embargo, todavía hay una gran discrepancia con respecto a cuáles son los derechos humanos.

10 ## Los derechos inalienables

Algunos sostienen que los derechos humanos son inalienables. Un derecho inalienable es uno al que los seres humanos no pueden renunciar, ni puede ser negado ni revocado por ninguna autoridad o institución porque su fundamento está en la naturaleza humana misma. Un derecho que se considera inalienable es el derecho a la libertad. Sin
15 embargo, el gobierno puede quitarle la libertad a aquellos que han sido convictos de un delito. Al examinar la lista de los derechos que las Naciones Unidas considera como derechos humanos uno se da cuenta de que algunos no son derechos inalienables como, por ejemplo, el derecho a la propiedad. Incluso es probable que algunas personas no consideren derechos humanos algunos que se encuentran en la lista. Piensa, por ejemplo,
20 en el derecho a la salud o al matrimonio.

¿Tenemos derecho a la salud?

El derecho a la salud puede motivar diversos puntos de vista. Mientras unos creen que todos tenemos derecho a un sistema de salud pública, así como tenemos derecho a la educación, otros opinan que los individuos tienen la responsabilidad de mantenerse
25 saludables y pagar su propia póliza de salud sin la interferencia del gobierno en los asuntos de salud. En España el acceso a la salud pública está garantizado por la constitución. Es por esto que aun los inmigrantes indocumentados pueden beneficiarse del sistema de salud pública. Por el otro lado, el derecho a poseer armas, que en los Estados Unidos está garantizado por la segunda enmienda a la Constitución, no es
30 reconocido como derecho en otros países.

¿Qué se entiende por cada uno de estos derechos?

Otro aspecto interesante es que a veces diferimos en cuanto a qué exactamente se entiende por cada uno de los derechos. Mientras casi todos estaríamos de acuerdo que la libertad de expresión es un derecho humano, no todos interpretan este derecho de la
35 misma manera. Sin la libertad de expresarse, el ser humano está condenado a la opresión. Esta libertad, sin embargo, puede tener consecuencias desagradables, como es el caso cuando algunos individuos se expresan de una manera ofensiva, según la sensibilidad de otros. De igual manera, no hay acuerdo con respecto al derecho al matrimonio, un tema

que hoy en día se discute ardientemente porque no todos definen el matrimonio con los
mismos criterios.

También es fuente de controversia el derecho de las culturas indígenas o minoritarias
a preservar su estilo de vida, su idioma, sus recursos y su territorio cuando estos chocan
con las costumbres del resto de la población. Es interesante mencionar que lo que
entienden diferentes grupos culturales por derechos también puede estar en conflicto.
Considera, por ejemplo, el uso del burqa o hijab. Mientras las mujeres musulmanas
defienden su derecho a llevar el burqa, algunas feministas consideran que llevarlo es
represivo para la mujer.

El derecho a la vida

Los avances en la tecnología y en la ciencia han creado varios conflictos relacionados
con los derechos humanos. La capacidad de extender la vida en circunstancias que en el
pasado no habrían sido posibles ha creado dilemas de carácter moral, religioso y judicial.
Pocos podrían negar que tengamos derecho a la vida, pero, ¿qué se entiende por este
derecho? ¿Cómo definimos la vida? ¿Cuándo comienza y termina la vida? Hoy se debate
el derecho al aborto, a la experimentación con las células madre, la pena capital, entre
muchos otros temas relacionados con la definición de lo que es la vida. Uno de estos
conflictos se encuentra en lo que se ha llamado el derecho a morir con dignidad, conocido
también como el derecho a la eutanasia. Por eutanasia generalmente se entiende ayudar
a un enfermo a morir. Dentro de esta definición general se distingue entre la eutanasia
activa y la pasiva. La eutanasia activa se refiere a usar métodos para terminar la vida de
un paciente incurable, o que padece de una condición que, aunque no sea fatal, le impide
disfrutar plenamente de la vida. La eutanasia pasiva consiste en no aplicarle tratamientos
extraordinarios a un paciente, permitiendo así que la enfermedad o el padecimiento
tomen su curso natural hasta que el paciente muera. En casos como este se entiende que
los métodos extraordinarios, aunque pospongan la vida del paciente, no mejorarán su
calidad de vida. Y tú, ¿qué piensas? ¿A qué crees tener derecho?

Después de leer

5-4   **¿De verdad?** Indica si las siguientes afirmaciones son verdaderas o falsas según la lectura. Si son
falsas, explica por qué.

1 Todas las naciones están de acuerdo con respecto a cuáles son los derechos humanos.
2 En España el derecho a la salud está garantizado por la Constitución.
3 Hablar de derechos humanos es lo mismo que hablar de derechos inalienables.
4 La educación a nivel secundario es un derecho según la Declaración Universal de Derechos Humanos.
5 El derecho al matrimonio no es un derecho humano según la ONU.
6 Algunas feministas consideran que el llevar el burqa es un símbolo de represión a la mujer.
7 La eutanasia pasiva consiste en usar métodos para terminar la vida de un enfermo incurable.

5-5 **Contextos** Llena los espacios en blanco con las palabras de la lista que completen las oraciones. Haz todos los cambios de concordancia que sean necesarios.

activo	eutanasia	pasivo
derecho	inalienable	represivo
derecho a la vida	indocumentado	salud pública
derecho humano	libertad de expresión	sufragio universal

1 Aunque todos están de acuerdo en que las personas tienen _____, muchos difieren sobre cómo se define la vida.

2 El derecho a morir con dignidad también se conoce como el derecho a la _____.

3 El derecho a votar para elegir a los dirigentes de un país se conoce como _____.

4 Mientras las mujeres musulmanas consideran el uso del hijab como un _____, otros lo consideran una práctica _____.

5 Los derechos _____ son derechos inherentes a la naturaleza humana.

6 Los inmigrantes _____ en España tienen derecho a la _____.

7 La eutanasia _____ consiste en no proveerle medidas médicas extremas a un enfermo.

8 La eutanasia _____ consiste en usar métodos para terminar la vida de un enfermo incurable.

5-6 **¿Cuánto sabes?** En el 2007 la organización *The Opportunity Agenda* hizo una encuesta para determinar la opinión de los estadounidenses sobre los derechos humanos. A ver si puedes adivinar lo que piensan los estadounidenses sobre estos asuntos.

1 ¿Qué porcentaje de estadounidenses cree que todas las personas tienen derechos independientemente de que el gobierno respete esos derechos o no?
   a 99%   **b** 80%   **c** 50%   **d** menos de 50%

2 ¿Qué porcentaje de estadounidenses cree que en los EE.UU. se les niegan los derechos humanos a algunas personas?
   a 10%   **b** 30%   **c** 50%   **d** 80%

3 ¿Tienes idea de cuáles de los siguientes se consideran derechos por el 83% o más de los estadounidenses? Pon una X en todos los que crees que apliquen.

   a _____ igualdad de oportunidades sin importar la raza o el sexo

   b _____ paga justa que permita a los trabajadores tener comida y vivienda

   c _____ no ser torturado

   d _____ acceso a la salud

   e _____ ser tratado justamente por el sistema de justicia

   f _____ igual acceso a educación de calidad

5-7 **¿A qué tenemos derecho?** Haz una encuesta sobre los derechos humanos. Pregúntales a tus compañeros de clase si los siguientes son derechos. Marca sus respuestas con una X.

¿Crees que tenemos derecho?	Sí	No
1 a la salud		
2 a poseer y portar armas		
3 a la eutanasia		
4 a la educación elemental gratuita		
5 a no ser maltratado ni torturado		
6 a no ser encarcelado sin juicio		
7 a la libertad de expresión		
8 a la libertad de religión		
9 a la libertad de pensamiento		
10 al sueldo igual por igual trabajo		

BURAFI/AFP/Getty Images

Y las imágenes, ¿qué dicen?

Madres de la Plaza de Mayo

Después del golpe militar de 1976 en la Argentina, los militares secuestraron y mataron a miles de personas con el pretexto de poner orden al caos que existía en el país durante esa época. Se empleó el término *desaparecidos* para referirse a aquellos que fueron arrestados por las autoridades y de quienes nunca más se supo. Se cree fueron torturados y matados por la policía. En 1977 una de las madres de los secuestrados acudió a las demás madres que habían perdido a un hijo o una hija, pidiéndoles que se juntaran todas las semanas para apoyarse mutuamente y para ejercer presión sobre el gobierno para que divulgara información acerca de sus seres queridos. Desde entonces, todos los jueves, las madres, junto con algunos padres y otros que quieren respaldar la causa, se reúnen a las tres de la tarde y caminan alrededor de la Plaza de Mayo en Buenos Aires como símbolo de protesta a las atrocidades que ocurrieron durante esa época trágica de la historia argentina.

5-8 **Charlemos** Contesten las siguientes preguntas en grupos de tres o cuatro estudiantes, según la encuesta en 5–7.

1 ¿Hay algunos derechos acerca de los que todos coincidieron que son derechos humanos? ¿Hay alguno que crean no es un derecho humano? Expliquen sus respuestas.

2 ¿Creen que los ciudadanos de este país deben tener el derecho a portar armas? ¿Por qué sí o por qué no?

3 De los derechos humanos que mencionaron, ¿hay alguno que les parezca más importante que otro? ¿Por qué sí o por qué no?

 5-9 **Interpretación** Contesten las siguientes preguntas en los mismos grupos.

1 ¿Cómo definen el matrimonio?

2 ¿Creen que la gente tiene derecho a un sistema de salud gratuito, de la misma forma que tiene derecho a la educación gratuita? ¿Por qué sí o por qué no?

3 Expliquen la diferencia entre la eutanasia activa y la pasiva y mencionen ejemplos que las ilustren. ¿Creen que hay situaciones en las que se justifique la práctica de la eutanasia? Expliquen.

5-10 **¿De qué sirve la protesta?** Busca más información sobre las Madres de la Plaza de Mayo o algún otro grupo que proteste en España o Hispanoamérica para defender los derechos humanos. Luego contesta las siguientes preguntas.

1 ¿Dónde y por qué protestan las personas?

2 ¿Qué simboliza el lugar de la protesta?

3 ¿Qué esperan que ocurra como resultado de sus manifestaciones? ¿Hay evidencia de que hayan logrado algunas de sus metas?

4 ¿Hay otros individuos o grupos que hagan una protesta en contra del mismo asunto? Explica.

¡Recuerda!

Más expresiones útiles para dar tu opinión son:

a mi parecer   *the way I look at it*
opino que   *it is my opinion*
estar a favor de   *to be in favor of*
estar en contra de   *to be against*
(no) estar de acuerdo   *(not) to agree*
(no) estar convencido(a)   *(not) to be convinced*

Algunos expresiones para indicar probabilidad son:

imaginarse que   *to imagine that*
puede ser que   *it may be that*
se supone que   *supposedly*
suponer que   *to suppose that*

senderos
VISUALES

Los derechos de los pueblos indígenas

Antes de ver el video

Vas a ver y escuchar acerca del concepto de los derechos humanos, especialmente de los que se relacionan con los grupos indígenas de las Américas tales como la tribu Zapata del Ecuador y la de los Nukak Maku en Colombia. Los intereses de estos grupos se encuentran en conflicto con los intereses comerciales de algunas compañías poderosas.

5-11 **Prepárate** Contesta las siguientes preguntas antes de ver y escuchar el video.

1 ¿Conoces a una persona o a grupos de personas cuyos derechos humanos hayan sido violados? ¿Tus derechos han sido violados alguna vez? Explica tu respuesta.

2 ¿De qué forma pueden estar en conflicto con los derechos de un grupo los intereses comerciales de las grandes empresas? Piensa en ejemplos específicos.

3 ¿De qué manera crees que los derechos de los indígenas han sido violados, tanto en este país como en los países hispanoamericanos?

SENDEROS LÉXICOS II

acudir *to turn to*

amenazar *to threaten*

arraigar(se) *to become deeply rooted*

desalojar *to oust, to clear an area of people*

desplazar *to displace*

envoltura *wrapper*

etiqueta *label, tag*

índole *class, kind*

liderazgo *leadership*

otorgar *to confer, to grant*

postular *to seek (a position)*

supervivencia *survival*

5-12 **¿Qué palabras faltan?** Llena los espacios en blanco con la palabra apropiada de **Senderos léxicos II**. Haz todos los cambios de concordancia que sean necesarios.

1 Algunas culturas indígenas han sido _____ por el progreso y los avances tecnológicos.

2 Para poder defender sus derechos, los grupos indígenas necesitan contar con buen _____ entre ellos.

3 Algunos grupos indígenas están muy _____ en la tierra de sus ancestros.

4 Muchos indígenas luchan por conservar sus tierras, ya que de ellas depende la _____ de su grupo.

5 La guerrilla ha causado el _____ de muchos grupos indígenas en Colombia.

6 El primer país en _____ a la mujer el derecho a votar fue Ecuador en 1929.

5-13 ¡Apuesto a que ya lo sabías! Indica el verbo o el sustantivo que corresponda. Consulta un diccionario si es necesario.

Sustantivo	Verbo
1 envoltura	[ ]
2 [ ]	amenazar
3 [ ]	arraigar(se)
4 supervivencia	[ ]
5 [ ]	desalojar
6 [ ]	desplazar

Escenas del video

Las indígenas Masahua de México se ganan la vida haciendo elegantes bolsas de plástico. ¿Por qué es importante que estas indígenas aprendan un oficio?

Los intereses comerciales de las grandes compañías amenazan la identidad cultural de los grupos indígenas. ¿Por qué protestan? ¿Estás de acuerdo con ellos? ¿De qué forma se podría resolver el conflicto?

Menchú besa la tierra de sus antepasados que considera sagrada. ¿Por qué Menchú considera ese espacio sagrado?

Los indígenas quieren preservar sus antiguas tradiciones. ¿Tienes alguna tradición familiar o religiosa o de cualquier otro tipo que quisieras preservar para las generaciones futuras? ¿Qué tradición? ¿Por qué es importante para ti?

© Heinle, Cengage Learning

Después de ver el video

5-14 **Exprésense**

Comprensión Contesta las siguientes preguntas.

1 ¿De qué maneras se ha amenazado el territorio de los indígenas? ¿Por quiénes?

2 ¿Quién fue Tonantzín? ¿Por qué algunas personas le hicieron ofrendas en el video?

3 ¿Por qué Rigoberta Menchú ganó el Premio Nobel de la Paz?

Interpretación En grupos de tres o cuatro estudiantes contesten las siguientes preguntas.

4 ¿Qué relación hay entre el desarrollo económico en Hispanoamérica y el desalojamiento de algunos pueblos indígenas?

5 ¿Creen que el criterio principal para determinar quién pertenece a un pueblo indígena sea la auto identificación? ¿Por qué sí o por qué no?

6 ¿Creen que la Organización de las Naciones Unidas (ONU) puede hacer una verdadera diferencia en promover los derechos humanos? Expliquen.

Conversación En grupos de tres o cuatro estudiantes compartan sus opiniones y observaciones.

7 ¿Qué opinan de la construcción de una tienda como Walmart cerca de una zona arqueológica? ¿Qué otros casos conocen en los que la gente se haya opuesto a la construcción de una de estas tiendas en alguna comunidad? Expliquen.

8 ¿Hay algún caso que conozcan en su comunidad que haya involucrado la defensa de los derechos humanos de algún grupo o individuo? Expliquen la situación y el resultado.

9 ¿Qué organizaciones hay en tu comunidad o universidad cuya misión incluya la protección de los derechos humanos de algún grupo? ¿Participas en tal organización?

El costo de la asimilación

© Heinle, Cengage Learning

Antes de ver el video

José María vivió por muchos años entre los indígenas Mam en Guatemala. Su experiencia lo lleva a reflexionar sobre los derechos de los indígenas y sobre la identidad de los pueblos. Antes de escuchar su relato piensa en los problemas que enfrentan los nativos de Norteamérica hoy en día.

¿Cómo se define la identidad cultural?

5-15 Reflexiones personales Contesta las siguientes preguntas.

1 ¿Qué entiendes por una persona indígena?

2 ¿Con qué grupo étnico o racial te identificas? ¿Por qué?

3 ¿Con qué retos se enfrenta el grupo étnico o racial con el que te identificas?

4 ¿Te identificas primeramente como estadounidense o como parte de un grupo racial o étnico? ¿Por qué?

Después de ver el video

5-16 Reflexiones culturales Seguramente te habrás dado cuenta de que el nombre del protagonista es José María. Este es un nombre muy común en España para los hombres, así como María José para las mujeres. Es también común en todos los países de Hispanoamérica bautizar a los hijos con nombres relacionados con la religión católica, tales como Jesús, Lourdes, Guadalupe, etcétera.

1 ¿Qué otros nombres hispanos conoces que aludan a personajes bíblicos o religiosos?

2 ¿Es esta una práctica común en los EE.UU.?

3 Menciona nombres en inglés que sean religiosos o bíblicos.

5-17 ¿Te acuerdas qué dijo José María?

Comprensión Contesta las siguientes preguntas.

1 ¿Por cuánto tiempo estuvo José María en Guatemala?

2 ¿Qué problemas enfrenta el pueblo Mam? ¿Por qué?

3 ¿Qué circunstancias causan el problema de identidad del pueblo Mam?

Interpretación Contesten las siguientes preguntas en grupos de tres o cuatro estudiantes.

4 ¿Cómo crees que se puede resolver el conflicto entre identidad y progreso en el pueblo Mam?

5 ¿Qué factores contribuyen al conflicto de identidad entre los pueblos minoritarios?

6 ¿Qué conflictos culturales tienen los hispanos en los EE.UU.? ¿Por qué?

7 Si tuvieras que vivir en un país extranjero el resto de tu vida, ¿qué aspectos de tu cultura querrías que tus hijos conservaran? ¿Por qué?

5-18 Para compartir Averigua más sobre la comunidad Mam en Guatemala. Consulta la página Web de la UNESCO *(United Nations Educational, Scientific, and Cultural Corporation)* para enterarte sobre el pueblo Mam, el territorio que ocupan en Guatemala, sus creencias religiosas, sus ceremonias y sus ritos, sus lugares sagrados, etcétera. Comparte la información con tus compañeros de clase.

5-19 ¡Entérate! A pesar de que el español es un idioma oficial de todos los países hispanoamericanos, hay otros idiomas oficiales y cientos de idiomas y dialectos indígenas que se hablan en diferentes regiones. Busca en la Red la siguiente información y compártela con tus compañeros(as) de clase.

1 ¿Qué otros idiomas se hablan en Hispanoamérica?

2 ¿En qué regiones de Hispanoamérica se hablan estos idiomas?

3 ¿Qué porcentaje de la población habla otro idioma? ¿Hablan también?

5-20 **Presentación oral** Escoge uno de los temas siguientes para presentar en clase y completa las actividades que correspondan al tema.

> 1 **Protejamos los derechos** Hay muchos grupos a los que se les violan sus derechos. Haz una investigación sobre el tema para informarte acerca de por lo menos cinco grupos cuyos derechos se violan.

Paso 1 Busca información para contester las siguientes preguntas:

- ¿Quiénes son las personas cuyos derechos se violan?
- ¿Cómo se les violan sus derechos?
- ¿Quiénes les violan sus derechos? No te olvides de incluir las fuentes donde encontraste la información.

Paso 2 Imagínate que has decidido ser miembro de alguna organización que luche contra la violación de los derechos humanos. Escoge uno de los ejemplos de abuso que encontraste; decide a qué grupo dedicarías tus esfuerzos e infórmate con más detalles sobre los abusos contra los que este grupo lucha. Trae tu informe a clase y compártela con tus compañeros de clase.

> 2 **¿Qué simboliza?** Los grupos que luchan por diferentes derechos o causas utilizan signos visuales para representar su causa. Piensa, por ejemplo, en aquellos que abogan por más investigación médica para encontrar la cura al cáncer del seno o los que luchan por los derechos de las víctimas de la violencia doméstica. ¿Qué símbolos usan estos dos grupos?

Paso 1 ¿Conoces otros símbolos que representen causas sociales? Haz una lista de estos símbolos. Piensa por qué crees que han escogido ese símbolo para su causa.

Paso 2 Piensa en una causa relacionada con los derechos humanos que quieras defender. Crea un símbolo para tu causa, tráelo a clase y explica por qué escogiste ese símbolo.

5-21 **¡Y ahora a escribir!** Escoge uno de los siguientes temas para escribir una composición.

> 1 **Los derechos humanos** Aunque hoy en día se acepta universalmente que todos los seres humanos tienen ciertos derechos, se discute quién deber asegurar estos derechos.

Paso 1 Considera el tema de los derechos humanos. Luego organiza las ideas que quieras incluir, tomando en cuenta los puntos siguientes:

- una definición de derechos humanos
- las responsabilidades del gobierno o de algún otro grupo de asegurar los derechos para todos
- la resolución de conflictos según las diferentes interpretaciones de los derechos

Usa las preguntas en el Apéndice A para dirigir el proceso de redacción de la composición.

Algunas expresiones que te pueden ser útiles para enlazar las ideas cuando escribas una composición son las siguientes:

primero *first*

luego *then*

desde entonces *from then on*

mientras *while*

durante *during*

al mismo tiempo *at the same time*

al final *in the end*

por último *last of all*

2 **El derecho a la privacidad** En una sociedad democrática debe existir el derecho a la privacidad de información.

Paso 1 Considera este asunto desde el punto de vista de un periodista, del Secretario de Seguridad Nacional y de un ciudadano común. Luego organiza las ideas que quieras incluir, tomando en cuenta los puntos siguientes:

- la información que uno tiene derecho a mantener privada
- las diferentes perspectivas con respecto al tema
- el reto de mantener la información privada en la era tecnológica

Usa las preguntas en el Apéndice A para dirigir el proceso de redacción de la composición.

3 **El derecho a morir** Esta película está basada en un hecho verídico. Ramón Sampedro, quien quedó cuadripléjico después de sufrir un accidente, lucha por el derecho a morir.

Mar adentro, dirección de Alejandro Amenábar, España, 2004

Paso 1 Ramón Sampedro no solo se enfrenta al sistema jurídico de su país, sino también a su familia y a la religión católica que están en contra de la eutanasia. Organiza las ideas que quieras incluir, tomando en cuenta los puntos siguientes:

- ¿Qué es exactamente por lo que lucha Ramón Sampedro?
- ¿Quiénes se oponen a sus deseos? ¿Por qué?
- ¿Qué aspectos del punto de vista de cada uno de estos grupos crees que sean válidos? ¿Por qué?

Paso 2 Prepara el borrador de tu composición, incorporando la información que has apuntado en el Paso 1.

Introducción: Decide si Ramón tiene derecho a la muerte. Establece claramente tu punto de vista y justifícalo con razones sólidas.

Desarrollo del tema: Explica en detalle, y dando ejemplos de la película, cada una de las razones que sirvan como fundamento a tu punto de vista.

Conclusión: Explica las repercusiones que tiene para la sociedad tu punto de vista.

Usa las preguntas en el Apéndice A para dirigir el proceso de redacción de la composición.

 Vientos del pueblo (álbum: *Vientos del pueblo*) de Inti Illimani (Chile)

senderos
LINGÜÍSTICOS

Trampas de la lengua

Close

a **cercano(a)** *(adj.) close, near (physical proximity between people or things; close blood relationship)*

El teatro más **cercano** queda a unos tres kilómetros de aquí.
*The **closest** theater is approximately three kilometers from here.*

Voy de viaje a un lugar **cercano**.
*I am going on a trip to a place **close** to here.*

Él vive en un pueblo **cercano**.
*He lives in a town **nearby**.*

Tienen una relación **cercana**.
*They have a **close** relationship.*

b **cerca** *(adv.) close, near*

El teatro queda **cerca** de aquí.
*The theater is **close** to here.*

c **íntimo(a)** *(adj.) close (close relationship; implies sexual intimacy when used with the word **relaciones**)*

Carlota y Rebeca son amigas **íntimas**.
*Carlota y Rebeca are **close** friends.*

Algunos jóvenes tienen relaciones **íntimas** antes de casarse.
*Some young people have **sexual relations** before marriage.*

d **intimidad** *privacy, in private*

Esos problemas deben discutirse en la **intimidad** del hogar.
*Those problems should be discussed in the **privacy** of the home.*

e **unido(a)** *(adj.) emotionally close to a person, close-knit*

Mis padres son muy **unidos**.
*My parents are very **close**.*

To attend

a **asistir** *to attend*

Es importante que los estudiantes **asistan** a clase todos los días.
*It is important for students **to attend** classes every day.*

b **atender** *to pay attention, to take care of*

Los hijos deben **atender** a lo que les dicen los padres.
*Children must **pay attention** to what their parents tell them.*

Manuela **atiende** con mucho cariño a su padre enfermo.
*Manuela **tends** to her sick father lovingly.*

c **ayuda** *(n.),* **ayudar** *(v.) help, to assist/help*

Tu padre te pide que lo **ayudes** en el jardín.
*Your father is asking you **to help** him in the garden.*

El monaguillo **ayuda** al cura en la misa.
*The altar boy **assists** the priest in the mass.*

5-22 **¿Necesitas ayuda?** Llena los espacios en blanco con la forma apropiada de **ayudar, asistir** o **atender.**

1 Espero que mis estudiantes me _____ cuando les explico el subjuntivo.

2 ¿Vas a _____ a la función esta noche?

3 Catalina necesita que Roberto la _____ con su tarea de matemática.

4 Las enfermeras _____ a los pacientes con mucha dedicación.

5 Carlos está arreglando su carro pero necesita _____.

Respect

a **con respecto a** *with respect to*

Cristina ha llegado a una conclusión **con respecto al** problema laboral.
*Cristina has reached a conclusion **with respect to the** job-related problem.*

b **al respecto** *in or about the matter*

A mis padres les cae muy mal mi prometido. No sé qué hacer **al respecto**.
*My parents do not like my fiancé. I do not know what to do **about the matter**.*

c **respeto** *(n.),* **respetar** *(v.) respect, to respect*

Para tener éxito en tu trabajo tienes que tratar a la gente con **respeto**.
*In order to be successful at work you must treat people with **respect**.*

Los gobiernos opresivos no **respetan** los derechos humanos.
*Repressive governments do not **respect** human rights.*

5-23 **¿Qué dices al respecto?** Llena los espacios en blanco con la palabra o expresión apropiadas de **al respecto, con respecto a, respeto** o **respetar.**

1 ¿Crees que tenga razón _____ lo que decía ayer?

2 Los mandamientos dicen que debemos _____ a nuestros padres.

3 Gabriel está muy ofendido porque Luis le faltó el _____.

4 Ayer las cortes decidieron que los rebeldes no tienen derecho a juicio. Gustavo cree que debemos hacer algo _____.

Hablando sobre el pasado

Repaso Repasa las formas del pretérito y del imperfecto en el Apéndice C.

- En español se expresa el pasado simple con el imperfecto o el pretérito del verbo, de acuerdo a la perspectiva del hablante. La diferencia entre los dos no es tanto cuándo o cuántas veces ocurrió la acción, sino el aspecto de la acción en que se pone énfasis.

El imperfecto

Al usar el imperfecto, el hablante describe el pasado sin referirse a la duración o el momento en que comenzó o terminó la acción en el pasado.

Se usa el imperfecto para:
- expresar la hora
- expresar la edad
- hablar de acciones habituales o que ocurrían con frecuencia
- hablar de dos acciones que ocurrían simultáneamente en el pasado

De joven yo **participaba** en muchas actividades de la escuela.
*When I was young **I participated (used to participate)** in many school activities.*

Siempre me **gustaba** visitar a mis abuelos durante las vacaciones.
*I always **used to like** to visit my grandparents during vacation.*

Mientras él **leía** el periódico, ella **conversaba** con una amiga.
*While he **read (was reading)** the paper, she **talked (was talking)** to a friend.*

- También se usa el imperfecto para expresar emociones, estados físicos o mentales, o para describir el ambiente. Si se menciona la duración del estado, se usa el pretérito.

Anoche me **sentía** muy cansada y **tenía** dolor de cabeza.
*Last night **I felt (was feeling)** very tired and **I had** a headache.*

Estaba soleado, toda la familia **estaba** allí y **nos divertíamos** mucho.
*It **was** sunny, the whole family **was** there and **we were having a great time**.*

El pretérito

- El pretérito recalca el hecho de que la acción terminó. Se usa para hablar de un momento específico, de la duración de la acción o del momento en que comenzó o terminó la acción.

Ayer **hubo** un accidente terrible que **cerró** la carretera por más de cinco horas.
*There **was** a terrible accident yesterday that **closed** the highway for more than five hours.*

Maribel **fue** la única hija que **se acordó** del cumpleaños de su mamá.
*Maribel **was** the only daughter who **remembered** her mother's birthday.*

El pretérito o el imperfecto

- Al pensar en cuál de los dos tiempos debe usarse para expresar una idea, es necesario considerar la perspectiva del hablante. Si se pone énfasis en la descripción del ambiente, se usa el imperfecto. En cambio, si se quiere hablar acerca del evento o la acción que ocurrió en el pasado, se usa el pretérito. Compara las siguientes oraciones y el punto de vista que representan.

  Era un hermoso día de primavera y la gente **llegaba** de todas partes para celebrar la boda.
  It **was** a beautiful spring day and people **were arriving** from everywhere to celebrate the wedding.

  La boda **tuvo** lugar en un hermoso día de primavera; la gente **llegó** de todas partes para celebrar.
  The wedding **took place** on a beautiful spring day; people **arrived** from everywhere to celebrate.

  ....

  La primera oración pone énfasis en la descripción del día. Da la impresión de que el narrador va a contarnos más sobre ese día y que quiere darnos una descripción completa del día. En cambio, en la segunda oración, la boda es el evento importante y la descripción del día es solo un detalle.

  ....

- Además de las diferencias anteriormente mencionadas, también hay algunos verbos que tienen significados distintos, según se use el imperfecto o el pretérito.

Verbo	Imperfecto	Pretérito
saber	knew (fact)	found out*
conocer	knew (person)	met
poder	was able	managed, was successful
no poder	was not able	attempted and failed
querer	wanted, loved	tried
no querer	didn't want, didn't love	refused

*La manera más adecuada de traducir *to find out* es **enterarse**.

¡A practicar!

5-24 **Te toca a ti.** Hagan y contesten las siguientes preguntas sobre sus experiencias cuando eran más jovenes con un(a) compañero(a).

1 ¿Qué hacías para divertirte cuando eras niño(a)?
2 ¿Dónde vivías cuando eras niño(a)?
3 ¿Cómo era tu vecindario? Descríbelo.
4 ¿Cómo llegabas a la escuela primaria?
5 ¿Cómo se llamaba tu mejor maestro(a) de primaria? ¿Cómo era?
6 ¿Tuviste algún (alguna) maestro(a) que no te simpatizara? ¿Qué hacía?
7 ¿Qué impresión tuviste de la escuela secundaria los primeros días de clase?
8 ¿Cómo eran tus compañeros?
9 ¿Qué asignatura de la secundaria te gustaba más?
10 ¿Qué recuerdos de la escuela quedaron grabados en tu memoria?

5-25 **La vida de Ramón Sampedro** Usa la forma correcta del imperfecto o del pretérito, según el contexto. Es posible combinar los dos tiempos verbales en una oración.

Ramón Sampedro **(1)** _____ (ser) un mecánico de botes en Galicia, España a quien le **(2)** _____ (encantar) el mar. Cuando Sampedro **(3)** _____ (tener) 25 años, sin darse cuenta de que el agua **(4)** _____ (ser) poco profunda, **(5)** _____ (lanzarse) de cabeza al mar. Desde ese accidente **(6)** _____ (quedar) cuadripléjico, es decir, sin la capacidad de mover los brazos y las piernas. Ramón **(7)** _____ (decidir) que para él era mejor, se opinían morir que seguir viviendo en un cuerpo muerto. Tanto su familia como la iglesia **(8)** _____ (oponerse) a su deseo. Su condición le **(9)** _____ (impedir) el suicidio, de forma que **(10)** _____ (luchar) por el derecho a morir con dignidad. Sampedro **(11)** _____ (creer) que todo ser humano tiene el derecho a decidir cuándo morir y si, como en su caso, no puede hacerlo por sí mismo, entonces tiene el derecho a que se le ayude a morir.

    A Ramón le **(12)** _____ (gustar) escribir. A pesar de que **(13)** _____ (estar) atado a su cama, **(14)** _____ (escribir) usando un bolígrafo con la boca. También **(15)** _____ (charlar) por teléfono con sus amigos, usando un aparato diseñado por él mismo que le **(16)** _____ (permitir) contestar el teléfono con la boca.

    Ramón Sampedro **(17)** _____ (lograr) su deseo con la ayuda de una amiga que le **(18)** _____ (facilitar) una bebida con cianuro y lo **(19)** _____ (filmar) mientras **(20)** _____ (morir). Su amiga **(21)** _____ (ser) arréstada por las autoridades, pero no fue acusada por falta de pruebas. Años después ella **(22)** _____ (confesar) que había ayudado a Sampedro a morir y que lo había hecho porque lo **(23)** _____ (amar). Ramón Sampedro **(24)** _____ (morir) en 1998, a los 55 años de edad.

    En 2004 se **(25)** _____ (filmar) una película titulada *Mar adentro* basada en el libro escrito por Sampedro, *Cartas desde el infierno*.

5-26 **Rigoberta Menchú y los derechos de los indígenas** Usa la forma correcta del imperfecto o del pretérito, según el contexto. Es posible combinar los dos tiempos verbales en una oración.

Rigoberta Menchú **(1)** _____ (nacer) en Guatemala en el 1959. Ha dedicado la mayoría de su vida adulta a defender los derechos de los indígenas de Guatemala. **(2)** _____ (participar) en la Declaración de los Derechos de los Indígenas de las Naciones Unidas y en 1993 **(3)** _____ (ganar) el premio Nobel de la Paz.

    Menchú **(4)** _____ (criarse) en las montañas de Guatemala. Sus padres **(5)** _____ (ser) pobres. Su madre era partera, esto es, **(6)** _____ (ayudar) a las mujeres a dar a luz. Su padre era obrero de las plantaciones de café y algodón, además de ser un líder de la comunidad. De pequeña Rigoberta solo **(7)** _____ (hablar) quiché, la lengua de los indígenas de esa región. Años después **(8)** _____ (aprender) el español.

    Cuando **(9)** _____ (ser) niña **(10)** _____ (ir) con sus padres a trabajar en las plantaciones de algodón y café en las costas de Guatemala. Debido a las malas condiciones de vida en estas plantaciones, uno de sus hermanos **(11)** _____ (morir) a causa de desnutrición, y otro de envenenamiento por los insecticidas usados en las plantaciones. Menchú **(12)** _____ (tener) ocho años cuando **(13)** _____ (comenzar) a trabajar en las plantaciones. De pequeña **(14)** _____ (ser) sirvienta de una casa en la que **(15)** _____ (tener) que dormir en el suelo.

Siguiendo el ejemplo de su padre, Menchú **(16)** _____ (convertirse) en una líder política cuando **(17)** _____ (darse) cuenta de los abusos a los que eran sometidos los indígenas. Como activista política su vida **(18)** _____ (estar) en peligro y **(19)** _____ (tener) que huir a México. Sus padres y algunos hermanos **(20)** _____ (morir) en manos del ejército guatemalteco. Cuando **(21)** _____ (regresar) a Guatemala **(22)** _____ (ser) encarcelada por agentes del gobierno.

Con su libro *Yo soy Rigoberta Menchú y así me nació la conciencia* **(23)** _____ (ganar) fama y reconocimiento internacional por su labor como defensora de los derechos humanos.

5-27 Cuéntame qué pasó. Describe los siguientes dibujos, inclusive el ambiente y la acción. Decide si el dibujo es más una descripción, una acción o ambas cosas.

modelo **Era** la una de la mañana y **había** una tormenta. La muchacha **miraba** un programa de terror en la televisión.

1

2

3

4

5

6

CULTURALES II

Antes de leer

¿Te has preguntado alguna vez cómo operan los regímenes opresores? Es muy posible que hagan uso del miedo para hacer que los ciudadanos obedezcan aun en contra de su propia voluntad. Sin embargo puede que también empleen otras tácticas, entre ellas manipular la psicología del individuo. En el cuento que vas a leer verás que Juan, el protagonista, termina por ser víctima de su propio afán por la eficiencia y la responsabilidad en el trabajo.

La censura tiene una larga historia; se remonta a los tiempos del imperio romano que comenzó en el año 27 antes de Cristo. Durante la Inquisición, establecida en 1480, la Iglesia Católica hizo una lista de los libros que les prohibía a sus feligreses que leyeran. Esta lista se llamaba el *Index Librorum Prohibitorum* y no fue abolida hasta 1966 por el Papa Pablo VI. ¿Te sorprende? El objetivo de esa lista era evitar que los fieles leyeran libros que pudieran ir contra su moral o que contuvieran errores sobre la doctrina católica. Hay quienes piensan que la mejor forma de recomendar un libro es incluir su título en una lista de libros prohibidos. Esto es, la gente va a estar más interesada en leer el libro si se lo prohíben. ¿Qué te parece esta idea? ¿Sucederá lo mismo en nuestros días con las películas?

5-28 **¿Mientras más prohibido más apetecido?** Busca el índice de audiencia *(rating)* que hay de las películas de Hollywood y contesta las siguientes preguntas.

1 ¿En qué categorías se clasifican las películas?
2 ¿Crees que esta lista constituye una forma de censura? ¿Cuál es el propósito de las categorías?
3 ¿Te parece que los adolescentes están más interesados en ver las películas que son aptas para menores?
4 ¿Cuál te parece mejor justificación para el índice de audiencia de PG-13, la presencia de violencia o de contenido sexual?

¡Conoce a la autora!

LUISA VALENZUELA (1938–) nació en Buenos Aires, Argentina. Desde muy joven se destacó como escritora y periodista. Comenzó a escribir su primera novela, *Hay que sonreír*, a los veintiún años mientras vivía en Francia, aunque no se publicó hasta 1966. Obtuvo una prestigiosa beca Fulbright en 1969 con la cual participó en el Programa Internacional de Escritores en la Universidad de Iowa. Es autora de varias novelas y colecciones de cuentos, así como de un sinnúmero de artículos periodísticos. Durante la época de represión política en la Argentina (1973–1983) vivió en México, Barcelona y Nueva York. Su obra literaria se caracteriza por su indagación sobre la represión política y cultural. El cuento que leemos hoy proviene de su libro *Donde viven las águilas* (1983) y su tema es la represión ejercida por el gobierno contra los ciudadanos a través de la censura.

Los censores

¡Pobre Juan! Aquel
día lo agarraron con
la guardia baja° y no
pudo darse cuenta de
que lo que él creyó
ser un guiño de la
suerte° era en cambio
un maldito llamado
de la fatalidad. Esas
cosas pasan en cuanto
uno se descuida°, y así
como me oyen uno se
descuida tan pero tan a
menudo. Juancito dejó
que se le viera encima
la alegría —sentimiento

REUTERS/Sergio Moraes

unguarded

un... a sign of good luck

se... is careless

por demás perturbador— cuando por un conducto inconfesable le llegó
la nueva dirección de Mariana, ahora en París, y pudo creer así que ella
no lo había olvidado. Entonces se sentó ante la mesa sin pensarlo dos
veces y escribió una carta. *La* carta. Esa misma que ahora le impide
concentrarse en su trabajo durante el día y no lo deja dormir cuando llega
la noche (¿qué habrá puesto en esa carta, qué habrá quedado adherido a
esa hoja de papel que le envió a Mariana?).

   Juan sabe que no va a haber problema con el texto, que el texto es
irreprochable, inocuo. Pero ¿y lo otro? Sabe también que a las cartas las
auscultan°, las huelen, las palpan°, las leen entre líneas y en sus menores
signos de puntuación, hasta en las manchitas° involuntarias. Sabe que
las cartas pasan de mano en mano por las vastas oficinas de censura,
que son sometidas a todo tipo de pruebas y pocas son por fin las que
pasan los exámenes y pueden continuar camino. Es por lo general
cuestión de meses, de años si la cosa se complica, largo tiempo durante
el cual está en suspenso la libertad y hasta quizá la vida no solo del remitente
sino también del destinatario. Y eso es lo que tiene sumido° a nuestro Juan
en la más profunda de las desolaciones: la idea de que a Mariana, en París,
llegue a sucederle algo por culpa de él. Nada menos que a Mariana que debe
sentirse tan segura, tan tranquila allí donde siempre soñó vivir. Pero él sabe qué
los Comandos Secretos de Censura actúan en todas partes del mundo y gozan
de un importante descuento en el transporte aéreo; por lo tanto nada

checked, revised / examined by touch / little smudges

immersed

les impide llegarse hasta el oscuro barrio de París, secuestrar a Mariana y
volver a casita convencidos de su noble misión en esta tierra. Entonces
hay que ganarles de mano, entonces hay que hacer lo que hacen todos:
tratar de sabotear el mecanismo, de ponerle en los engranajes° unos
granos de arena, es decir ir a las fuentes del problema para tratar de
contenerlo.

gear, transmission gear

Fue con ese sano propósito con que Juan, como tantos, se postuló para censor.
No por vocación como unos pocos ni por carencia de trabajo como otros, no. Se
postuló simplemente para tratar de interceptar su propia carta, idea para nada
novedosa pero consoladora. Y lo incorporaron de inmediato porque cada día
hacen falta más censores y no es cuestión de andarse con melindres° pidiendo
antecedentes°.

fastidiousness

references

En los altos mandos de la Censura no podían ignorar el motivo secreto que
tendría más de uno para querer ingresar a la repartición°, pero tampoco estaban
en condiciones de ponerse demasiado estrictos y total ¿para qué? Sabían lo
difícil que les iba a resultar a esos pobres incautos° detectar la carta que
buscaban y, en el supuesto caso de lograrlo, ¿qué importancia podían tener
una o dos cartas que pasan la barrera frente a todas las otras que el nuevo
censor frenaría en pleno vuelo? Fue así como no sin ciertas esperanzas
nuestro Juan pudo ingresar en el Departamento de Censura del Ministerio
de Comunicaciones.

administrative office

unwary

El edificio, visto desde fuera, tenía un aire festivo a causa de los vidrios
ahumados que reflejaban el cielo, aire en total discordancia° con el ambiente
austero que imperaba dentro. Y poco a poco Juan fue habituándose al clima de
concentración que el nuevo trabajo requería, y el saber que estaba haciendo
todo lo posible por su carta —es decir por Mariana— le evitaba ansiedades. Ni
siquiera se preocupó cuando, el primer mes, lo destinaron a la sección K donde
con infinitas precauciones se abren los sobres para comprobar que no encierran
explosivo alguno.

opposition

Cierto es que a un compañero, al tercer día, una carta le voló la mano
derecha y le desfiguró la cara, pero el jefe de sección alegó° que había sido
mera° imprudencia por parte del damnificado y Juan y los demás empleados
pudieron seguir trabajando como antes aunque bastante más inquietos.
Otro compañero intentó a la hora de salida organizar una huelga para pedir
aumento de sueldo por trabajo insalubre° pero Juan no se adhirió° y después
de pensar un rato fue a denunciarlo ante la autoridad para intentar así ganarse
un ascenso.

argued

simply

unhealthy / joined

Una vez no crea hábito, se dijo al salir del despacho del jefe, y cuando lo pasaron a la sección J donde se despliegan° las cartas con infinitas precauciones para comprobar si encierran polvillos venenosos, sintió que había escalado un peldaño° y que por lo tanto podía volver a su sana costumbre de no inmiscuirse° en asuntos ajenos.

De la J, gracias a sus méritos, escaló rápidamente posiciones hasta la sección E donde ya el trabajo se hacía más interesante pues se iniciaba la lectura y el análisis del contenido de las cartas. En dicha sección hasta podía abrigar esperanzas de echarle mano a su propia misiva dirigida a Mariana que, a juzgar por el tiempo transcurrido, debería de andar más o menos a esta altura después de una larguísima procesión por otras dependencias.

Poco a poco empezaron a llegar días cuando su trabajo se fue tornando de tal modo absorbente que por momentos se le borraba la noble misión que lo había llevado hasta las oficinas. Días de pasarle tinta roja a largos párrafos, de echar sin piedad muchas cartas al canasto de las condenadas. Días de horror ante las formas sutiles y sibilinas° que encontraba la gente para transmitirse mensajes subversivos, días de una intuición tan aguzada que tras un simple "el tiempo se ha vuelto inestable" o "los precios siguen por las nubes" se detectaba la mano algo vacilante de aquel cuya intención secreta era derrocar al Gobierno.

Tanto celo de su parte le valió un rápido ascenso. No sabemos si lo hizo muy feliz. En la sección B la cantidad de cartas que le llegaba a diario era mínima— muy contadas franqueaban° las anteriores barreras—pero en compensación había que leerlas tantas veces, pasarlas bajo la lupa, buscar micropuntos con el microscopio electrónico y afinar tanto el olfato que al volver a su casa por las noches se sentía agotado. Solo atinaba° a recalentarse una sopita, comer alguna fruta y ya se echaba a dormir con la satisfacción del deber cumplido. La que se inquietaba, eso sí, era su santa madre que trataba sin éxito de reencauzarlo° por el buen camino. Le decía, aunque no fuera necesariamente cierto: Te llamó Lola, dice que está con las chicas en el bar, que te extrañan, te esperan. Pero Juan no quería saber nada de excesos: todas las distracciones podían hacerle perder la acuidad de sus sentidos y él los necesitaba alertas, agudos, atentos, afinados, para ser un perfecto censor y detectar el engaño. La suya era una verdadera labor patria. Abnegada y sublime.

Su canasto de cartas condenadas pronto pasó a ser el más sutil de todo el Departamento de censura. Estaba a punto ya de sentirse orgulloso de sí mismo, estaba a punto de saber que por fin había encontrado su verdadera senda°, cuando llegó a sus manos su propia carta dirigida a Mariana. Como es natural, la condenó sin asco°. Como también es natural, no pudo impedir que lo fusilaran al alba, una víctima más de su devoción por el trabajo.

---

unfold

step / meddle

mysterious

were exempt

managed

redirect

path

repulsion

"Los censores" from *Donde viven las águilas* by Luisa Valenzuela. Buenos Aires: Editorial Celtia, 1983, pp. 89–92. Used with permission of the author.

Después de leer

5-29 **¿Y tú, qué opinas?**

Comprensión Contesta las siguientes preguntas.

1 ¿Con qué motivo se postuló Juan para censor?
2 ¿Por qué cree Juan que es peligroso que la carta llegue a manos de los censores?
3 ¿Por qué Juan pudo ingresar sin dificultades en el sistema de censura?

Interpretación Contesta las preguntas.

4 ¿Cuál es la primera acción de Juan que revela que se está adhiriendo al sistema?
5 Describe la labor que realizaba Juan en cada una de las etapas de su ascenso.
6 ¿Qué destino les aguardaba a los autores de las cartas censuradas?
7 ¿Qué le ocurrió a Juan al final? ¿Por qué?
8 ¿Cuál es la ironía de la historia?

Conversación En grupos de tres o cuatro estudiantes compartan sus impresiones ante el texto de Valenzuela.

9 Expliquen qué es la censura.
10 Discutan casos en los que ha habido censura. Si no conocen ninguno, busquen información sobre alguno.
11 ¿Hay alguna circunstancia que justifique la censura? Expliquen.
12 ¿Quién debe tener la autoridad de censurar? ¿Por qué?

- Aprender sobre los adelantos tecnológicos en la comunicación
- Evaluar los efectos de la tecnología digital en la comunicación
- Identificar soluciones para la brecha digital
- Especular sobre los efectos de la tecnología en la vida del futuro

OBJETIVOS

- tecnología, brecha digital, tecnología verde

TEMAS DE VOCABULARIO

- La distinción entre **actual, en la actualidad, actualmente** y **de hecho**
- La distinción entre **real, verdadero, verídico, legítimo, auténtico, efectivo, cierto** y **seguro**
- La distinción entre **¿verdad?, ¿de veras?, en realidad** y **en efectivo**
- El futuro y el condicional

ESTRUCTURAS

- La era digital
- *Nosotros no* – José B. Adolph

LECTURAS CULTURALES

- La comunicación en la era digital
- ¿Qué le diré cuando la conozca en persona?

VIDEOS

¿Cómo sería tu vida sin tecnología?

CAPÍTULO 6

senderos
CULTURALES I

Antes de leer

Cada día contamos más con la tecnología en todos los aspectos de la vida. La calidad de la educación que uno recibe, las oportunidades de trabajo y aun las interacciones sociales dependen en gran medida del acceso a la tecnología y de la habilidad de utilizarla de una manera eficaz y rápida. Este capítulo trata del tema de la tecnología, la información, la comunicación y de los efectos de estas en nuestra vida.

6-1 **¿Qué crees?** Indica si estás de acuerdo o no con las siguientes afirmaciones.

1 Los cambios producidos por la tecnología han reducido las diferencias de oportunidades que existen entre los ricos y los pobres.

2 La tecnología ha sido la fuente de mayor progreso para la sociedad en los últimos 50 años.

3 La intimidad en las relaciones humanas ha sufrido, debido a los efectos de la tecnología.

SENDEROS LÉXICOS I

analfabetismo *illiteracy*

brecha digital *digital divide*

carecer *to lack*

deprimir(se) *to depress, to become depressed*

desperdicio *waste, remains*

por ende *therefore*

primordial *principal, fundamental*

rezagar *to leave behind, to lag behind*

sinfín *endless*

suponer *to entail, to assume*

tasa *rate*

teclear *to type, to strike the keys*

6-2 **¿A qué se refiere?** Identifica la palabra o expresión de **Senderos léxicos I** que describe tu profesor(a).

1 _____   5 _____

2 _____   6 _____

3 _____   7 _____

4 _____   8 _____

6-3 **¡Apuesto a que ya lo sabías!** Indica el sustantivo que corresponda a los siguientes verbos. Consulta un diccionario si es necesario.

Verbo	Sustantivo
1 carecer	
2 deprimir	
3 rezagar	
4 suponer	
5 teclear	

La era digital

La tecnología digital ha revolucionado el mundo en que vivimos. De seguro que hay muchos que no pueden imaginarse pasar un día sin hablar por teléfono o por el celular, escuchar música en el iPod o conectarse a la Red. Los cambios que ha producido la nueva tecnología afectan en una forma tanto superficial como profunda. Debido a la
5 tecnología, el mundo se ha hecho más pequeño. Con solo hacer "clic" tenemos acceso a personas, lugares, música e información que antes habría tomado una gran cantidad de tiempo encontrar. Tecleando por unos segundos en una computadora se puede saber la temperatura en el país más remoto imaginable, hacer una visita virtual a un sinfín de lugares o conseguir la receta del plato que en ese momento uno saborea en un
10 restaurante. Con solo considerar la forma en que la tecnología ha revolucionado la educación y los negocios uno se da cuenta de cuán significativos han sido los cambios producidos por esta.

Ventajas y desventajas de la tecnología

Como es común cuando se trata de cambios, la tecnología tiene aspectos tanto positivos como negativos. Bien es sabido el peligro que supone, sobre todo para la juventud,
15 establecer relaciones con desconocidos a través de la Red. Considera, asimismo, cuán fácil es hoy en día el robo de identidad, el cual es facilitado por el uso de computadoras. Muchas personas lamentan hoy en día que, a causa de la tecnología, no haya una demarcación entre horas de trabajo y horas de ocio. ¿Cuántas veces has recibido o enviado un mensaje electrónico relacionado con tu trabajo a altas horas de la noche o durante el fin de
20 semana? Esto no habría sido posible en el pasado.

Por el otro lado, aquellos que no tienen acceso a esta tecnología están condenados a quedarse cada día más rezagados con relación al acceso a la información, a los servicios y a los beneficios de tal tecnología. Este concepto se conoce como la brecha digital, la cual se refiere a las diferencias al acceso a las nuevas tecnologías, ya sea a computadoras
25 o a teléfonos celulares. La mayoría de los usuarios de la Red vive en los países más industrializados del planeta. Esto significa que la mayoría de la población mundial no tiene acceso a la nueva tecnología, o si lo tiene, es tecnología de calidad inferior. La falta de acceso a la tecnología produce lo que se ha dado en llamar analfabetismo tecnológico.

La brecha digital aumenta la tasa de pobreza en aquellos que carecen de la tecnología.
30 Sin embargo, cerrar la brecha digital no consiste solamente en que todos tengan mayor y mejor acceso a las computadoras, sino en que saquen más provecho del uso de estas. Por ejemplo, un poblado en los Andes no se beneficia por el simple hecho de que sus habitantes tengan acceso a las computadoras; se beneficia si se usa la tecnología digital para mejorar la agricultura o para obtener medicinas o facilidades médicas. La brecha
35 digital no se refiere solamente a los usuarios en regiones económicamente desfavorecidas; también se refiere a diferentes grupos con menor acceso a la tecnología dentro de una sociedad afluente. Considera las personas mayores quienes, aun en un país desarrollado, tienen menos acceso a la tecnología y más dificultad para usarla.

¿Tecnología verde?

La tecnología digital también ha traído otros problemas, algunos de ellos relacionados con la conservación del medio ambiente. A pesar de que se dice que la tecnología digital es una tecnología limpia, también es cierto que produce una gran cantidad de desperdicios. La tecnología cambia muy rápidamente y las personas se sienten forzadas o tentadas a cambiar el equipo continuamente. ¿Cuántas veces has reemplazado tu celular o computadora o cámara digital? ¿Qué has hecho con el equipo obsoleto? En la mayoría de los casos el equipo descartado contribuye a la contaminación del medio ambiente.

Otro aspecto a considerar es el uso que se le da a la tecnología. Pocos cuestionarían los beneficios obtenidos por la tecnología pero algunos críticos se preguntan si la tecnología digital está cumpliendo su propósito educativo o si, por el contrario, su uso primordial es el entretenimiento y por ende, se usa más para perder el tiempo o para divertirse que para educarse.

Después de leer

6-4 ¿De verdad? Indica si las siguientes afirmaciones son verdaderas, según la lectura. Si no lo son, explica por qué.

1 El robo de identidad se ha hecho más difícil con los avances en la tecnología.
2 La solución a la brecha digital es darles a todos más acceso a la tecnología.
3 La falta de acceso a la tecnología contribuye a mayor pobreza para las personas que no la poseen.
4 El concepto de la brecha digital incluye la brecha entre las generaciones en el uso de la tecnología.
5 El incremento en el uso de la tecnología digital tiene como resultado la preservación del medio ambiente.

6-5 ¿Cómo lo explicarías? Explica los siguientes términos con tus propias palabras.

1 robar la identidad
2 brecha digital
3 analfabetismo tecnológico
4 tecnología verde

6-6 El mundo cambia Haz una lista de los aparatos (computadora, celular, etcétera) que posees y que no existían cuando tus padres tenían tu edad. Luego apunta en la gráfica la manera en que estos afectan tu vida cotidiana.

Nombre del aparato	Manera en que afecta mi vida
celular	*Llamo a mis amigos a toda hora y pierdo mucho tiempo charlando con ellos.*

6-7 **Aplicaciones de la tecnología** El uso de tecnología también tiene muchas aplicaciones en el ambiente educativo. Piensa en cinco ejemplos específicos de tecnología que usas para aprender español. Apunta los beneficios de cada uso que cites.

Ejemplos de tecnología	*Beneficios*
1	
2	
3	
4	
5	

6-8 **Charlemos** Contesten las siguientes preguntas en grupos de tres o cuatro estudiantes.

1 ¿En qué sentido ha hecho la tecnología el mundo más pequeño?

2 ¿Cuál es el perfil del usuario de la tecnología digital?

3 ¿Cómo se siente el muchacho en la foto al principio del capítulo en la página 121? ¿Te has sentido igual alguna vez debido a la tecnología? Expliquen.

6-9 **Interpretación** Contesten las siguientes preguntas en los mismos grupos.

1 ¿Cómo se podría disminuir la brecha digital entre las generaciones, las clases sociales, los sexos y los países subdesarrollados?

2 ¿Qué aspectos negativos y positivos tiene la tecnología? Expliquen su respuesta.

3 Algunos creen que la tecnología tiene un efecto contradictorio: mientras nos hace parte de una comunidad global, a la vez reduce el contacto humano. ¿Están de acuerdo con este juicio? Expliquen su respuesta.

¡Recuerda!

El equivalente español de la palabra *but* depende del contexto.

No es imprescindible tener un teléfono celular, **pero** es muy conveniente a veces.
*It's not essential to have a cell phone, **but** it's very convenient sometimes.*
(La primera clausula es afirmativa y la segunda no la contradice.)

Muchas personas ya no leen las noticias en un periódico, **sino** en el Internet.
*Many people do not read the news in a newspaper, **but (rather)** on the Internet.*
(La primera cláusula es negativa y la segunda la contradice.)

No es suficiente que la gente tenga acceso a la tecnología **sino que** también sepa usarla.
*It is not enough for people to have access to technology, **but (rather)** that they also know how to use it.*
(La primera clausula es negativa y la segunda la contradice y tiene un verbo conjugado.)

senderos VISUALES

La comunicación en la era digital

Antes de ver el video

El deseo de comunicarse es una necesidad innata en los seres humanos. Por lo tanto, es natural que haya constantes avances en los medios de comunicación que faciliten tal comunicación. En este video verás algunos ejemplos de aplicaciones de la tecnología, tanto en la vida personal como en la vida profesional.

6-10 Prepárate Contesta las siguientes preguntas antes de ver y escuchar el video.

1. ¿Qué aplicaciones tiene la tecnología en tu futura carrera? (Si no tienes una especialidad todavía, contesta la pregunta de acuerdo a una carrera que hayas considerado.)
2. ¿Cómo afectan los teléfonos celulares y las computadoras las interacciones humanas?
3. ¿Crees que la vida cotidiana es más fácil o más difícil en la era tecnológica? Explica tu respuesta.

¡Recuerda!

Para referirse a otra entidad, se usa la palabra **otro** como adjetivo. Esto significa que tiene que concordar con el sustantivo que sigue. **¡OJO!** Nunca se dice "Un(a) otro(a)", ni tampoco se dice "unos(as) otros(as)".

Quisiera comprar **otra** impresora para mi computadora.
*I would like to buy **another** printer for my computer.*

La tecnología digital ha traído **otros** retos.
*Digital technology has brought **other** challenges.*

SENDEROS LÉXICOS II

a lo largo *throughout*	**cotidiano(a)** *daily*	**estar al tanto** *to be up to date*
acercarse *to approach*	**divulgar** *to disseminate*	**restos** *remains (of a body)*
acudir *to turn to*	**encuesta** *survey*	**secuestrado(a)** *kidnapped*
cheverísimo *really cool*		

6-11 ¿Qué palabras faltan? Llena los espacios en blanco con la palabra apropiada de **Senderos léxicos II**. Haz todos los cambios de concordancia que sean necesarios.

1. La tecnología desempeña un papel integral en la vida _____ de la gente joven.
2. Se hizo una _____ para averiguar el uso del Internet entre los estudiantes universitarios.
3. Hoy en día mucha gente _____ a los sitios de la Red para leer las noticias.
4. El mundo está cambiando tan rápidamente que es casi imposible _____ de todos los cambios que ocurren diariamente.
5. Una manera de _____ a la gente de diferentes culturas es aprender su idioma.

6-12 **Dilo de otra manera.** Contesta las preguntas, incorporando la palabra o expresión lógica de **Senderos léxicos II**.

    1 ¿Qué se encontró en la tumba?

    2 ¿A quién le pides ayuda si necesitas dinero o consejos?

    3 ¿Qué le pasó al hijo de ese político?

6-13 **En otras palabras** Reemplaza las palabras en letra *cursiva* con palabras de **Senderos léxicos II**. Haz todos los cambios de concordancia que sean necesarios.

    1 Me encanta tu nuevo celular. ¡Es *fantástico!*

    2 Necesitamos *diseminar* esta información lo antes posible.

    3 La vida *diaria* de mis padres es muy diferente a la de mis abuelos.

    4 *Fueron* en su ayuda tan pronto se enteraron de lo sucedido.

    5 *A través* de la historia, la comunicación entre los seres humanos se ha desarrollado de una manera impresionante.

Escenas del video

iLrn

¿Es esta tu idea de estar de vacaciones?

¿Qué cambios habrá en la enseñanza del futuro?

Las elecciones en la era tecnológica

Un trabajo difícil, pero importante

© Heinle. Cengage Learning

PARA PENSAR ¿Cómo compararías la revolución tecnológica de nuestros días con la revolución industrial de principios del siglo XIX?

Después de ver el video

6-14 **Exprésense**

Comprensión Contesta las siguientes preguntas.

1 ¿Cómo usó el Internet el candidato presidencial mexicano? ¿Qué notaste en ese segmento del video que indicara que la tecnología era de unos años atrás?

2 ¿Por qué son populares los cibercafés en muchos lugares del mundo hispano?

3 ¿Cómo indicó la gente su preferencia por un lugar que se incluiría entre las Maravillas del Mundo?

Interpretación Indica si estás de acuerdo o no con las siguientes afirmaciones y defiende tu punto de vista.

4 La calidad de vida ha mejorado debido a la tecnología moderna.

5 El uso de tecnología para la identificación de los restos de los desaparecidos en la Argentina abre viejas heridas emocionales y no resuelve nada.

6 Es lógico usar el Internet para realizar una encuesta mundial para designar un sitio como una Maravilla del Mundo.

Conversación Contesten las siguientes preguntas en grupos de tres o cuatro estudiantes.

7 ¿Qué piensan de la idea de llevar la computadora cuando van de vacaciones?

8 ¿Creen que el Internet une a los países ricos y pobres o que los divide más? Expliquen su respuesta.

9 ¿En qué sentido sería diferente la vida de Uds. sin la tecnología moderna? En su opinión, ¿sería mejor o peor? ¿Por qué?

¿Qué le diré cuando la conozca en persona?

© Heinle, Cengage Learning

Confieso que soy adicto... a la tecnología.

Antes de ver el video

Andrés admite que cuando se trata de la tecnología, él no puede vivir sin ella. Pasa el día "conectado" de una manera u otra.

6-15 Reflexiones personales Contesta las siguientes preguntas.

1 ¿Tú también te consideras adicto(a) a la tecnología? Explica.

2 ¿Qué instrumentos tecnológicos usas con regularidad?

3 ¿Qué estereotipos hay de las personas que son muy hábiles con las computadoras? ¿Congenias con *(fit in with)* personas de esa descripción?

4 Si decidieras no usar ningún instrumento tecnológico por un día entero, ¿qué actividades no podrías hacer?

Después de ver el video

6-16 El efecto de la tecnología en las relaciones personales La tecnología nos ayuda en muchos aspectos de nuestra vida. Indica la importancia de la tecnología con respecto a la habilidad de llevar a cabo las siguientes actividades. Asigna el número 1 a la actividad más importante y el 6 a la menos importante para ti. Luego comparte tus preferencias con tus compañeros.

- Hacer una investigación *(research)* para tus clases
- Mantenerte en contacto con tu familia y/o con tus amigos
- Escuchar música
- Hacer compras
- Mirar películas y/o programas de la televisión
- Leer noticias u otro material informativo

6-17 ¿Entendiste? Vuelve a escuchar el video y haz una lista de todas las actividades que Andrés lleva a cabo con la computadora.

1 _____   **3** _____

2 _____   **4** _____

6-18 ¿Te acuerdas qué dijo Andrés?

Comprensión Contesta las siguientes preguntas.

1 ¿Cómo comenzó su adicción a la tecnología?

2 ¿Cómo difiere la perspectiva de Andrés de la de los padres, respecto a la tecnología?

3 Compara la forma en que usas los aparatos tecnológicos con la forma en que los usa Andrés. ¿Es similar o diferente? Explica.

Interpretación Contesten las siguientes preguntas en un grupo de tres o cuatro estudiantes.

4 ¿Qué tiene en común Andrés con la chica que conoció en *Facebook?*

5 Andrés mencionó que ha conversado con la chica muchas veces por teléfono. ¿Qué ventajas tiene una conversación telefónica comparada con los encuentros en *Facebook?*

6 ¿Andrés está nervioso con la idea de conocer a la chica en persona? ¿Qué ironía hay en esa confesión, considerando lo que dijo sobre sus conversaciones con ella?

6-19 Para comparar Traigan dos objetos a clase que representen la tecnología de hace 10 años o más y la de ahora. Presenten un diálogo en el que comparen estos objetos, señalando las ventajas y las desventajas de los dos objetos.

6-20 **Presentación oral** Escojan uno de los temas siguientes y completen las actividades que correspondan.

1 **¡Vamos de viaje!** Con el Internet, ya es mucho más fácil que hace unos años planear un viaje a otras partes del mundo. Imagínate que tienes la oportunidad de viajar por dos semanas con tu mejor amigo(a).

Paso 1 Piensen en un lugar en el mundo hispanohablante que quieran visitar. ¡No dejen que el dinero sea un obstáculo!

Paso 2 Planeen el itinerario completo, desde el vuelo y otros medios de transporte hasta todos los detalles sobre los lugares que quieran visitar. Busquen fotos de las actividades en que participarán, lugares de interés que visitarán y hoteles o posadas en donde se quedarán.

Paso 3 Preparen una presentación para ilustrar el viaje que han planeado.

2 **¡Cómo ha cambiado el mundo!** Imagínense que una persona que ha vivido en un lugar remoto desde 1980 les pregunta qué uso tiene la tecnología que para ella es desconocida. Usando la lista que hicieron en la actividad 6-6, sigan los pasos a continuación.

Paso 1 La primera persona debe explicar cómo hace las cosas sin usar la tecnología digital. La otra persona le explicará para qué sirve cada herramienta y qué impacto ha tenido en su vida.

Paso 2 Preséntenles su diálogo a sus compañeros de clase. Si es posible, traigan las herramientas o fotos de ellas para ilustrar concretamente lo que están diciendo en su presentación.

6-21 **¡Y ahora, a escribir!** Escoge uno de los siguientes temas para escribir una composición.

1 **La tecnología y la globalización** Las computadoras han contribuido en gran medida a la globalización. Como consecuencia, muchas compañías utilizan los recursos en el extranjero y las comunidades locales pierden los empleos. Averigua en qué forma esta situación ha afectado la economía en tu comunidad. Anota las ideas que quieras incluir en la composición en los puntos siguientes:

- Base económica de tu comunidad en los últimos 30 años
- Cambios que han ocurrido en la comunidad en el pasado reciente
- Causa de los cambios
- Impacto de los cambios

Usa las preguntas en el Apéndice A para dirigir el proceso de redacción de la composición.

2 **La censura del espacio cibernético** Uno de los temas más candentes *(burning)* sobre el espacio cibernético es el control que se debe ejercer sobre la información. Algunos piensan que debe haber una especie de censura sobre lo que se publica en los espacios cibernéticos. Haz una lista de los tipos de información disponibles en la Red. Después de terminar la lista, organiza tus ideas sobre el tema, contestando las siguientes preguntas:

- ¿Qué información debe ser controlada? Piensa en casos específicos.
- ¿Quién debe controlarla? ¿Por qué?
- ¿Qué criterios se deben usar para el control de la información?

Usa las preguntas en el Apéndice A para dirigir el proceso de redacción de la composición.

3 **La dualidad entre el mundo real y el soñado** En esta película por medio de la tecnología se crea un mundo en el que se borra la frontera entre lo real y lo imaginario. Nos hace pensar en las implicaciones de los avances tecnológicos en nuestra vida y en una pregunta fundamental: ¿Qué es real?

Abre los ojos, dirección de Alejandro Amenábar, España, 1997

Paso 1 Asegúrate de que la composición no sea un resumen de la película. Piensa en la situación en la que se encuentra César en esta película y en su manera de responder ante ella. Apunta las ideas que quieras incluir en la composición en los puntos siguientes:

- ¿Por qué está encarcelado César?
- ¿En qué consiste el contrato que él hace con la compañía Life Extension?
- ¿De qué manera se mezcla la fantasía con la realidad en la película?
- ¿Cuál es el papel de la tecnología en el desenlace de la película?

Paso 2 Prepara el borrador de tu composición, incorporando la información que has apuntado en el paso 1.

Introducción: Presenta a César como personaje principal de la película y la situación en la que se encuentra.

Desarrollo del tema: Escribe sobre los problemas de César y las decisiones que tomó para intentar resolverlos. Asegúrate de incluir en esta discusión el concepto de *criogenización*, la conservación de humanos y animales por medio del frío para la posible resucitación en el futuro.

Conclusión: Escribe una conclusión que demuestre el uso de la tecnología para crear un mundo irreal.

Usa las preguntas en el Apéndice A para dirigir el proceso de redacción de la composición.

 Tango canción (álbum: *Lunático*) de Gotan Project (París)

Trampas de la lengua

Current

a actual *current*

Necesitamos los datos **actuales**.
*We need the **current** data.*

b en la actualidad / actualmente *currently*

En la actualidad (actualmente), la población hispana en los Estados Unidos representa la minoría más grande.
***Currently**, the Hispanic population in the United States represents the largest minority.*

c de hecho *actually, as a matter of fact*

De hecho, necesitamos enviar la información por correo electrónico.
***Actually,** we need to send the information by e-mail.*

6-22 **En la actualidad** Llena los espacios en blanco con la forma correcta de la(s) palabra(s) apropiada(s) para expresar *current*. En algunos casos, hay más de una respuesta correcta.

1 _____ es muy importante saber manejar la tecnología digital.

2 Las encuestas reflejan la información _____.

3 Él insiste en su punto pero, _____, está equivocado.

4 _____ hay millones de usuarios de la Red. _____, se usa hasta en los lugares más remotos.

5 Debemos hacer una búsqueda en la Red para conseguir los datos _____.

6 *Facebook* está muy de moda _____. _____, casi todo el mundo tiene una página en *Facebook*.

7 _____ es muy difícil identificar fuentes fidedignas de información. Algunas lo parecen aunque, _____, no lo son.

8 _____, las computadores han revolucionado el mundo de la información.

Real

a **real** *real, royal*

No te engañes, la brecha digital es un problema **real** que necesita una solución efectiva.
*Don't fool yourself; the digital divide is a **real** problem that requires an actual solution.*

¿Has visto las pinturas de Diego Velázquez de la familia **real**?
*Have you seen Diego Velázquez's paintings of the **royal** family?*

b **verdadero(a); verídico(a)** *true, actual, real*

La selección literaria de este capítulo no es una historia **verdadera**.
*The literary selection in this chapter is not a **true** story.*

Es difícil saber el **verdadero** número de hispanos en este país.
*It's difficult to know the **actual** number of Hispanics in this country.*

Él es un **verdadero** caballero.
*He is a **real** gentleman.*

c **legítimo** *legitimate, real*

Si compras piedras preciosas, necesitas asegurarte de que sean **legítimas**.
*If you buy precious stones, you have to make sure that they are **legitimate/genuine**.*

d **auténtico** *real, authentic, genuine*

La seda **auténtica** es una tela muy cómoda para ropa.
***Real** silk is a comfortable fabric for clothing.*

Su sonrisa no fue muy **auténtica**.
*Her smile was not very **authentic (genuine)**.*

e **efectivo(a)** *real, true, effective*

La familia real española no tiene mucha autoridad **efectiva**.
*The Spanish royal family does not have much **real** authority.*

f **cierto(a)** *true, certain (before a noun)*

¿Es **cierto** que la tecnología digital ha mejorado las condiciones de vida de los países subdesarrollados?
*Is it **true** that the digital technology has improved the living conditions in underdeveloped countries?*

Ciertas personas que conozco no quieren creer la verdad.
***Certain** people that I know do not want to believe the truth.*

Lo que ella te dijo no es **cierto**.
*What she told you is not **true**.*

g **seguro(a)** *sure*

No estoy **segura** de qué hacer.
*I'm not **sure** what to do.*

Expressions about *real*

a ¿verdad? *Isn't that **right**?, Don't you think so?*

> Es fascinante estudiar las costumbres de otra cultura, **¿verdad?**
> *It is fascinating to study the customs of other countries, **don't you think so?***

b ¿de veras? *Really?, Are you kidding?*

> **¿De veras** piensas que no puedes pasar un día sin el celular?
> *Do you **really** think you cannot go a day without your cell phone?*

c de veras *really, truly*

> Son amigos **de veras**.
> *They are **really** good friends.*

d en realidad *actually, in reality*

> A veces es difícil saber qué piensa otra persona **en realidad**.
> *Sometimes is difficult to know what another person is **actually** thinking.*

e en efectivo *in cash*

> En esa tienda no aceptan tarjetas de crédito. Tienes que pagar **en efectivo**.
> *Credit cards are not accepted in that store. You must pay **in cash**.*

6-23 **¿Cómo se dice *de veras*?** Llena los espacios en blanco con la forma correcta de la palabra apropiada para expresar *real*. En algunos casos, hay más de una respuesta correcta.

1 No conseguirás un diamante _____ si no lo compras de un joyero de buena reputación.

2 Ese pájaro de porcelana se ve tan natural que parece _____.

3 Es triste, pero _____, que algunos sufren prejuicios por su raza.

4 Marisol no es mi tía _____, pero así le digo porque mi mamá la considera su hermana.

5 ¿Tu despertador no funcionó hoy? No creo que sea una excusa _____ para faltar a la clase.

6 Ha sido un _____ placer conocerte.

6-24 **Digamos la verdad.** Contesta las preguntas de forma negativa, incorporando una palabra o expresión para *real*.

1 ¿Este cuadro de Picasso es una réplica?

2 ¿Esa información es mentira?

3 ¿Los médicos pretenden (*intend*) recetar remedios ineficaces?

4 ¿Todavía es común escribir los informes con una máquina de escribir?

5 ¿La compra de libros por el Internet es ilegal?

6 ¿A los niños les gusta conversar con "amigos imaginarios"?

Estructuras

 Grammar Tutorials Grammar Videos

El futuro y el condicional

El futuro

> **Repaso**   Repasa las formas del futuro en el Apéndice C.

- El tiempo futuro se usa para hablar de acciones que todavía no han ocurrido.
- Muchas ideas que en inglés se expresan usando el tiempo futuro, en español se expresan con el tiempo presente o el presente progresivo.

Te **veo** más tarde.	*I'll see you later.*
Salgo para Costa Rica mañana.	*I'm leaving for Costa Rica tomorrow.*
¿Me **prestas** tu libro, por favor?	*Will you (are you willing to) lend me your book, please?*

....

La primera oración expresa un plan por parte del hablante. No pone énfasis en el aspecto de una promesa, sino en el plan de verse. En cambio, si uno promete cumplir con un plan, es más común usar el tiempo futuro.

....

Llevaré el traje a la tintorería esta tarde.
I'll take the suit to the drycleaners this afternoon. (I promise.)

....

El segundo ejemplo se expresa con el tiempo presente por dos razones. Primero, es un plan y, segundo, se usa un verbo de movimiento, **salir**, que raramente se expresa con el tiempo futuro. Otros verbos que se usan más en el presente que en el futuro incluyen: **ir, irse** y **venir**.

Es común expresar un favor en el tiempo presente. Como el hablante en el tercer ejemplo desea usar el libro ahora, no en el futuro, utiliza el tiempo presente.

- El futuro también se usa para expresar probabilidad o hacer conjeturas en el presente. En inglés se usa una variedad de palabras y expresiones para transmitir la misma idea.

—¿Dónde **estará** la profesora?	*Where could the teacher be?*
—**Estará** enferma.	*She must be sick.*
—¿Qué hora **será**?	*What time do you suppose it is?*
—Ya **serán** las seis.	*It must be six o'clock by now.*

El condicional

 Grammar Tutorials Grammar Videos

> **Repaso**   Repasa las formas del condicional en el Apéndice C.

- El condicional se usa para expresar lo que uno haría o lo que le gustaría hacer.

No sé qué hacer. ¿Qué **harías** tú?
*I don't know what to do. What **would** you **do**?*

Mira ese coche tan chévere. Yo lo **compraría**.
*Look at that cool car. I'd **like to (wish I could) buy** it.*

- El condicional se usa para hablar de un evento o situación que iba a ocurrir en el pasado.

  Mi mamá me dijo que me **mandaría** dinero.

  My mother told me (that) she would send me money.

- Otro uso del condicional es expresar un deseo con cortesía.

  ¿Nos **podría** traer más pan, por favor?   *Could you bring us more bread, please?*

- Así como se usa el futuro para expresar probabilidad o hacer conjeturas en el presente, se usa el tiempo condicional para especular o hacer conjeturas sobre el pasado. Compara los ejemplos a continuación con los anteriores.

  —¿Dónde **estaría** la profesora?   *Where could the teacher have been?*

  —**Estaría** enferma.   *She must have been sick.*

  —¿Qué hora **sería**?   *What time do you suppose it was?*

  —Ya **serían** las seis.   *It must have been six o'clock by then.*

¡A practicar!

6-25 ¡Ay, ese muchacho! Contesta las preguntas que le hace una mamá a su hijo, usando el futuro.

modelo ¿Cuándo vas a estudiar?

   Estudiaré esta noche.

1 ¿Cuándo vas a limpiar tu cuarto?
2 ¿Cuándo vas a pagar tus deudas?
3 ¿Cuándo vas a buscar un trabajo?
4 ¿Cuándo vas a visitar a tus abuelos?
5 ¿Cuándo vas a hacer la tarea?
6 ¿Cuándo vas a decirme con quién sales?
7 ¿Cuándo vas a colgar tu ropa?
8 ¿Cuándo vas a ayudarme en el jardín?

6-26 ¿Qué hora es? Contesta las siguientes preguntas, utilizando el futuro para indicar que no estás seguro(a) sobre la respuesta.

modelo ¿Qué hora es?

   Serán las seis.

1 ¿Dónde están tus padres?
2 ¿Cuánto cuesta un coche de lujo?
3 ¿Quién sabe el horario de clases para el próximo semestre?
4 ¿Cuántos años tiene el (la) profesor(a)?
5 ¿Quién es la persona más rica del mundo?
6 ¿Cuántos estudiantes hay en esta universidad?
7 ¿Cuánto dinero ahorran tus padres mensualmente?
8 ¿Cuánto paga tu novio(a) por su ropa?
9 ¿Cuánto gana el/la presidente de la Universidad?
10 ¿Qué quiere el/la professor(a) para su cumpleaños?

6-27 **¿Por qué será?** Contesta las preguntas con una explicación lógica, pero demostrando que no estás seguro(a) de la respuesta.

modelo ¿Por qué nunca me llama mi novio?

Estará enojado contigo.

1 ¿Por qué le grita ese señor a su hijo?
2 ¿Por qué llora el bebé?
3 ¿Por qué siempre llega tarde ese muchacho?
4 ¿Por qué se pone Teresa un suéter?
5 ¿Por qué tiene mi abuelo tantas citas médicas?
6 ¿Por qué hace tantas preguntas esa niña?

6-28 **Con más cortesía, por favor.** Vuelve a escribir las peticiones de una manera más cortés, usando el tiempo condicional.

1 ¿Me permite una pregunta? _____
2 ¿Puede ayudarme? _____
3 ¿Le molesta si me siento aquí? _____
4 ¿Te importa si abro la ventana? _____
5 ¿Nos haces el favor de traer más pan? _____

6-29 **¿Qué harías?** Imagínate las siguientes situaciones y escribe oraciones para indicar qué harías.

modelo Se te acabó la gasolina y estás en una carretera.

Llamaría al club AAA.

1 Se te olvidó traer a clase el ensayo que necesitas entregar.
2 Te invitaron a una fiesta y al llegar, todos están borrachos.
3 Tus padres piensan venir a visitarte y tu apartamento/cuarto está muy sucio.
4 Al llegar al centro comercial te das cuenta de que no tienes tu tarjeta de crédito.
5 Se te descompuso la computadora y necesitas escribir un informe para una clase.
6 Sacaste una mala nota en un examen y crees que algunas respuestas merecen más puntos.

6-30 **¿Dónde estaría?** Contesta las preguntas para indicar que no estás seguro(a) de lo que ocurrió.

modelo Elena no trabajó ayer. ¿Dónde estaba?

Estaría de vacaciones.

1 A Paco le sangraba la nariz. ¿Qué le pasó?
2 ¿Por qué estaba tan serio el profesor?
3 ¿Por qué Beatriz no quiso hablar ayer conmigo?
4 ¿Sabes por qué el señor Ruiz renunció a su empleo?
5 ¿Tienes idea por qué Raúl y Daniel nunca quieren hablar con sus padres?
6 Isabel no vino ayer a la clase de aeróbicos. ¿Sabes por qué?
7 ¿Qué calificación sacó tu compañero(a) de cuarto en el último examen?
8 ¿Cuánto pagó en impuestos tu padre el año pasado?

CULTURALES II

Antes de leer

El ser humano ha contemplado su existencia y la inmortalidad desde el principio de la humanidad. ¿Has pensado alguna vez en cómo sería ser inmortal? ¿Crees que te gustaría vivir para siempre? En este cuento explorarás este tema y leerás una versión literaria de cómo podría ser la vida si el ser humano pudiera lograr la inmortalidad.

6-31 ¿Cómo te imaginas el mundo en el año 2168?

Paso 1 Partiendo de la suposición que los humanos puedan ser inmortales, marca con una X todas las afirmaciones que consideres factibles en tal caso. Luego lee el cuento para descubrir cuáles forman parte del mundo fantástico del cuento.

1 _____ La inmortalidad se logrará por medio de innovaciones médicas.

2 _____ La gente se informará sobre el procedimiento para alcanzar la inmortalidad por medio de mensajes mandados a su celular.

3 _____ La inmortalidad se le garantizará solo a ciertas personas, no a todo el mundo.

4 _____ Los pobres no tendrán igual acceso a la inmortalidad que los ricos.

5 _____ Todo el mundo querrá ser inmortal.

6 _____ Solo los que ya hayan nacido continuarán vivos; ya no habrá más nacimientos.

7 _____ Los seres humanos no tendrán la opción de decidir si quieren morir o no.

8 _____ Los animales también podrán ser inmortales.

9 _____ La gente dejará de practicar las religiones que actualmente existen en el mundo.

10 _____ La gente que no puede ser inmortal se resentirá contra los inmortales.

11 _____ La gente inmortal se considerará superior a la gente mortal.

12 _____ Si la raza humana fuera inmortal, algunos tratarían de acabar con su vida.

Paso 2 Compartan sus predicciones en grupos de tres o cuatro estudiantes. En su opinión, ¿habría algunos problemas relacionados con la inmortalidad? ¿Cuáles?

¡Conoce al autor!

JOSÉ B. ADOLPH (1933–2008) nació en la ciudad de Stuttgart en Alemania, pero desde los cinco años vivió en Perú. Además de ser un destacado escritor de cuentos, novelas y teatro, fue periodista de profesión. Recibió varios premios literarios por sus cuentos y estos se han traducido a muchos idiomas. El cuento que incluimos es de su libro *Hasta que la muerte* (1971), en el que se recopilan varios cuentos de ciencia ficción.

Nosotros no

Aquella tarde, cuando tintinearon° las campanillas de los teletipos y
fue repartida la noticia como un milagro, los hombres de todas las latitudes
se confundieron en un solo grito de triunfo. Tal como había sido predicho
doscientos años antes, finalmente el hombre había conquistado la inmortalidad
5 en 2168.

Todos los altavoces del mundo, todos los trasmisores de imágenes, todos
los boletines, destacaron esta gran revolución biológica. También yo me alegré,
naturalmente, en un primer instante.

¡Cuánto habíamos esperado este día!

10 Una sola inyección, de diez centímetros cúbicos, era todo lo que hacía falta
para no morir jamás. Una sola inyección, aplicada cada cien años, garantizaba
que ningún cuerpo humano se descompondría nunca. Desde ese día solo un
accidente podría acabar con una vida humana. Adiós a la enfermedad, a la
senectud°, a la muerte por desfallecimiento orgánico.

15 Una sola inyección, cada cien años.

Hasta que vino la segunda noticia, complementaria de la primera. La
inyección solo surtiría efecto entre los menores de veinte años. Ningún ser
humano que hubiera traspasado la edad del crecimiento podría detener su
descomposición interna a tiempo. Solo los jóvenes serían inmortales. El gobierno
20 federal mundial se aprestaba° ya a organizar el envío, reparto y aplicación de
las dosis a todos los niños y adolescentes de la tierra. Los compartimientos de
medicina de los cohetes° llevarían las ampolletas° a las más lejanas colonias
terrestres del espacio.

rang

old age

prepared

rockets / vials

Todos serían inmortales.

Menos nosotros, los mayores, los adultos, los formados, en cuyo organismo la semilla de la muerte estaba ya definitivamente implantada.

Todos los muchachos sobrevivirían para siempre. Serían inmortales, y de hecho, animales de otra especie. Ya no seres humanos: su sicología, su visión, su perspectiva, eran radicalmente diferentes a las nuestras.

Todos serían inmortales. Dueños del universo por siempre jamás. Libres. Fecundos. Dioses.

Nosotros no. Nosotros, los hombres y mujeres de más de veinte años, somos la última generación mortal. Éramos la despedida, el adiós, el pañuelo de huesos y sangre que ondeaba por última vez, sobre la faz de la tierra.

Nosotros no. Marginados de pronto, como los últimos abuelos, de pronto nos habíamos convertido en habitantes de un asilo° para ancianos, confusos conejos° asustados entre una raza de titanes. Estos jóvenes, súbitamente°, comenzaban a ser nuestros verdugos° sin proponérselo. Ya no éramos sus padres. Desde ese día, éramos otra cosa; una cosa repulsiva y enferma, ilógica y monstruosa; éramos Los Que Morirían. Aquellos Que Esperaban la Muerte. Ellos derramarían lágrimas, ocultando su desprecio°, mezclándolo con su alegría. Con esa alegría ingenua con la cual expresaban su certeza de que ahora, ahora sí todo tendría que ir bien.

Nosotros solo esperábamos. Los veríamos crecer, hacerse hermosos, continuar jóvenes y prepararse para la segunda inyección... una ceremonia —que nosotros ya no veíamos— cuyo carácter religioso se haría evidente. Ellos no se encontrarían jamás con Dios. El último cargamento° de almas rumbo al más allá, era el nuestro.

¡Ahora cuánto nos costaría dejar la tierra! ¡Cómo nos iría carcomiendo° una dolorosa envidia! ¡Cuántas ganas de asesinar nos llenarían el alma, desde hoy y hasta el día de nuestra muerte!

Hasta ayer. Cuando el primer chico de quince años, con su inyección en el organismo, escogió suicidarse. Cuando llegó esa noticia, nosotros, los mortales, comenzamos recién a amar y comprender a los inmortales.

Porque ellos son unos pobres renacuajos° condenados a prisión perpetua en el verdoso estanque de la vida. Perpetua. Eterna. Y empezamos a sospechar que dentro de 99 años, el día de la segunda inyección, la policía saldrá a buscar a miles de inmortales para imponérsela.

Y la tercera inyección, y la cuarta, y el quinto siglo, y el sexto; cada vez menos voluntarios, cada vez más niños eternos que imploran la evasión, el final, el rescate. Será horrenda la cacería. Serán perpetuos miserables.

Nosotros no.

Margin glosses:
- *old folk's home*
- *rabbits / suddenly*
- *executioners*
- *disdain*
- *load*
- *gnawing*
- *tadpoles*

"Nosotros no" from *Hasta que la muerte* by Jose B. Adolph (Lima, Peru: Moncloa-Campodonico editores asociados, 1971), pp. 65–67. Used with permission.

Después de leer

6-32 **¿Y tú, qué opinas?**

Comprensión

Paso 1 Indica si las oraciones siguientes son verdaderas o falsas, según la lectura. Si son falsas explica por qué.

1 La vacuna solo protege contra la muerte causada por la vejez.
2 Las personas menores de 20 años que reciban la vacuna no podrán morir ni a causa de un accidente ni por suicidio.
3 El narrador del cuento está contento porque puede recibir la vacuna.
4 El narrador anticipa que en el futuro la policía tendrá que obligar a los inmortales a recibir la vacuna.
5 El narrador implica que después de todo, los mortales tendrán un mejor futuro.

Paso 2 Contesta las siguientes preguntas.

1 ¿Qué noticia llegó a todo el mundo?
2 ¿Cómo reaccionó la gente ante la noticia al principio?
3 ¿Cómo fue cambiando la perspectiva del narrador con respecto a la inmortalidad? Explica.

Interpretación Contesten las preguntas en grupos de tres o cuatro estudiantes.

4 ¿Por qué crees que se suicidó un muchacho?
5 Explica el sentido de la siguiente descripción sobre los jóvenes del cuento: "pobres renacuajos condenados a prisión perpetua en el verdoso estanque de la vida".
6 Explica el sentido del título del cuento, *Nosotros no*.
7 ¿Por qué los inmortales serán "perpetuos miserables"?

Conversación Trabajen en grupos de tres o cuatro. Compartan sus impresiones acerca del cuento, contestando las siguientes preguntas.

8 ¿Les gustaría recibir esta vacuna? ¿Por qué sí o por qué no?
9 ¿Les gustaría saber cuándo van a morir? ¿Por qué sí o por qué no?
10 ¿Qué consecuencias tendría la inmortalidad sobre el medio ambiente y los recursos naturales del planeta?
11 ¿En qué sentido sería diferente la vida si uno supiera que nunca moriría?
12 ¿Creen que los avances tecnológicos han interferido de alguna manera en el "orden natural" del universo, con respecto a la vida humana?
13 En el cuento leemos que los inmortales "no se encontrarían jamás con Dios". ¿Creen que la creencia en Dios influye en la manera en que uno percibe la muerte? Expliquen.

6-33 Si los humanos fueran inmortales... Piensa en todas las formas en que la perspectiva que tenemos sobre la vida cambiaría si no muriéramos. Con un(a) compañero(a) escriban por lo menos cinco oraciones para terminar la frase "Si los humanos fueran inmortales...". Recuerda que debes usar el condicional en cada una de las oraciones.

_____

_____

_____

_____

_____

6-34 La tecnología y la vida Piensen en las formas en que hoy en día se utiliza la tecnología para mantener, extender o ayudar el proceso de concepción de la vida. Con un(a) compañero(a) evalúen estas y otras formas en que se utiliza la tecnología hoy en día y expliquen si están de acuerdo con que estas se usen.

Tecnología	Estoy/no estoy de acuerdo porque...
1 fertilización in vitro	
2 máquinas respiratorias	
3 experimentos con células madre	
4 bancos de esperma	
5 incubadoras para bebés prematuros	
6 ¿otro?	

- Aprender sobre las formas de mantenerse saludable
- Identificar los hábitos que sirven como obstáculos para la buena salud
- Aprender sobre algunos desórdenes alimentarios
- Explorar los temas relacionados con la salud como la medicina alternativa y el bienestar espiritual

OBJETIVOS

- El bienestar físico, emocional y espiritual
- La pirámide alimentaria

TEMAS DE VOCABULARIO

- La distinción entre **sentir, sentirse, sentido, sentimiento** y **sensación**
- La distinción entre **doler, herir, hacerse daño** y **lastimarse**
- La distinción entre **sensitivo, sensible** y **sensato**
- Tiempos pasados del subjuntivo

ESTRUCTURAS

- La alimentación y la salud
- *Nos vemos GORDAS* – Javier Olivares

LECTURAS CULTURALES

- Retos para la salud
- ¿Y qué hay de raro en ser vegetariano?

VIDEOS

¿Cuáles son tus hábitos alimenticios?

CAPÍTULO 7

Monika Olszewska/Shutterstock.com

senderos
CULTURALES I

En la actualidad hay una gran cantidad de problemas médicos relacionados con la dieta y el estilo de vida de las personas. La gran cantidad de comida chatarra que consumimos y la tendencia a ser cada día más inactivos ponen en peligro nuestra vida y la de las generaciones futuras. En este capítulo exploraremos algunas de las causas que afectan los hábitos alimenticios y algunas soluciones para conservarse saludable.

7-1 ¿Qué crees? Contesta las siguientes preguntas.

1 ¿Eres adicto(a) a la comida chatarra? ¿A qué comida chatarra?
2 ¿Te has puesto alguna vez a dieta? ¿Por qué?
3 ¿Reservas un lugar y una hora para comer o comes a la ligera? Explica.

SENDEROS LÉXICOS I

actualidad *nowadays, the present state of things*
adelgazante *slimming*
agitado(a) *agitated, fast-paced*
alimentario(a) *related to food*
alimenticio(a) *nutritious*
alimento *food, nourishment*
antaño *long ago*
chatarra *(slang) junk*
colorantes *dye*
corporal *belonging to the body*
cumplir *to fulfill one's duties*
desalentar *discourage*
diligencia *errand*
grasa *fat*

impedir *to prevent*
ingerir *to ingest*
negarse *to refuse*
pesar *to weigh*
pesa *weight (for weight lifting)*
peso *weight*
poner en peligro *to jeopardize*
receta *prescription, recipe*
rechazo *rejection*
régimen *diet*
sano(a) *healthy*
sedentario(a) *sedentary*
soler *to be in the habit of*
tender *to have a tendency to*

7-2 ¿Qué palabras faltan? Llena los espacios en blanco con la palabra apropiada de **Senderos léxicos I**. Haz todos los cambios de concordancia que sean necesarios.

1 A Alberto le gusta levantar _____ para mantenerse en forma.
2 El _____ es una indicación importante de cómo uno está de salud. Por eso siempre la enfermera me _____ en el consultorio del médico.
3 Las frutas tienen un gran valor _____. Tienen una gran cantidad de vitaminas y minerales.
4 Para mantenernos _____ es necesario llevar un _____ alimentario bajo en _____.
5 La vida moderna es muy _____. Además del trabajo hay muchas _____ que debemos hacer diariamente.

Algunos sustantivos cambian de significado según cambian de género.

Masculino	Feminino
el capital the capital	**la capital** capital city
el coma coma	**la coma** comma
el cuento story	**la cuenta** bill, check to be paid
el cura priest	**la cura** cure
el orden the order	**la orden** command, religious order
el peso weight	**la pesa** weight (for weight lifting)
el policía policeman	**la policía** police force; policewoman
el radio radio set	**la radio** the media, the radio transmission

7-3 **¡Apuesto a que ya lo sabías!** Indica el verbo relacionado con los siguientes adjetivos o sustantivos. Consulta un diccionario si es necesario.

Adjetivo o sustantivo	Verbo
1 alimento	
2 adelgazante	
3 peso	
4 receta	
5 rechazo	
6 impedimento	
7 sano	

La alimentación y la salud

La mayoría de los países occidentales vive hoy en día una época de gran prosperidad y bienestar. A pesar de esto, en los países de mayor prosperidad económica se han producido enfermedades o problemas relacionados con la gran abundancia de bienes. Mientras más bienes económicos se poseen, más consumismo y desperdicio de los recursos naturales y humanos hay, como ya discutimos en el capítulo 3. Asimismo, la abundancia de comida ha traído consigo grandes extremos en el comportamiento de las personas. Por un lado, una gran cantidad de personas sufre de obesidad y de otras enfermedades relacionadas con el sobrepeso como la diabetes, la hipertensión y el colesterol alto. Por el otro, hay gente que padece de otros desórdenes alimentarios tales como la bulimia, la anorexia y la ortorexia. Aunque todavía no se sabe exactamente la naturaleza de estas enfermedades, se cree que son desórdenes psicológicos que afectan la salud física de aquellos que las padecen.

Enfermedades alimentarias

La anorexia se caracteriza por el rechazo a ingerir alimentos. El que la padece tiene la impresión equivocada de ser excesivamente gordo. La bulimia se trata de la costumbre de inducirse el vómito después de haber ingerido alimentos. Ambos desórdenes pueden causar la muerte. La mayoría de las personas que padece de anorexia y bulimia son mujeres jóvenes, aunque no es un desorden exclusivo de ellas. Recientemente se ha comenzado a identificar y estudiar un nuevo desorden alimentario: la ortorexia. Este se caracteriza por la preocupación excesiva, casi patológica, de consumir solo alimentos que sean sanos. El que padece de ortorexia se niega a consumir productos que contengan colorantes, hormonas, que no sean orgánicos, o que tengan grasa. La preocupación se convierte en una amenaza para la salud cuando el individuo se niega a consumir ciertos alimentos que son necesarios para la nutrición. Se cree que estos desórdenes son producto de la obsesión que caracteriza a las sociedades occidentales por los regímenes adelgazantes, la imagen corporal, el culto a la juventud y el temor a la contaminación de los productos.

La vida moderna y la dieta

Hay quienes creen que el secreto para evitar el sobrepeso y mantener una vida sana es sencillo: comer moderadamente y hacer ejercicio diariamente. Una receta tan simple puede convertirse en un gran obstáculo para la salud cuando el estilo de vida de la persona no le permite seguirla. Cada vez con más frecuencia es necesario usar el automóvil para desplazarse de un lado a otro y muchas personas comen lo que encuentran en su camino, mientras cumplen con la próxima tarea o hacen las diligencias del día. La vida agitada de las grandes ciudades causa estrés que a su vez impide el descanso nocturno y la alimentación adecuada.

La dieta, el ejercicio y los niños

También es alarmante el aumento en el consumo de comida chatarra y la inactividad física, sobre todo en los niños. La comida chatarra suele ser menos costosa y más accesible. Muchas personas de pocos recursos económicos viven en las ciudades en donde tienen poco acceso a mercados, por lo que están limitadas en sus selecciones alimentarias. Los niños de hoy en día tienden a ser más sedentarios debido, en alguna medida, a los juegos electrónicos que captan toda su atención. No es una sorpresa, por tanto, que, debido a esto, haya muchos niños que padecen de sobrepeso.

¿Habrá una solución?

Hay un movimiento a favor de la "comida lenta", esto es, volver a la costumbre de ingerir comida que se prepara fresca diariamente, que no contiene conservantes ni substancias químicas nocivas a la salud. También hay quienes proponen que se les imponga un impuesto alto a los alimentos chatarra para desalentar su consumo, a la vez que se les exija a los restaurantes de comida rápida que indiquen el contenido de grasa y calorías que contienen los alimentos. ¿Crees que alguna de estas medidas contribuiría al bienestar de los ciudadanos?

Después de leer

7-4 **¿De verdad?** Indica si las siguientes afirmaciones son verdaderas según la lectura. Si no lo son, explica por qué.

1 La falta de comida nutritiva en los países desarrollados ha causado problemas de salud.

2 Solo las mujeres padecen de desórdenes alimentarios como la bulimia y la anorexia.

3 La ortorexia consiste en estar preocupado por el contenido de los alimentos.

4 El movimiento a favor de la comida lenta propone que se ingiera comida fresca, sin conservantes.

5 Los niños de hoy en día tienden a hacer menos ejercicio que los de antaño.

7-5 **La pirámide alimentaria** La Sociedad Española de Nutrición Comunitaria recomienda la siguiente pirámide alimentaria.

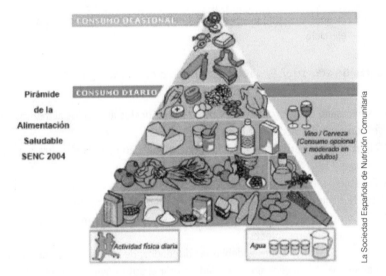

La Sociedad Española de Nutrición Comunitaria

Paso 1 Indica con qué frecuencia consumes los siguientes alimentos en comparación con lo que recomienda la pirámide alimentaria. ¿Sigues las recomendaciones de la pirámide alimentaria? ¿Por qué sí o por qué no?

Alimento	Más de lo recomendado	Menos de lo recomendado	Igual a lo recomendado
Dulces, grasas y aceite			
Leche, yogurt y queso			
Carne, pollo, huevos, frutos secos			
Verduras			
Frutas			
Pan, cereal, arroz y pasta			

Paso 2 Busca la pirámide alimentaria del Departamento de Agricultura de los EE.UU. (USDA). ¿Qué similitudes y diferencias encontraste entre las dos pirámides? ¿Aconsejan las mismas porciones de los mismos alimentos? ¿Cuál te parece mejor? ¿Por qué?

Paso 3 Planea lo que comerás durante la próxima semana, intentando incorporar alimentos más saludables y eliminando los que normalmente comes en exceso. Mantén un récord detallado de todo lo que consumes y luego compáralo con tu plan. Recuerda que la única manera de cambiar hábitos no deseables es informarte sobre la necesidad de cambiar, hacer un plan de acción y luego incorporarlo en tu vida diaria.

7-6 ¿Razones o excusas?

Paso 1 Haz una lista de por lo menos cinco razones que te impidan llevar una vida más saludable. Piensa en otros aspectos, además de la comida, tales como el ejercicio y las horas de sueño.

modelo **No hago ejercicio diariamente porque no tengo suficiente tiempo.**

Paso 2 Ahora comparte tu lista con la de un(a) compañero(a). Dense consejos para llevar una vida más sana.

modelo **Es necesario que pases menos tiempo navegando la Red para que tengas tiempo para hacer ejercicio.**

7-7 ¿Estás de acuerdo? Di si estás de acuerdo o no con las siguientes afirmaciones. Explica por qué.

1 Es necesario que el gobierno les imponga impuestos altos a los alimentos chatarra para evitar el consumo desmedido de estos.
2 No se debería permitir las máquinas que despachan comida chatarra o gaseosas en las escuelas.
3 El gobierno les debe exigir a los fabricantes de comida chatarra que pongan una advertencia acerca de la salud, así como se hace en los paquetes de cigarrillos.
4 Las compañías de seguros médicos deben aumentar las primas de las pólizas de seguros de salud a los que tengan sobrepeso.
5 Las ciudades y los edificios deben ser diseñados, de forma que les permitan a las personas poder caminar o subir a ellos sin necesidad de usar el automóvil o el ascensor.

7-8 Charlemos Contesten las siguientes preguntas en grupos de tres o cuatro estudiantes.

1 ¿De qué forma creen que influyen las presiones sociales en el padecimiento de la bulimia, la anorexia y la ortorexia?
2 ¿Cómo se explica que haya más mujeres que hombres que padecen de anorexia y bulimia?
3 ¿Cuál es el ideal de la belleza para una mujer y para un hombre en esta sociedad? Expliquen las diferencias.

7-9 Interpretación Contesten las siguientes preguntas en los mismos grupos.

1 ¿Qué responsabilidad tiene el gobierno en cuanto a la alimentación de sus ciudadanos? ¿Y qué responsabilidad tienen las escuelas? ¿y los restaurantes?
2 ¿Qué tipo de comportamiento alimentario debes observar para conservar la salud?
3 ¿Qué papel desempeña el ejercicio en la preservación de la salud?

Los adverbios terminados en **-mente** corresponden a los que en inglés terminan en -ly: **naturalmente** (*naturally*). Para formar el adverbio usamos la forma femenina del adjetivo y luego agregamos **-mente**.

adjetivo	forma femenina	adverbio
cálido	cálida	cálidamente
rápido	rápida	rápidamente
saludable	saludable	saludablemente

Si en una oración se usa más de un adverbio que termine en **-mente** solo se añade el sufijo al último.

Ella canta **clara** y **armoniosamente**.   *She sings clearly and harmoniously.*

7-10 El Camino de Santiago: ¿Un camino hacia la salud espiritual?

En el mundo hispanohablante, la ruta de peregrinaje más famosa es el Camino de Santiago en el norte de España. El camino, que en realidad es una serie de rutas de unos 900 kilómetros, comienza en St. Jean Pied de Port en Francia y atraviesa la frontera franco-española para llegar al destino final en la ciudad gallega Santiago de Compostela, en el noroeste de España. Miles de personas hacen el peregrinaje todos los años caminando, en bicicleta o a caballo. Aunque el motivo principal de los que hacen el peregrinaje es religioso, muchos lo hacen para conocer las riquezas culturales que se encuentran en el camino

Peregrinos en el Camino de Santiago

MCales/Shutterstock.com

o para hacer ejercicio. Otros describen la experiencia como una manera de conocerse a sí mismos o de vincularse con otros peregrinos. Sea cual fuere el motivo, los peregrinos que caminan a Santiago de Compostela se sienten impulsados a realizar una actividad en la que otros seres humanos han participado desde tiempos ancestrales.

Paso 1 Busca información sobre algún otro sitio del mundo donde la gente haga un peregrinaje y luego contesta las preguntas.

1 ¿Dónde se encuentra el lugar del peregrinaje?
2 ¿Cuáles son las raíces históricas del lugar?
3 ¿Cuántas personas participan por año en un peregrinaje a dicho lugar? ¿Hay algunas fechas especiales para hacer el peregrinaje?
4 ¿Qué medios de transporte se emplean para hacer el peregrinaje?

Paso 2 Escribe un párrafo en el que resumas lo que aprendiste sobre el lugar de peregrinaje y tráelo a clase para compartir con tus compañeros(as).

CAPÍTULO 7

senderos
VISUALES

Retos para la salud

Antes de ver el video

Vas a ver y a escuchar algunos temas relacionados con la salud y el bienestar, tales como formas en que la gente busca mantenerse en forma mientras se divierte, cirugías que les permiten perder peso, la búsqueda de nuevas fuentes de nutrición y las enfermedades relacionadas con la alimentación.

7-11 Prepárate Contesta las siguientes preguntas antes de ver y escuchar el video.

1 ¿Qué problemas alimentarios crees que son más comunes en los Estados Unidos que en los países hispanos?

2 ¿Por qué crees que en los EE.UU. la gente tiene tanta preocupación por su peso?

3 ¿Qué actividades físicas realizas para divertirte y mantenerte en forma?

SENDEROS LÉXICOS II

acostumbrarse a *to get used to*
aumentar de peso *to gain weight*
bañistas *bathers*
broncearse *to get a suntan*
cirugía bariátrica *gastric bypass surgery*
cuidar la línea *watch the diet*
enviciado(a) *addicted to*

estiramiento *stretching*
gratuito(a) *free of charge*
obligar *to force*
pasarela *runway (for models)*
pegamento *glue*
rescatar *to rescue*
vacío(a) *empty*

7-12 ¿Qué palabras faltan? Llena los espacios en blanco con la palabra apropiada de **Senderos léxicos.** Haz todos los cambios de concordancia que sean necesarios.

1 Los niños huelen el _____ para calmar el hambre.

2 Las clases de aeróbicos que ofrecen en la playa no cuestan nada, son _____.

3 Los médicos no recomiendan _____ excesivamente para así no sufrir las consecuencias dañinas de la radiación del sol.

4 Algunos expertos dudan de los beneficios del _____ antes y después de hacer ejercicio.

5 En la playa se puede observar a los _____ que pasan el día en el sol.

6 Generalmente las medicinas no se deben tomar con el estómago _____.

7 Muchos restaurantes sirven porciones demasiado grandes y algunas personas se sienten _____ a acabar todo lo que está en el plato.

8 Nuestro concepto de la belleza es influenciado por los modelos que vemos en la _____ en los desfiles de moda.

7-13 **¿Cómo lo explicarías?** Explica los siguientes términos con tus propias palabras.

1 cirugía bariátrica   3 aumentar de peso   5 enviciado(a)
2 cuidar la línea   4 levantar pesas   6 rescatar

7-14 **Parejas disparejas** Busca el antónimo.

1 _____ acostumbrarse   **a** gratuito
2 _____ aumentar   **b** lleno
3 _____ cuidar   **c** rebajar
4 _____ estirar   **d** desacostumbrarse
5 _____ vacío   **e** descuidar
6 _____ costoso   **f** encoger

Escenas del video

La anorexia es una enfermedad con consecuencias graves.

Se conocen los peligros de fumar, pero muchos siguen haciéndolo.

Las adicciones son difíciles de dejar.

La medicina alternativa se ha popularizado nuevamente.

Después de ver el video

7-15 Exprésense

Comprensión Contesten las siguientes preguntas en grupos de tres o cuatro estudiantes, de acuerdo a lo que vieron y escucharon.

1 ¿En qué consiste el programa que se ha iniciado en las playas de España?
2 ¿Cómo explican los chicos en el video las razones por las que padecían de anorexia?
3 ¿Qué se hace para ayudar a los niños adictos a la pega?

Interpretación Contesten las siguientes preguntas.

4 ¿Por qué creen que sea importante buscar nuevas fuentes alimentarias?
5 ¿En qué lugares creen que se le debe permitir fumar a la gente? ¿Por qué?
6 ¿Cuál es la relación entre las enfermedades y las presiones de la vida contemporánea? Citen ejemplos específicos.

Conversación En grupos de tres o cuatro estudiantes, compartan sus opiniones y observaciones.

7 El bienestar no se limita solamente a la salud física. ¿Qué otros aspectos son necesarios para el bienestar?
8 ¿Qué opinan de la medicina alternativa? ¿Han experimentado con ella o prefieren seguir la medicina tradicional?
9 ¿Qué papel debería tener el gobierno en la legislación de medidas para proteger la salud y el bienestar de los ciudadanos? Piensen en leyes como la que obliga a los motociclistas a llevar casco para su protección.

¿Y qué hay de raro en ser vegetariano?

© Heinle, Cengage Learning

Antes de ver el video

Carlos decidió que ya no va a comer carne, pero admite que no es siempre fácil ser vegetariano. La decisión de comer o no comer carne es muy personal y las razones para tomarla varían de una persona a otra.

¿Cómo puedes comer carne?

7-16 Reflexiones personales Contesta las siguientes preguntas desde tu propia perspectiva sobre la comida y la bebida.

1 ¿Qué opinas de una dieta vegetariana?

2 Si decidieras ser vegetariano(a), ¿tu familia te apoyaría?

3 ¿Hay alguna comida o bebida que tú no comas o tomes? Explica las razones para esa decisión.

4 ¿Alguna vez has tenido algún conflicto con alguien debido a tus preferencias con respecto a la comida? Explica.

Después de ver el video

7-17 ¿Por qué ser vegetariano? Los vegetarianos mencionan muchas razones para explicar su decisión. Haz una lista de tres razones que tú conozcas.

7-18 ¿Entendiste? Vuelve a escuchar el video e indica si las siguientes afirmaciones son ciertas o falsas, de acuerdo a lo que dice Carlos.

1 A Carlos le tomó tiempo decirles a sus padres que él era vegetariano.

2 Sus padres se molestaron cuando Carlos les dijo que ya no quería comer carne.

3 Carlos dice que es difícil ser vegetariano porque tiene todavía ganas de comer carne.

4 Carlos dice que ser vegetariano es más saludable que ser carnívoro.

5 El muchacho que convenció a Carlos a volverse vegetariano ya no es vegetariano.

7-19 ¿Te acuerdas qué dijo Carlos?

Comprensión Contesta las siguientes preguntas.

1 Según Carlos, ¿qué lo hizo decidirse a no comer carne?

2 ¿Cómo reaccionaron sus padres?

3 ¿Por qué dice que no es fácil ser vegetariano?

Interpretación Contesten las siguientes preguntas en un grupo de tres o cuatro estudiantes.

4 Carlos se siente culpable cuando sus amigos lo invitan a comer. ¿Por qué?

5 ¿Están de acuerdo con Carlos cuando dice que es injusto matar animales para comerlos?

6 ¿Qué opinión expresó Carlos al enterarse que el muchacho que lo convenció a no comer carne ya no era vegetariano? ¿Cómo habrían reaccionado Uds.?

7-20 Para compartir Piensa en una convicción muy fuerte que tengas sobre la dieta o cualquier otro aspecto relacionado con la salud y escribe un párrafo breve para explicar esa convicción. Luego compártelo con los otros miembros del grupo.

7-21 Presentación oral Escojan uno de los temas para hacer una presentación en parejas.

1 ¿Te ofrecemos seguro o no? Cada día es más común que las agencias de seguros de salud exijan que sus asegurados lleven una vida sana. A veces les niegan sus servicios a aquellos que tienen alguna condición preexistente, a los que fuman o a los que tienen sobrepeso.

Paso 1 Imagínense que trabajan para una compañía de seguros que está en el proceso de revisar la determinación de cobertura en sus pólizas. Ustedes están encargados de investigar las exclusiones en la cobertura y hacer recomendaciones que sean justas para el cliente, pero que no perjudiquen las ganancias de la compañía.

Paso 2 Hagan un diálogo en el que los/las dos tengan diferentes puntos de vista sobre el tema. Uno(a) quiere ofrecer cobertura más amplia y el (la) otro(a) quiere asegurar las ganancias de la compañía. Demuestren en el diálogo la capacidad de resolver estas diferencias de una manera respetuosa. Presenten el diálogo en clase.

2 Los gusanos pueden ser deliciosos y nutritivos. La comida varía mucho de un país a otro, y lo que se considera un alimento en un lugar puede ser completamente desconocido como comida en otro.

Paso 1 Averigüen sobre alimentos que se coman en otras culturas, pero que no se comerían en este país. Imagínense que son comerciantes a los que les gustaría presentar uno de esos alimentos en los EE.UU. ¿De qué manera convencerían a los consumidores para que adoptaran esa comida en su dieta?

Paso 2 Preparen un "infomercial" con la información que quieran presentarles a sus posibles clientes y preséntenlo en clase. No olviden mencionar todas las características nutritivas del producto.

¡Recuerda!

Hay muchos factores que influyen en los hábitos alimentarios de las personas. Lo que para unos es delicioso para otros no lo es. ¿Sabías que en España consideran que el maíz es comida de cerdos?

Aquí tienes una lista de alimentos que se consumen en algunos países hispanos, pero que no son comunes en la dieta de los estadounidenses.

carrucho *conch*	**mollejas de pollo** *chicken gizzards*
ceviche *raw seafood*	**mondongo** *tripe*
criadillas *bull testicles*	**morcilla** *blood sausage*
cuy *guinea pig*	**patitas de cerdo** *pig's feet*
huitlacoche *corn fungus*	**sesos** *brains*
lengua *tongue*	**vísceras** *entrails (guts)*

7-22 **¡Y ahora a escribir!** Escoge uno de los siguientes temas para escribir una composición.

1 **Manera en que afectan a la sociedad los hábitos alimentarios.** Los hábitos de salud y alimentación tienen consecuencias que afectan, no solo al individuo, sino a la sociedad en general. Piensa en algunos de estos hábitos y sus consecuencias. Averigua la información a continuación y agrega otros detalles que te parezcan interesantes. Ten en cuenta los siguientes puntos para desarrollar tus ideas.

- conductas positivas y su impacto en el individuo y en la sociedad
- conductas negativas y su impacto en el individuo y en la sociedad

Usa las preguntas en el Apéndice A para dirigir el proceso de redacción de la composición.

2 **Obstáculos para nuestra salud.** A veces la forma de vida que estamos obligados a llevar no nos permite cuidar de nuestra salud tanto como quisiéramos. Ten en cuenta los siguientes puntos para desarrollar tus ideas.

- las tensiones diarias a las que estamos sometidos
- los mensajes que recibimos sobre la nutrición en los medios de comunicación
- las exigencias del trabajo o los estudios
- el deseo de ser popular y aceptado

Usa las preguntas en el Apéndice A para dirigir el proceso de redacción de la composición.

3 **El peso de las responsabilidades.** El protagonista de esta película se encuentra en un momento muy estresante de su vida. Todos a su alrededor exigen algo de él.

El hijo de la novia, dirección de Juan José Campanella, Argentina, 2001

Paso 1 Piensa en los compromisos y responsabilidades que tiene el hijo de la novia y en la forma en que decide enfrentarse a sus responsabilidades. Ten en cuenta los siguientes puntos para desarrollar tus ideas.

- ¿Qué responsabilidades tiene Rafael y cómo responde a ellas?
- ¿Tienen razón sus familiares en exigirle lo que le exigen?
- ¿Qué responsabilidades tienen más peso que otras?

Paso 2 Prepara el borrador de tu composición, incorporando la información que has apuntado en el Paso 1.

Introducción: Explica la dificultad en la que se encuentra Rafael.

Desarrollo del tema: Explica qué ha llevado a Rafael a encontrarse en la situación en que se encuentra. ¿Qué errores ha cometido? ¿De qué forma puede enmendar sus errores?

Conclusión: Haz un juicio sobre el comportamiento de Rafael hacia su familia y sus amigos. ¿Cómo habrías resuelto tú la situación en que se encuentra Rafael?

Paso 3 Usa las preguntas en el Apéndice A para dirigir el proceso de redacción de la composición.

 La Bilirrubina (album: *Bachata rosa*) de Juan Luis Guerra (República Dominicana)

senderos
LINGÜÍSTICOS

Trampas de la lengua

To feel

a **sentir** *to feel, to perceive, to regret*

Siento mucho que no puedas venir con nosotros.
I am sorry you cannot come with us.

Por favor, prende el aire acondicionado, pues **siento** mucho calor.
Please turn on the air conditioner; I feel very hot.

b **sentirse** *to feel a certain way*

No **me siento** bien. Me voy a acostar.
I don't feel well. I'm going to lie down.

Feeling

a **sentido** *sense, meaning*

Lo que dices no tiene **sentido**.
What you are saying makes no sense.

Al leer poesía deben buscarle el **sentido** a las palabras.
When reading poetry you must look for the meaning of the words.

b **sentimiento** *feeling*

Dilo con **sentimiento**.   *Say it with feeling.*

c **sensación** *feeling, sensation*

Después de la operación perdió la **sensación** en las piernas.
After the operation he lost sensation in his legs.

7-23 **¿Qué sentido tiene?** Completa las oraciones con la palabra apropiada para expresar *feel, feeling, sense o meaning.*

1 ¿Qué _____ tiene hablarte si nunca me escuchas?

2 Si _____ dolor, llama inmediatamente al doctor.

3 Después de la operación me quedé con una _____ extraña en el estómago.

4 —¿Cómo _____ hoy, Esteban? —¡Muy bien, gracias!

5 El cuento que me leíste no tiene _____ para mí.

6 Tengo la _____ de que vamos por el camino equivocado.

7 No comprendieron el _____ de lo que decías.

8 Para ti mis _____ no valen nada.

9 René va a tomar dos aspirinas porque no _____ bien.

10 Voy a ponerme un suéter porque _____ frío aquí.

Hurt

a **doler** *to hurt, to cause pain, to have pain*

> Después de la comida a Carlos le **dolía** mucho el estómago.
> *After the meal Carlos's stomach **hurt** a lot.*

> **Me dolió** mucho lo que me dijiste ayer.
> *What you said yesterday **hurt me** a lot.*

b **herir** *to hurt, to offend, to wound*

> El asaltante **hirió** a varias personas durante el atraco al banco.
> *The assailant **wounded** many people during the bank robbery.*

> Mi esposo **me hirió** mucho cuando me dijo que ya no me quería.
> *My husband **hurt me** very much when he told me that he didn't love me anymore.*

c **hacer(se) daño** *to get hurt, to injure, to hurt someone, to cause illness*

> Muchas personas **se hicieron daño** en el accidente automovilístico.
> *Many people **were injured** in the car accident.*

> Lo que comieron en la fiesta de anoche **les hizo mucho daño**.
> *What they ate last night at the party **made them very sick**.*

d **lastimar(se)** *to hurt, to get hurt, to hurt someone's feelings*

> Me **has lastimado** con tus insultos.
> *You have **hurt my feelings** with your insults.*

> Ignacio se **lastimó** el brazo jugando baloncesto.
> *Ignacio **hurt** his arm while playing ball.*

7-24 **¿Te lastimaste?** Completa las oraciones con la palabra más apropiada para expresar *hurt*. Asegúrate de usar los verbos en la forma correcta según lo requiera el contexto.

1 Ahora me _____ mucho la cabeza de tanto trabajar en la computadora.

2 El criminal _____ a su víctima en el brazo.

3 Después del accidente me _____ todo el cuerpo.

4 Cuídate mucho para que no te _____ la herida.

5 Roberto se _____ la espalda mientras arreglaba el techo. Ahora está acostado porque le _____ mucho.

6 Debes seguir los consejos del doctor para que no te _____.

7 Perdóname, no tuve la intención de _____.

8 Es una pena que Mario siempre _____ a sus amigos con su comportamiento.

9 ¿En dónde te _____ al caerte por las escaleras?

10 Rebeca _____ a su madre con sus mentiras.

Sensitive and sensible

a **sensible** sensitive, *perceived by the senses*

Ese niño es muy **sensible** para su edad. Aprecia las emociones expresadas en la poesía.
*That boy is very **sensitive** for his age. He appreciates the emotions expressed in poetry.*

Los filósofos ponen en duda el mundo **sensible**.
*Philosophers doubt what is perceived by the **senses**.*

b **sensitivo** *sensitive*

El tema de orientación sexual es muy **sensitivo**.
*The topic of sexual orientation is very **sensitive**.*

Julián es muy **sensible**, todo lo que uno dice lo ofende.
*Julián is too **sensitive**; he is offended by everything one says.*

c **sensato** *sensible*

La propuesta que hicieron los empleados era muy **sensata**.
*The proposal made by the employees was very **sensible**.*

Confío en las decisiones de mis padres porque los dos son muy **sensatos**.
*I trust my parents' decisions because both of them are very **sensible**.*

7-25 **Una respuesta sensata, por favor.** Completa las oraciones con la forma apropiada de **sensato**, **sensible** o **sensitivo**.

1 Por favor, no seas tan _____. No tenía la intención de ofenderte con lo que dije.

2 Roberto siempre piensa bien antes de actuar. Es muy _____.

3 Después de ir al dentista mis dientes están muy _____.

4 No obres precipitadamente; sé _____.

5 Si Chucho fuera más _____ en vez de ser tan egoísta, comprendería la situación por la que Julieta está pasando.

6 El área alrededor de la herida todavía está muy _____.

7-26 **¿A qué se refiere?** Identifica la palabra o expresión de **Trampas de la lengua** que describe tu profesor(a).

1 _____

2 _____

3 _____

4 _____

5 _____

6 _____

7 _____

Estructuras

Grammar Tutorials Grammar Videos

Tiempos pasados del subjuntivo

Repaso   Repasa las formas del presente perfecto del subjuntivo, el imperfecto del subjuntivo y el pluscuamperfecto del subjuntivo en el Apéndice C.

Presente perfecto del subjuntivo

- Para expresar dudas, emociones, incertidumbre, etcétera, en el presente sobre acciones que ocurrieron en el pasado usamos el presente perfecto del subjuntivo. Lo que la oración expresa es la duda del hablante en el momento presente sobre algo que ya ocurrió en el pasado.

presente
del indicativo
↓

presente perfecto
del subjuntivo
↓

Dudo que la operación ya **haya concluido**.
I doubt that the surgery has ended yet.

presente
del indicativo
↓

presente perfecto
del subjuntivo
↓

Es posible que Manuel **haya exagerado** sus síntomas.
It is possible that Manuel has exaggerated his symptoms.

Imperfecto del subjuntivo

- Para expresar emociones en el presente usamos el presente del subjuntivo. Si nos referimos a un deseo, emoción o duda que ocurrió en el pasado usamos el imperfecto del subjuntivo. Fíjate que en oraciones en que se emplea el imperfecto del subjuntivo ambas acciones se refieren al pasado.

Presente: **Espero** que tu madre **se mejore** pronto.
I hope your mother gets better soon.

Pasado: **Esperaba** que tu madre **mejorara**.
I was hoping that your mother would recover.

Presente: **Dudo** que la medicina la **cure**.
I doubt that the medicine will cure her.

Pasado: **Dudaba** que la medicina la **curara**.
I doubted that the medicine would cure her.
(I didn't think that the doctor would be able to cure her.)

Presente: No **hay** nadie que **sepa** de qué enfermedad padece.
There is no one who knows what illness she suffers from.

Pasado: No **había** nadie que **supiera** de qué enfermedad padecía.
There was no one who knew what illness she suffered from.

Pluscuamperfecto del subjuntivo

Pluscuamperfecto del subjuntivo

- Usamos el pluscuamperfecto del subjuntivo cuando el verbo de la cláusula principal está en el pasado y la acción a la que se refiere en la cláusula subordinada es anterior a ese momento pasado.

    Fue una pena que el médico no lo **hubiera visto** antes.
    *It **was** a shame that the doctor **hadn't seen** him earlier.*

    La enfermera me **quitó** el vendaje antes de que la herida **hubiera sanado**.
    *The nurse **removed** my bandage before the wound **had healed**.*

¡Recuerda!

En oraciones con **ojalá** el tiempo verbal en la oración subordinada puede variar de acuerdo al momento en que ocurrió la acción.

Con el presente del subjuntivo **ojalá** significa *I hope*.

¡Ojalá (que) Milagros nunca **se enferme!**   *I hope (that) Milagros never **gets** sick.*

Con los tiempos pasados del subjuntivo **ojalá** significa *I wish*.

¡Ojalá (que) Milagros nunca **se enfermara!**   *I wish Milagros **would** never **get sick**!*

¡Ojalá (que) Milagros nunca **se hubiera enfermado!**   *I wish Milagros **had** never **gotten sick**!*

Para resumir

Tiempo verbal en la cláusula principal	*Tiempo verbal en la cláusula subordinada*
presente del indicativo Julián y Domingo **esperan** *Julián and Domingo **hope***	presente del subjuntivo que su madre **mejore**. *that their mother **gets better**.*
presente del indicativo Julián y Domingo **esperan** *Julián and Domingo **hope***	presente perfecto del subjuntivo que su madre **haya mejorado**. *that their mother **has gotten better**.*
imperfecto del indicativo (un tiempo pasado) Julián y Domingo **esperaban** *Julián and Domingo **hoped***	imperfecto del subjuntivo que su madre **mejorara**. *that their mother **would get better**.*
imperfecto del indicativo (un tiempo pasado) Julián y Domingo **esperaban** *Julián and Domingo **hoped***	pluscuamperfecto del subjuntivo que su madre **hubiera mejorado**. *that their mother **would have gotten better**.*

- Otro uso muy común del imperfecto del subjuntivo es en oraciones condicionales que se refieren a situaciones que suponen una acción o circunstancia contraria a la realidad. Fíjate que en estas situaciones hipotéticas el imperfecto del subjuntivo se usa en combinación con el condicional.

    Si **fuera** necesario, **iría** al hospital ahora mismo.
    *If it **were** necessary, **I would go** to the hospital right now.*
    (En esta oración se entiende que no es necesario ir al hospital.)

    Harían más ejercicio si **tuvieran** más tiempo.
    ***They would exercise** more if they **had** more time.*
    (Se entiende que no tienen más tiempo.)

¡A practicar!

7-27 **¡Vamos al doctor!** Imagínense que van al doctor para el examen médico anual. El doctor les da algunos consejos y recomendaciones para conservar la buena salud. Escribe cinco oraciones con un(a) compañero(a) para expresar lo que dice el médico. Usen una gran variedad de expresiones y verbos, tales como **es necesario, dudo que, espero que** y **no hay nadie que**.

modelo **Es necesario que camine por media hora todos los días.**

7-28 **Déjame que te cuente.** Ya regresaron del consultorio del doctor. Ahora le están contando a su madre lo que les recomendó el doctor. Cambien al pasado las cinco oraciones que escribieron en 7–27.

modelo **El doctor nos dijo que era necesario que camináramos** por media hora todos los días.

7-29 **¡A hacer ejercicio!** Imagínate que eres un entrenador en un gimnasio. La semana pasada les diste a tus clientes una serie de instrucciones para mejorar su condición física. Primero, haz una lista de las instrucciones que les diste. Ahora te preguntas si habrán seguido tus consejos. Escribe cinco oraciones en las que indiques lo que esperas que haya sucedido.

modelo seguir la dieta → **Espero que Ernesto haya seguido la dieta.**

7-30 **Este niño nos ha defraudado.** Escribe un diálogo con un(a) compañero(a) en el que se imaginen ser los padres frustrados de un(a) hijo(a) que no ha seguido sus consejos sobre cómo tener una vida sana. Comiencen su diálogo, indicando todo lo que esperaban que su hijo(a) hiciera pero que no hizo.

modelo MADRE: **Esperaba que Manuel hubiera dejado de fumar en la universidad.**
PADRE: **Sí, es cierto. Yo también deseaba que no fumara más.**

7-31 **¡Si pudiera!** Completa las oraciones con el imperfecto del subjuntivo.

1 Iría contigo al gimnasio si _____.
2 Me acostaría más temprano si _____.
3 Comeríamos menos comida chatarra si _____.
4 Mi amigo dejaría de fumar si _____.
5 Mi madre se sentiría mejor si _____.
6 Los estudiantes dormirían más si _____.
7 Los pacientes irían al doctor más a menudo si _____.
8 Marta compraría comida orgánica si _____.

7-32 **¡Ojalá pudiera cambiar!** Desde que llegaste a la universidad has olvidado todos los buenos hábitos que habías tenido en la escuela secundaria. Has subido de peso, comes comida poco nutritiva y, por eso, no te sientes muy bien. Escribe cinco oraciones en las que digas lo que pasaría si no tuvieras esos malos hábitos.

modelos **Si hiciera más ejercicio, no me sentiría tan cansada.**
Rebajaría de peso más rápidamente si comiera menos dulces.

CULTURALES II

Antes de leer

El artículo "Nos vemos GORDAS", que se publicó en la revista española *Cambio 16*, relata la triste historia de varias muchachas que padecen de una de las enfermedades características de nuestra época. A pesar de que ha trascurrido bastante tiempo desde que se conoció esta enfermedad llamada anorexia, todavía hoy hay mucha gente joven que la padece.

7-33 **¿Cuánto sabes sobre los desórdenes alimentarios?**

Indica si las siguientes afirmaciones son verdaderas o falsas según tu conocimiento acerca de los desórdenes alimentarios. Después tu profesor(a) verificará las respuestas para saber cuán enterado(a) estás sobre estos problemas.

1 _____ El 50% de los que sufren de desórdenes alimentarios mueren, debido a su enfermedad.

2 _____ La anorexia y la bulimia son tan comunes en los hombres como en las mujeres.

3 _____ Aproximadamente el 80% de las mujeres de todas las edades desea perder peso.

4 _____ Los desórdenes alimentarios entre los adolescentes han disminuido en los últimos 10 años.

5 _____ El 50% de las adolescentes entre los 11 y 13 años cree que está sobrepeso.

6 _____ El 30% de los adolescentes que sufren de un desorden alimentario se lastima cortándose.

¡Conoce al autor!

JAVIER OLIVARES, periodista madrileño de 48 años, es el responsable de las publicaciones corporativas del grupo PRISA. Ha sido director de la revista 'On Madrid' y director adjunto de más de 20 diarios de toda España. El reportaje sobre la anorexia se publicó en 1994 en la revista 'Cambio 16', donde llegó a ser redactor jefe de Cultura y Sociedad.

Nos vemos GORDAS

Las gemelas Samantha y Michaela Kendall, de 26 años, se han hecho tristemente famosas en un minuto. En un escalofriante° reportaje, el 9 de mayo Samantha pedía ayuda en una televisión británica para luchar contra la anorexia: su hermana había muerto, y ella lucía en su cuerpo de adolescente tardía más aristas° que curvas. Una dramática competición que enfrentó a ambas ante el espejo hace 13 años había acabado con su lozanía° para siempre: hoy, Samantha pesa apenas 32 kilos.[1]

chilling

sharp edges

vigor

[1]Un kilo equivale a 2.2 libras.

Esta muchacha tal vez se considera gorda.
¿Cómo la ves tú?

Después de ver a Samantha, María José Campos no concilió bien el sueño. María José ha podido salir en la tele por méritos propios y en similares términos cualquier día de los últimos ocho años, los que ha convivido con la enfermedad, que redujeron su peso a la mínima expresión: en octubre pasado, la báscula° no llegaba a los 29 kilos.

Al comenzar Primero de BUP[2], en la frontera de la pubertad, dejaron de gustarle sus incipientes° formas de mujer. "Me veía como en los espejos de la feria, siempre gorda", recuerda. Empezó entonces una cruzada contra la báscula y contra su imagen [. . .] En la batalla valía todo: tretas° para engañar al médico ante la alarmante pérdida de peso ("no como porque me duele el estómago"), a su madre ("he picado algo en el instituto") y a ella misma: entraba de costado por las puertas porque "tenía la sensación de que no cabía de frente, me seguía viendo como una foca°, a pesar de que el peso disminuía".

Pronto, las amigas que le animaron en su decisión de dejar de comer, le fueron abandonando a la vez que ella se recluía° en su habitación. Pasaba la mayor parte del tiempo estudiando las tablas de calorías de los alimentos, y haciendo flexiones para perder peso. Apareció una repentina hiperactividad, una continua obsesión por ordenar el cuarto, y cómo no, por pesarse. Sólo salía para evacuar lo poco que ingería: consumía laxantes como si fuera agua.

El cuadro de antecedentes de María José no era, sin embargo, como el que predispone de forma habitual a la enfermedad: no tenía una madre preocupada por la silueta, ni sufría una gran presión familiar por mantener un *tipín*° apto para la gimnasia o la pasarela. La madre de las hermanas Kendall, por ejemplo, es una cantante de cabaret obsesionada por su imagen. María José era una chica modelo en la mesa, en el afecto, en el colegio y en el escritorio.

Por eso tardó en despertar sospechas en su madre, María Luisa: "Alguien la vio tirar una manzana que llevaba al colegio, y sospeché", recuerda. María José también atravesó fases de bulimia, enfermedad opuesta que lleva a arrasar con los víveres del frigorífico para después vomitar, por el inevitable sentimiento de culpa. Comenzó una guerra de espías similar a las que se libra en otros hogares con una enferma de estas características. Su madre rastreaba° entre sus libros en busca de bolsas o envases de refresco que sirvieran para esconder el vómito. Las macetas°, los zapatos, todo podría ser un recipiente improvisado.

[2]Bachillerato Unificado Polivalente, es similar a la *high school*.

scale

beginning

schemes

seal

secluded herself

type

spied

flower pots

Puso candados° en los muebles, en la nevera, en el baño, para evitar la ingestión desmesurada y el vómito furtivo.

locks

La pérdida de potasio y calcio por el vómito le ha dejado huella en la dentadura, que luce picada en ambas mandíbulas°. Perdió buena parte del pelo, y el cuerpo se le recubrió de un finísimo vello°, el lanugo, reacción natural del organismo ante la falta de calorías, que manifiesta una hipotermia del cuerpo.

jaws

body hair

El calvario[3]° pudo encontrar epitafio° el pasado mes de octubre, cuando dos tentativas de suicidio estuvieron a punto de acabar con su obsesión: "Me gustó mucho la sensación de paz que me produjo la primera vez, por eso recurrí de nuevo a las pastillas", recuerda.

suffering / epitaph

Hoy, María José sigue siendo menuda°, pero pesa 44 kilos gracias a la ayuda de un psicólogo clínico y de sucesivos ingresos en el Hospital de Móstoles (Madrid) y otro, decisivo, en el Hospital Psiquiátrico de Leganés. Estudia segundo de Derecho, tiene un "medio novio" con el que sale a cenar, un lujo que evitaba hace unos años por el mero hecho de no tomar algo.

small

—Ya no soy yo sólo lo que me importa. He recuperado el afecto de mis padres, a los que he hecho sufrir mucho, me preocupan los estudios y la comida no me obsesiona.

La anorexia nerviosa (o nerviosa) escapa al libreto de los especialistas en nutrición tradicionales. Es una enfermedad que comporta trastornos psicológicos e incluso psiquiátricos, como resume María José. Según algunas estimaciones, no oficiales por tratarse de una enfermedad furtiva°, el número de afectadas podría superar las 15.000. Otros hablan de dos de cada cien jóvenes. En Europa, la incidencia° de afectadas se ha duplicado en apenas dos lustros°.

clandestine

rate / five-year term

Algunos especialistas, como el doctor Santiago Martínez-Fornés, autor del libro *La obsesión por adelgazar* (Espasa Calpe), conocen la anorexia como la enfermedad de *la conducta a la contra*: "No quieren comer, no quieren asimilar lo que comen, no quieren crecer y desarrollarse (complejo de Peter Pan), rechazan la sexualidad y les horroriza complacer y complacerse", explica Martínez-Fornés.

La anoréxica siente un especial recelo en las relaciones con su padre, símbolo de la autoridad y el chequeo, según ella, a su delito. No se dejan tocar ni admiten ningún signo de afecto suyo: teme que descubran que sus michelines° hace tiempo que no existen.

love handles, spare tire (from Michelin tires)

Es una enfermedad nueva, casi anecdótica en los planes de estudios de los profesionales veteranos, como recuerda la doctora Ana Sastre, jefa de Nutrición del Hospital Ramón y Cajal, de Madrid. Los nutricionistas como ella no salen de su asombro ante la capacidad de adaptación del organismo a un régimen que, como mucho, ingresa 400 calorías diarias, cerca de los que los expertos consideran ayuno absoluto. "No hay una persona normal capaz de ingresar esa mínima cantidad de energía". [. . .]

A Gema Anes, de 17 años, no le gustaban sus piernas, algo gorditas para su estatura. Hace un año pactó con una amiga perder peso, y ha perdido algo más: la amiga, que en una sola visita a su abuela, en el pueblo, recuperó los diez kilos

[3]Calvario es una referencia bíblica al lugar donde sufrió Jesucristo en la cruz.

que había perdido, el COU[4], y el novio, al que dejó hace dos meses. "No quería a nadie, ni siquiera a mí. Me mantenía en mi burbuja°, no me importaba lo que dijera la gente", recuerda.

bubble

Gema, a base de renunciar al aceite, al pan, al arroz... se quedó en 37 kilos. Ahora, gracias a su madre, comienza a ver la luz. "Es una enfermedad en el que se enfrentan las dos partes de una doble personalidad: lucho por salir adelante, pero mi parte anoréxica se queja", cuenta Gema.

A lo largo de este año de huelga de hambre contra el hambre, Gema, como María José, se ha acostumbrado a comprarse la ropa en la sección de niños, una de sus obsesiones, ha dejado de tener la regla, desarreglo universal de las anoréxicas, y ha desestabilizado la economía familiar, pues, la asistencia del psicólogo clínico nunca baja de las 50.000 pesetas al mes, gasto al margen de la Seguridad Social.

María Luisa, la madre de María José, debió colocarse como asistente para poder pagar la asistencia de su hija. "Esto no es cosa de niñas consentidas, es un problema psicológico que no todo el mundo entiende", explica. El peligro psicológico se traduce en una tétrica° estadística física: el 10 por ciento de las enfermas fallece°.

gloomy

die

Aviso a las madres

Algunos padres de enfermas de la Asociación Sur de Madrid de Anorexia y Bulimia (ASMAB) dictan para esta revista el decálogo de alarma de los progenitores. Estas son las reglas básicas para controlar si su hija tiene la enfermedad.

Síntomas

1 Baja significativa de peso (más del 25 por ciento)
2 Descontento con el propio físico que se manifiesta en apatía: disforia de la adolescencia
3 Amenorrea (ausencia de menstruación) y estreñimiento°

constipation

4 Pelo quebradizo
5 Aparición de vello corporal parecido al lanugo infantil

Precauciones paternas

1 Controlar la alimentación
2 No hacer caso de excusas ante la negativa a comer
3 Mirar el interior de la boca: la enferma puede esconder laxantes o diuréticos
4 Registrar objetos personales: la acumulación de prendas íntimas (compresas° y tampones) es un síntoma de amenorrea

sanitary napkin

5 Acudir al médico de cabecera°

médico... *family doctor*

[4]El COU (Curso de Orientación Universitaria) era similar a la *high school,* pero para los estudiantes que querían ingresar a la universidad. Ya no existe este sistema educativo en España.

"Nos vemos gordas" by Javier Olivares, Cambio 16 magazine No: 1.177, 13 junio 1994. Used with permission.

Después de leer

7-34 **¿Y tú qué opinas?**

Comprensión Contesta las preguntas, de acuerdo con la información que aparece en la lectura.

1 ¿Qué hacía María José para ocultar su padecimiento?
2 ¿Cómo era su comportamiento cuando comenzó a padecer de anorexia?
3 ¿Qué efectos tuvo la anorexia en la salud?
4 ¿Por qué se llama la anorexia "la enfermedad de la conducta a la contra"?

Interpretación Contesta las preguntas, usando la información que aprendiste en la lectura y en cualquier otra fuente de información que tengas del tema.

5 ¿Qué relación tiene la anorexia con Peter Pan?
6 ¿Por qué las muchachas anoréxicas rechazan al padre?
7 ¿Qué otras medidas pueden tomar los padres y las escuelas para evitar la anorexia entre las adolescentes?
8 ¿Es la anorexia un padecimiento físico o psicológico? Explica tu respuesta.

Conversación En grupos de tres o cuatro, compartan sus impresiones sobre el artículo, contestando las siguientes preguntas.

9 ¿Qué otras consecuencias tiene la obsesión por el peso?
10 ¿Cómo influyen los medios de comunicación en la imagen que tenemos de nosotros mismos y nuestra autoestima?
11 ¿Qué consecuencias para la familia y la sociedad tiene la anorexia?
12 Fíjate bien en la lista de las precauciones que deben tomar los padres para detectar la anorexia. ¿Te parecen estas precauciones recomendables? ¿Qué otras precauciones deben tomar los padres?

- Reflexionar sobre lo que es cultura
- Valorar la diversidad cultural y el bilingüismo
- Apreciar diferentes perspectivas culturales

OBJETIVOS

- Cultura, diversidad, perspectiva, comunicación

TEMAS DE VOCABULARIO

- La distinción entre **derecho, derecha, correcto** y **tener razón**
- La distinción entre **posición, trabajo, puesto** y **empleo**
- Las preposiciones

ESTRUCTURAS

- ¿Qué es cultura?
- "La hispanidad norteamericana" de *El espejo enterrado* – Carlos Fuentes

LECTURAS CULTURALES

- El intercambio cultural
- Estudiar en el extranjero es como viajar a la luna

VIDEOS

Perspectivas culturales

CAPÍTULO 8

senderos

CULTURALES I

Antes de leer

Se habla mucho de la cultura de una sociedad pero es una palabra que aún los diccionarios más respetados tienden a definir de una manera imprecisa y limitada. En este último capítulo, consideraremos este término y su importancia en el contexto de las relaciones humanas. Ustedes tendrán la oportunidad de analizar qué se puede hacer para eliminar los obstáculos que separan unas culturas de otras.

8-1 **¿Qué es cultura?** Haz una lista de todos los componentes que crees que formen parte de la cultura; por ejemplo, el idioma. Guarda esta lista para compararla con la que hagas después de leer.

SENDEROS LÉXICOS I

abarcar *to embrace, to take in, to include*
ambos(as) *both*
amplio(a) *broad, wide*
dirigirse *to address oneself, to head in a particular direction*
eficazmente *effectively*

enriquecer *to enrich*
mayúsculo(a) *big, capital letter*
minúsculo(a) *small, lowercase letter*
pauta *standard, model*
trascender *to transcend, to penetrate*

8-2 **Cada oveja con su pareja** Busca el sinónimo.

1 _____ pauta
2 _____ ambos
3 _____ abarcar
4 _____ amplio
5 _____ eficazmente
6 _____ enriquecer
7 _____ dirigirse
8 _____ mayúsculo

a los dos
b incluir
c extenso
d modelo
e engrandecer
f encaminarse
g enorme
h eficientemente

8-3 **¿Qué palabras faltan?** Llena los espacios en blanco con la palabra apropiada de **Senderos léxicos I**. Haz todos los cambios que sean necesarios.

1 Aprender otro idioma _____ la vida.
2 Los hijos de la familia Hernández _____ a sus padres con la forma de usted.
3 La palabra cultura _____ una gran variedad de conceptos, tales como la comida, las costumbres y la manera de vestir.
4 Una persona muy culta tiene un conocimiento _____ de todas las ramas del saber.
5 Cuando una persona comprende la cultura de la otra, puede _____ las diferencias que existen entre ellas.
6 _____ personas en una relación tienen la responsabilidad de comunicarse respetuosamente.

¿Qué es cultura?

Cuando reflexionas sobre lo que significa cultura, ¿qué te viene a la mente? Quizás pienses en lo que se considera "sofisticado" — las grandes obras de arte, la música, la literatura, el baile clásico. Aunque estos forman parte de la cultura, una definición más amplia abarca no solo lo que se puede llamar Cultura con "C mayúscula", sino también el concepto que se
5 tiene de la educación, la manera de relacionarse con otros seres humanos, la importancia que se le da al trabajo, al tiempo libre, a los productos de una sociedad y, a un sinfín de otras manifestaciones humanas.

La comunicación: más que traducción

La verdadera comunicación no requiere solamente la habilidad de decir en otra lengua
10 lo que ya sabes decir en tu lengua materna. También se necesita entender y aplicar las normas de otra cultura para saber cuándo y a quién decirle algo. Por ejemplo, considera el uso de *tú* y *usted*. Una regla general con relación al uso de estos pronombres es que *tú* es informal y *usted* es formal. Aunque esa distinción pueda ayudar a tener una idea general sobre la diferencia entre estos, el uso de estos pronombres no es tan simple. ¿Sabías que
15 en muchas familias hispanas se usa *usted* como signo de respeto y cariño entre padres e hijos y también entre hermanos? Estas normas pueden variar de una familia a otra, de un grupo social a otro y de un país a otro. Los niños aprenden estas reglas desde la infancia por medio de la socialización. Solo estudiando la cultura se puede entender esta regla que refleja una forma de ser y de pensar de la gente hispana.

20 Otro concepto importante es el de connotación. Un buen diccionario es indispensable para traducir palabras de una lengua a otra. Sin embargo, es importante reconocer que la connotación de la palabra puede variar de una cultura a otra, aun cuando la traducción parezca ser muy fácil. La palabra *educación*, por ejemplo, se entiende en español de una manera más amplia que en inglés. La educación de una persona abarca no solo la
25 instrucción que recibe en la escuela, sino todo el proceso de enseñanza que recibe desde su nacimiento. Frecuentemente se usa con el sentido de *upbringing* en inglés. Por lo tanto, es común escuchar la palabra *maleducado* para describir a un individuo que no practica normas aceptables de cortesía.

La comunicación no verbal

30 La comunicación no verbal es otro aspecto que es necesario entender para funcionar eficazmente en otra cultura. A veces las diferencias dan por resultado malentendidos que se podrían evitar si uno comprendiera mejor las pautas del "otro". El norteamericano que se guía por las reglas inconscientes sobre el uso del espacio puede malinterpretar la cercanía física de los hispanos como un signo de agresión. De la misma manera, los
35 hispanos pueden pensar que los norteamericanos son fríos porque no se abrazan ni se besan al encontrarse con los amigos, como es la costumbre en las culturas hispanas.

El futuro está en tus manos

La necesidad de entendimiento mutuo entre las culturas hispanas y las de los Estados Unidos es cada vez más evidente. Hasta hace poco, el contacto entre estas culturas se limitaba a las zonas con una presencia latina significativa, tales como Florida, Nueva York y los estados del suroeste. Hoy en día, los hispanos constituyen el grupo minoritario más grande de los Estados Unidos y su presencia se hace patente en muchos otros estados y en muchos aspectos de la cultura norteamericana. Según el Censo de los Estados Unidos, representan más del 16 por ciento de la población total y se estima que para el año 2050, esta cifra habrá aumentado al 29 por ciento. Este cambio aumentará la diversidad de la sociedad norteamericana y creará nuevas oportunidades para enriquecer la vida de todos. No dudamos que tú, estudiante y amante del español y su cultura, ya reconoces los beneficios, tanto personales como prácticos, de ser bilingüe y bicultural. Esperamos que seas un agente importante en la construcción de diversas vías de comunicación entre ambas culturas.

Después de leer

8-4 Reconsidera Vuelve a mirar la lista de componentes culturales que hiciste antes de la lectura. ¿Qué otros aspectos incluirías ahora en una definición de cultura? Explica.

8-5 ¿Cómo lo explicarías? Define los siguientes términos con tus propias palabras.

1 Cultura con "C mayúscula"
2 socialización

3 comunicación no verbal
4 bicultural

8-6 ¿Cómo se relacionan? En grupos de tres o cuatro, escojan tres términos de la lista y escriban un pequeño párrafo, relacionando los términos.

modelo La **educación formal** que recibe una persona depende en gran parte de la **economía** del área escolar donde vive. En lugares donde los padres tienen **trabajos** mal remunerados, las escuelas no tienen los mismos recursos que las de un vecindario de gente adinerada.

la economía	el arte	el tiempo libre	la religión	la comida
la familia	el trabajo	el sistema político	la educación formal	

8-7 ¿Qué gestos se usan? Haz una investigación en el Internet o pregúntale a una persona de otra cultura sobre el uso de gestos para comunicar ideas y sentimientos; por ejemplo, gestos que se usan para decir "adiós", "cuidado", "espere un momento", "está bien/mal", "lo siento", "¿qué pasó?" o cualquier otro. Escribe una descripción de tus conclusiones o, si sabes dibujar, puedes ilustrar los gestos y su significado. Luego, comparte lo que aprendiste con tus compañeros.

modelo **Para decir *ven acá* en México se hace un gesto similar al que se usa en los EE.UU. para decir *hola*.**

8-8 **Charlemos** Contesten las siguientes preguntas en grupos de tres o cuatro estudiantes.

1 ¿Por qué no es suficiente saber que *Ud.* es para uso formal y *tú* es para uso informal?

2 ¿Cuál es la diferencia entre la definición y la connotación de una palabra?

3 ¿Por qué es importante entender las normas de la comunicación no verbal?

8-9 **Interpretación** Contesten las siguientes preguntas en los mismos grupos.

1 ¿Qué más es importante saber, además de la lengua, para entender a la gente de otra cultura?

2 ¿Alguna vez han experimentado algún conflicto con gente de otra cultura, debido a diferencias culturales? Expliquen las circunstancias.

3 Si uno no puede viajar a otro país para integrarse plenamente a otra cultura, ¿creen que uno puede llegar a ser bicultural? Expliquen.

8-10 **Cultura y sociedad** Hagan una lista de los cinco aspectos que mayor influencia tienen en el desarrollo de una sociedad. Organicen la lista en orden de importancia y expliquen sus razones para la selección. Comparen su lista con la de otros grupos.

_____

_____

_____

_____

_____

_____

¡Recuerda!

Hay una diferencia entre **mucho, muy** y **más.**

Mucho es un adjetivo para indicar cantidad. Debe concordar en número y género con el sustantivo que modifica.

Ha habido **muchos** cambios en la sociedad, debido a la tecnología.

Muy se usa como adverbio y, por lo tanto, modifica un adjetivo o un adverbio.

Es **muy** beneficioso estar al tanto de la tecnología actual.

Se usa **más** para la forma comparativa de un adjetivo. También se usa para comparar dos entidades.

Es **más fácil** localizar a la gente cuando se usa un celular.

Texas tiene **más** hispanohablantes **que** Virginia.

Para expresar la idea de *very*, se usa la forma superlativa del adjetivo; nunca se dice **muy muchos**.

Los Estados Unidos tiene **muchísimos** inmigrantes de países hispanos.

Se usa **más de** y **menos de** antes de una expresión numérica.

Hoy en día la población hispana en los EE.UU. es de **más de** 50 millones.

senderos
VISUALES

El intercambio cultural

Antes de ver el video

Cuando estudiamos otra lengua y otra cultura, solemos enfatizar lo que nos distingue del "otro". En este video, en cambio, recalcamos que todos los seres humanos tienen en común. También se consideran las razones por las que frecuentemente nos resistimos a los cambios que enfrentamos en una sociedad compuesta de gente de diversas culturas.

8-11 Prepárate Contesta las siguientes preguntas antes de ver y escuchar el video.

1 ¿Cuáles son algunas necesidades y deseos que todos los seres humanos tenemos en común?
2 ¿Por qué es común que los seres humanos tengan reacciones negativas ante los cambios?
3 ¿Qué pasos se pueden tomar para mejorar las relaciones entre las naciones del mundo?

SENDEROS LÉXICOS II

aportar *to bring, to contribute*

atemorizar *to terrify*

enfrentar *to face*

hacinamiento *overcrowding*

inquietud *concern*

preciso(a) *necessary*

reto *challenge*

saldo *balance, result*

similitud *similarity*

vivienda *housing*

8-12 Contextos Contesta las preguntas, incorporando las palabras en cursivas en tu respuesta.

1 ¿Qué *aportas* a la relación con tu mejor amigo(a)?
2 ¿Qué *retos* encuentras al aprender español?
3 ¿Qué *similitudes* existen entre tú y tus amigos?
4 ¿Qué *inquietudes* tienes sobre tu futuro?
5 ¿Qué decisión difícil tienes que *enfrentar* pronto?
6 ¿Qué tipo de *vivienda* prefieres?

8-13 Parejas disparejas Busca el antónimo.

1 _____ similitud
2 _____ atemorizar
3 _____ enfrentar
4 _____ inquietud
5 _____ preciso
6 _____ reto

a innecesario
b calma
c algo fácil
d diferencia
e tranquilizar
f ignorar

8-14 **¿Cuál es diferente?** Indica qué palabra del grupo no corresponde con las demás y explica por qué.

1 traer	aportar	quitar	contribuir
2 reto	desafío	provocación	acuerdo
3 aglomeración	orden	montones	hacimiento
4 falta	exceso	saldo	resto
5 importante	inútil	imprescindible	preciso
6 aterrorizar	atemorizar	asustar	tranquilizar
7 inquietud	alboroto	paz	desasosiego
8 diferencia	semejanza	similitud	igualdad
9 afrontar	enfrentar	encarar	ocultar
10 desamparo	alojamiento	casa	vivienda

Escenas del video

Conocer otras culturas es conocernos mejor.

La diversidad es riqueza.

En todas las culturas los niños son un elemento valioso.

Los cambios nos atemorizan porque a veces desconocemos sus consecuencias.

CAPÍTULO 8

Después de ver el video

8-15 **Exprésense**

Comprensión Contesta las siguientes preguntas.

1 ¿Cuáles son algunas de las imágenes en el video que demuestren las características que tienen en común los seres humanos?

2 ¿Qué elementos pudieron identificar en el video que faciliten o impidan la comunicación?

3 Se dice que el mundo se hace cada vez más pequeño. Expliquen este dicho con ejemplos del video.

Interpretación Contesten las siguientes preguntas en grupos de tres o cuatro estudiantes.

4 ¿Qué significa respetar las diferencias entre culturas? Es decir, ¿cómo se demuestra tal respeto?

5 En esta universidad, ¿hay organizaciones que promuevan buenas relaciones entre diferentes grupos étnicos o culturales? Expliquen qué hacen estas organizaciones.

6 ¿Creen que Uds. han creado un ambiente propicio para la comunicación entre los miembros del grupo en su clase de español? Citen ejemplos concretos para defender su respuesta.

Conversación Contesten las siguientes preguntas en grupos de tres o cuatro estudiantes.

7 ¿Cuál es la importancia de preservar las tradiciones y costumbres culturales de un país?

8 En un país multicultural, ¿es necesario que todos se asimilen a la cultura de la mayoría? Expliquen su respuesta.

9 ¿Cuáles son algunos de los cambios demográficos que han ocurrido en los EE.UU. en los últimos 20 años? ¿Qué implicaciones tienen estos cambios para el país?

¡Estudiar en el extranjero es como viajar a la luna!

© Heinle, Cengage Learning

Antes de ver el video

Luisa nació en los EE.UU. de padres guatemaltecos. En la universidad tuvo la oportunidad de estudiar por un semestre en Guatemala. Allí vivió experiencias inolvidables. Antes de escuchar sus anécdotas piensa en experiencias parecidas que hayas tenido.

¿Has viajado al extranjero?

8-16 **Reflexiones personales** Contesta las siguientes preguntas.

1 ¿Has viajado alguna vez? ¿Adónde? ¿Por cuánto tiempo? Si no, adónde querrías ir? ¿Por qué?

2 ¿Qué experiencias memorables tuviste en alguno de tus viajes?

3 ¿Qué valor tiene estudiar en el extranjero?

Y las imágenes, ¿qué dicen?

Hay un dicho que dice: "En la variedad está el placer". ¿Crees que el dicho se aplicaría también a la diversidad racial y cultural?

Después de ver el video

8-17 **¿Entendiste?** Vuelve a escuchar el video y llena los espacios en blanco, de acuerdo con lo que dice Luisa.

Mi **(1)** _____ estuvo **(2)** _____ de historias de Guatemala: su comida,

su música, **(3)** _____, todo. Sin embargo, yo nunca **(4)** _____ a visitar

este país del que **(5)** _____ oía. Les era **(6)** _____ para mis padres

(7) _____ del trabajo, **(8)** _____ el dinero **(9)** _____, y

(10) _____ tener que **(11)** _____ tres pequeños hijos para viajar.

(12) _____, nunca **(13)** _____ visitar Guatemala. Sin embargo, yo

(14) _____ en visitarlo **(15)** _____ veces.

8-18 **¿Te acuerdas qué dijo Luisa?**

Comprensión Contesta las siguientes preguntas.

1 ¿Cómo se conocieron los padres de Luisa?

2 ¿De qué oía hablar Luisa en su casa?

3 ¿Por qué Luisa no visitó Guatemala hasta que fue a la universidad?

4 ¿Qué carrera estudió Luisa en la universidad?

Interpretación Contesten las siguientes preguntas.

5 ¿De qué sentía nostalgia Luisa? ¿Crees que es posible sentir nostalgia por lo que no se conoce? Explica.

6 Si has estado en el extranjero explica en qué forma esa experiencia ha cambiado tu manera de ver las cosas. Si no, explica lo que querrías experimentar si fueras a otro país.

7 Luisa dice que al saber otro idioma "el universo se multiplica por diez". ¿Qué crees quiere decir ella con esto? ¿Estás de acuerdo? Explica.

8-19 **Para compartir** Escoge un país de habla hispana al que quieras visitar o hayas visitado. Escoge un aspecto del país que te atraiga más y haz una presentación en clase sobre ese aspecto.

8-20 **Presentación oral** Escojan uno de los temas y completen las actividades que correspondan.

1 ¡Qué curiosa es nuestra cultura! Cuando uno vive o viaja a otro país a veces las costumbres de ese país le resultan desconocidas o, a veces, extrañas. Aunque no lo hayas considerado antes, este fenómeno también les ocurre a los que vienen a nuestro país a vivir.

Paso 1 En grupos de tres o cuatro estudiantes, imagínense que hay un(a) estudiante de los EE.UU. que está pasando un semestre en un país hispanohablante o que un(a) estudiante de otro país está pasando un semestre en su universidad. Decidan en qué país está el estudiante americano, o de qué país es el estudiante extranjero en su universidad, y cuál es la diferencia cultural que quisieran ilustrar.

Paso 2 Escriban un mini drama en el que el (la) estudiante se encuentre en una situación desconocida. En el caso de un estudiante que está pasando el semestre en su universidad, Uds. tendrán que ponerse en su lugar y pensar en costumbres propias que crean que les podrían parecer "extrañas" a otros. Demuestren con el diálogo algún mal entendido que resulte de la falta de comprensión de una diferencia cultural. Traten de incorporar los temas que han discutido en el transcurso de esta clase. Presenten el mini drama en clase.

2 Hagamos conexiones con nuestra comunidad. Es importante conocer a los miembros de la comunidad hispana, no solo a los que viven en países hispanos, sino también a los que viven entre nosotros.

Paso 1 Entrevista a alguna persona de un país hispano que ahora viva en los EE.UU. Pídele que te cuente alguna experiencia que haya tenido que se relacione con una diferencia cultural entre este país y su lugar de origen. Si tienes su permiso, graba la conversación para que puedas referirte a sus respuestas más tarde.

Paso 2 Organiza la información que te dio la persona que entrevistaste y prepara una presentación sobre la experiencia que te contó. Incluye, también, otros detalles que consideres interesantes sobre su lugar de origen. Presenta tus conclusiones en clase.

8-21 **¡Y ahora a escribir!** Escoge uno de los siguientes temas para escribir una composición.

1 El papel de la lengua en una sociedad El movimiento "Solo inglés" *(English only)* en los Estados Unidos ha generado mucho debate acalorado. Es probable que hayas discutido este tema en alguna ocasión. Ahora te toca investigarlo y decidir qué opinas al respecto. Mantén una actitud abierta al debate, aunque ya tengas una opinión. Busca información sobre los diferentes puntos de vista con respecto a este movimiento.

Toma en cuenta la perspectiva política de los que apoyan el uso de solo inglés y los que promueven el uso de dos lenguas o más.

Usa las preguntas en el Apéndice A para dirigir el proceso de redacción de la composición.

2 **El pluralismo** El concepto del pluralismo no es único a los Estados Unidos. Existe una gran diversidad de culturas en muchas naciones del mundo y cada país enfrenta esta situación de una manera distinta. Busca información sobre la experiencia de algún otro país en que viva gente de muchas culturas. Compara y contrasta esa experiencia con la de los EE.UU.

Usa las preguntas en el Apéndice A para dirigir el proceso de redacción de la composición.

3 **Ser forastero** El conflicto interior de Sergio, el protagonista de *Memorias del subdesarrollo*, proviene de su inabilidad a integrarse en la sociedad cubana y de tomar parte en la revolución. Aunque critica a su familia y a sus amigos por salir de Cuba, él es incapaz de superar su sentido de alienación y se encuentra como forastero en su propio país. Un forastero es alguien que viene de fuera del lugar o de la comunidad en donde se encuentra.

Memorias del subdesarrollo, dirección de Tomás Gutiérrez Alea, Cuba, 1968

Paso 1 Asegúrate de que la composición no sea un resumen de la película. Piensa en la situación en la que se encuentra Sergio y en su manera de responder ante ella. Apunta las ideas que quieras incluir en la composición en los siguientes puntos:

- ¿Cuál es el contexto histórico de la película?
- ¿Qué perspectiva tiene Sergio de lo que ocurre en Cuba?
- ¿Qué obstáculos personales enfrenta?
- ¿Por qué se siente como forastero en su propio país?
- ¿Qué hace para superar sus problemas?

Paso 2 Prepara el borrador de tu composición, incorporando la información que has apuntado en el Paso 1.

Introducción: Presenta a Sergio como personaje principal de la película y la situación en la que se encuentra.

Desarrollo del tema: Escribe sobre la situación de Sergio y las decisiones que tomó para intentar resolverla. Asegúrate de incluir en esta discusión el papel de las mujeres en su vida y el concepto de alienación.

Conclusión: Escribe una conclusión en la que tomes en cuenta la situación de Sergio en su contexto, tanto personal como general.

Paso 3 Usa las preguntas en el Apéndice A para dirigir el proceso de redacción de la composición.

 Buenos días, América (álbum: *Cancionero*) de Pablo Milanés (Cuba)

LINGÜÍSTICOS

Right

a **derecho** *right, law, straight*

No tienes el **derecho** de tratarlo así.
*You have no **right** to treat him that way.*

Isabel estudia **derecho** en la universidad.
*Isabel studies **law** at the university.*

Sigue **derecho** y luego dobla a la izquierda en la Avenida San Martín.
*Continue **straight** and then turn left at San Martín Avenue.*

b **derecho(a)** *right*

¿Pateas con el pie **derecho**?
*Do you kick with your **right** foot?*

Sí, y también escribo con la mano **derecha**.
*Yes, and I also write with my **right** hand.*

c **correcto(a)** *correct, right*

¿Quién sabe la respuesta **correcta**?
*Who knows the **right** answer?*

d **razón, tener razón** *reason, to be right*

¿Por qué **razón** te opusiste a esa decisión?
*What was your **reason** for opposing that decision?*

Creo que **tienes razón** cuando dices que el problema es muy complejo.
*I think you're **right** when you say that the problem is very complex.*

8-22 ¿Sabes la palabra correcta? Usa la palabra o expresión que signifiquen *right* para corregir la información indicada en las palabras en letra cursiva. Haz los cambios necesarios.

1 Mi prima es la que está a la *izquierda*.
2 ¿Dices que México es parte de Norte América? *Estás equivocado.*
3 Cuando termine de trabajar voy *a hacer varias paradas antes de ir* a mi casa.
4 He corroborado que los hechos son *equivocados*.
5 Si quieres ser abogado, necesitas estudiar *medicina*.
6 La Organización de las Naciones Unidos ha escrito un documento sobre *las obligaciones* de los indígenas.

Position

a   **posición** *position, stand*

> Me puso en una **posición** difícil.
> *She put me in a difficult **position**.*

> ¿Cuál es tu **posición** con respecto a la educación bilingüe?
> *What is your **position** (stand) on bilingual education?*

> Es difícil estar en esta **posición** por mucho tiempo.
> *It's difficult to be in this **position** for a long time.*

b   **trabajo** *work, job, academic paper or study*

> Todavía nos falta mucho **trabajo** por hacer.
> *We still have a lot of **work** left to do.*

> Esteban no tiene **trabajo** (empleo).
> *Esteban does not have a **job**.*

> Hicimos un **trabajo** (informe) sobre la inmigración.
> *We did a **paper** on immigration.*

c   **puesto** *position (connotes a good job)*

> Espero que encuentres un **puesto** con una buena compañía.
> *I hope you find a **position** with a good company.*

d   **empleo** *employment*

> Él sabe que no puede esperar un puesto bien pagado; solo necesita **empleo**.
> *He knows he cannot expect a well-paying position; he just needs **employment** (a job).*

8-23 **¿Cuál es tu posición?** Contesta las preguntas, incorporando la palabra apropiada que exprese *position*, en tu respuesta.

1   ¿Qué tipo de trabajo esperas conseguir después de graduarte?
2   ¿Qué piensas sobre la idea de construir una pared más alta entre México y los Estados Unidos?
3   ¿Por qué no puedes mirar una película esta noche?
4   ¿Qué desea la mayor parte de la gente indocumentada que cruza las fronteras?
5   ¿Has escrito alguna vez un informe para una clase de español?
6   ¿Por qué te duele el cuello *(neck)*?

Estructuras

Preposiciones

- Las preposiciones y frases preposicionales sirven para enlazar el sustantivo o su equivalente con algún elemento de la oración.

Los estudiantes viajaron **con** su profesora.	*The students traveled **with** their professor.*
Ella se fue **sin** decir ni una palabra.	*She left **without** saying a word.*
Dejé las llaves **encima** del escritorio.	*I left the keys **on top of** the desk.*

- Aunque cada preposición expresa una relación, es en el contexto de una oración que el significado adquiere un sentido claro. Piensa, por ejemplo, en la preposición, **de**. ¿Qué significa? Como se puede notar en los siguientes ejemplos, la respuesta a esa pregunta depende del contexto de la oración.

El señor Espinosa es **de** Venezuela. (su lugar de origen)

Este libro es **de** mi papá. (pertenece a él)

Vamos al café **de** la esquina. (indica el lugar)

Los suéteres **de** alpaca son hermosos. (el material)

Nos conocimos en la clase **de** español. (forma parte de la frase preposicional)

La muchacha **de** ojos azules es mi hermana. (forma parte de la descripción)

Muchos estudiantes trabajan **de** meseros en el verano. (la función)

Tomamos una botella **de** vino. (el contenido)

Leí un artículo **de** la situación en la frontera. (el tema)

En este capítulo hay una lectura **de** Carlos Fuentes. (el autor)

Tengo todas mis clases **de** día. (tiempo en el que sucede)

- Hay muchas expresiones que se combinan con otras preposiciones u otros elementos para formar expresiones preposicionales.

Expresiones con *a*

a causa de *because of (+ noun)*	**al final** *in the end*	**a menudo** *often*
a eso de *at around (used with time)*	**al principio** *in the beginning*	**a pesar de** *in spite of*
a fondo *in depth*	**a lo mejor** *maybe*	**a tiempo** *on time*
a la vez *at the same time*	**a mano** *by hand*	**a veces** *sometimes*

Expresiones con *con*

con razón *no wonder*	**con tal de que** *as long as, proved that*
con respecto a *with respect to, with regard to*	**con todo** *nevertheless, in spite of everything*

Expresiones con *de*

de modo que *so that*

de nuevo *again*

de repente *suddenly*

de veras *really*

de vez en cuando *once in a while*

Expresiones con *en*

en cambio *however*

en cuanto *as soon as*

enfrente de *in front of*

en seguida *right away*

en vez de *instead of*

Expresiones con *para*

no es para tanto *it's not such a big deal*	**para siempre** *forever*

Expresiones con *por*

por eso *therefore; that is why*	**por otro lado** *on the other hand*
por fin *finally*	**por otra parte** *on the other hand*
por lo general *usually*	**por poco**[1] *almost*
por lo menos *at least*	**por supuesto** *of course*

▪ Después de una preposición se usa el infinitivo.

Llámame antes **de salir.**
Call me **before leaving.**

Gracias **por decirme** la verdad.
Thank you **for telling me** *the truth.*

▪ Hay ciertos verbos que se combinan con preposiciones determinadas. La tabla que sigue resume algunos de los verbos más comunes con las preposiciones que llevan.

a	con	de	en	por
acostumbrarse	casarse	acabar	basarse	disculparse
adaptarse	chocar	acordarse	confiar	esforzarse
animarse	contar	alegrarse	consentir	optar
aprender	cumplir	aprovecharse	consistir	preguntar
asistir	encontrarse	arrepentirse	convenir	preocuparse
atreverse	enfrentarse	avergonzarse	entrar	quedar
ayudar	enojarse	burlarse	especializarse	tomar
comenzar	meterse	darse cuenta	fijarse	
dedicarse	soñar	dejar	influir	
empezar		depender	interesarse	
detenerse		despedirse	insistir	
enseñar		disfrutar	pensar	
invitar		divorciarse	tardar	
negarse		enamorarse		
parecerse		enterarse		
ponerse		olvidarse		
resignarse		pensar (opinión)		
volver		quejarse		
		reírse		
		terminar		
		tratar		

[1]**Por poco** is used before a verb in the present tense to indicate an action that almost happened: **Por poco pierden el tren**. *They almost missed the train.*

¡A practicar!

8-24 **¿De veras?** Usa una de las expresiones con una preposición en lugar de las palabras en letra *cursiva*.

1 *Finalmente* lograron comunicarse.

2 *Quizás* ellos no quieran discutir el asunto.

3 Nos falta *un mínimo de* una hora para terminar.

4 *Casi* me caigo por la escalera.

5 *En ocasiones* no queremos pensar en temas serios.

6 Algunos no dicen lo que piensan *debido al* miedo.

7 Los inmigrantes *generalmente* prefieren vivir en comunidades con gente del mismo origen.

8 Muchos cubanos dejaron su tierra *permanentemente*.

8-25 **Dilo de otra manera.** Reemplaza las palabras en letra cursiva con uno de los verbos que aparecen en la tabla de verbos usados con preposiciones. Haz los cambios necesarios.

modelo *Intento* no formar estereotipos de la gente.
        Trato de no formar estereotipos de la gente.

1 *Les dije adiós a* mis padres.

2 Susana *es muy parecida a* su hermana.

3 *Estamos muy contentos de* estar aquí.

4 Si no te contesta, *pregúntale otra vez*.

5 Ese mentiroso nunca *hace* lo que promete.

6 Los invitamos a la fiesta, pero *decidieron* quedarse en casa.

7 No *recordé* su cumpleaños.

8 Los buenos estudiantes *van a* todas las clases.

8-26 **¿Qué piensas?** Contesta las preguntas, incorporando el verbo en letra cursiva. No te olvides de incluir la preposición correcta.

modelo ¿Por qué está molesta Isabel? *(burlarse)*
        Su novio se burló de su corte de pelo.

1 ¿Qué quieren muchos inmigrantes en los EE.UU.? *(soñar)*

2 ¿Cuál ha sido la experiencia de algunos inmigrantes? *(adaptarse)*

3 ¿Cómo reaccionan algunos ciudadanos cuando piensan que los inmigrantes les quitan el empleo? *(quejarse)*

4 ¿Por qué algunos inmigrantes no quieren hablar inglés con los norteamericanos? *(avergonzarse)*

5 ¿Cómo forman muchas personas sus opiniones sobre otra gente? *(basarse)*

6 ¿Por qué algunas personas no participan en el proceso político del país? *(interesarse)*

8-27 **¡Me dejó plantada!** Completa el párrafo usando **a, de, en, por, para**, o **X** si no se necesita una preposición.

Cuando termine el verano, pienso **(1)** _____ viajar a México **(2)** _____ dos o tres semanas. Lo hago **(3)** _____ descansar de todo el trabajo que he tenido en mi empleo y también porque estoy tratando **(4)** _____ olvidar que mi prometido se enamoró **(5)** _____ otra mujer y me abandonó justo cuando íbamos **(6)** _____ casarnos. **(7)** _____ él, todo fue tan simple como decir "lo siento" pero esto no va a quedarse así. Cuando llegue a Cancún me quedaré **(8)** _____ un hotel muy lujoso, gastaré mucho dinero y usaré la tarjeta de crédito de mi ex novio **(9)** _____ pagar mis cuentas. Después de todo, él trabaja **(10)** _____ una compañía multinacional y ese dinero no le hará falta.

8-28 **Los gestos** Completa el párrafo, usando las preposiciones **con, en, para, por** o **de**, según el contexto.

Hace unos días conversaba **(1)** _____ unas amigas sobre los gestos que usan los hispanos, **(2)** _____ contraste **(3)** _____ los que usan los norteamericanos. Una de ellas se reía mucho recordando que **(4)** _____ Costa Rica **(5)** _____ pedirle a alguien que se acerque se hace un gesto **(6)** _____ la palma de la mano hacia abajo. **(7)** _____ expresar lo mismo, los estadounidenses ponen la palma **(8)** _____ la mano hacia arriba. Por eso nadie le hacía caso cuando ella le pedía que se acercara. La forma **(9)** _____ que nos saludamos y nos despedimos también puede ser diferente. **(10)** _____ los países hispanoamericanos las amigas se saludan **(11)** _____ un beso, nunca dos, como **(12)** _____ España. No es común que las mujeres se saluden dándose la mano. También es muy común saludarse **(13)** _____ un abrazo. **(14)** _____ supuesto que en los Estados Unidos los amigos también se saludan así.

8-29 **Estudios en el extranjero** Completa el párrafo con las preposiciones **en, de, con, para, a** y **por**.

Me gustaría estudiar **(1)** _____ el extranjero. Siempre he creído que es la mejor forma de aprender otro idioma. No es que las clases **(2)** _____ la universidad **(3)** _____ donde estudio sean flojas, sino que es imprescindible estar **(4)** _____ contacto diario **(5)** _____ la cultura y el idioma **(6)** _____ aprenderlo realmente. Voy **(7)** _____ comenzar **(8)** _____ hacer los planes **(9)** _____ mi viaje. Tendré que trabajar mucho antes **(10)** _____ irme **(11)** _____ ahorrar mucho dinero. Sé que en el extranjero no podré trabajar. Mi madre está un poco nerviosa **(12)** _____ mis planes. Piensa que no me acostumbraré a estar **(13)** _____ tanto tiempo fuera de casa. Yo estoy tratando **(14)** _____ convencerla **(15)** _____ que todo saldrá bien.

CULTURALES II

La cultura hispana ha estado profundamente arraigada en el continente norteamericano desde hace más de cinco siglos. Seguramente ya sabes que una gran parte de lo que ahora pertenece a los Estados Unidos, antes formaba parte del imperio español y más tarde, después de que México consiguió su independencia de España en 1821, vino a formar parte de este país hispanohablante. Como resultado de la guerra entre los Estados Unidos y México en 1848, los Estados Unidos ganaron 500.000 millas cuadradas de territorio mexicano. Carlos Fuentes, en su libro *El espejo enterrado*, detalla las raíces históricas de la presencia hispana en los Estados Unidos. La lectura que sigue, un breve fragmento del último capítulo de dicho libro, hace hincapié en la importancia de mutua comprensión y respeto entre México y los Estados Unidos y en la necesidad de comprender que nuestra manera de entender el mundo no es la única y que la perspectiva contraria puede ser tan valiosa como la nuestra.

8-30 Nuestra tendencia es aplicar las estructuras mentales que nos son conocidas para juzgar y entender lo nuevo. Pero, es necesario que nos detengamos un poco antes de hacer esto. Así como hay varias perspectivas al considerar estas imágenes, también las hay cuando consideramos diferentes prácticas en otras culturas.

Considera los siguientes mapas. ¿Qué te parecen? De seguro estás acostumbrado a ver el mapa del mundo como se ve en el mapa 1. ¿Qué se encuentra en el centro de este mapa? ¿Qué países se encuentran en el occidente y cuáles en el oriente?

Steve Hamblin/Alamy

Mapamundi #1

Mira ahora el mapa 2. ¿Cómo ha cambiado la perspectiva? ¿Qué reacción tienes ante este mapa? Explica lo que piensas y sientes.

Mapamundi #2

¿Cómo cambia tu perspectiva? Estás observando lo que se conoce como el mapamundi japonés. ¿Qué océano se encuentra en el centro del mapa? ¿Qué países están en el occidente y cuáles en el oriente? Como puedes apreciar, la perspectiva puede cambiar por completo la interpretación que tenemos de las cosas.

¡Conoce al autor!

CARLOS FUENTES (1928–), hijo de padres mexicanos, nació en 1928 en Ciudad de Panamá, Panamá, donde su padre ocupaba un puesto diplomático. Pasó gran parte de su niñez en Washington, D.C., y en Suiza y luego regresó a México durante los años de su adolescencia. Desde su primera novela, *La región más transparente*, publicada en 1959, ha sido uno de los autores más prolíficos de Latinoamérica. No solo escribe novelas, sino también crónicas, ensayos y guiones cinematográficos y teatrales. La lectura a continuación proviene de *El espejo enterrado*.

La hispanidad norteamericana

En el corazón de Nueva Inglaterra, el artista mexicano José Clemente Orozco pintó un extraordinario retrato de las dos culturas del Nuevo Mundo, Angloamérica e Iberoamérica, en la Biblioteca Baker del Dartmouth College. Las dos culturas coexisten, pero se cuestionan y se critican, en asuntos tan definitivos para la personalidad cultural como la religión, la muerte, la horizontalidad o verticalidad de sus estructuras políticas, y hasta su respectiva capacidad de derroche y de ahorro.

Pero el hecho es que ambas culturas poseen infinitos problemas internos así como problemas que comparten, que exigen cooperación y comprensión en un contexto mundial nuevo e inédito°. Los angloamericanos y los iberoamericanos nos reconocemos cada vez más en desafíos como las drogas, el crimen, el medio ambiente y el desamparo° urbano. Pero así como la sociedad civil anteriormente homogénea de los Estados Unidos se enfrenta a la inmigración de los inmensamente heterogéneos (la nueva inmigración hispánica y asiática), los iberoamericanos vemos los espacios anteriormente homogéneos del poder religioso, militar y político invadidos por la heterogeneidad de las nuevas masas urbanas. ¿Es posible que América Latina y los Estados Unidos acaben por comprenderse más en la crisis que en la prosperidad, más en la complejidad compartida de los nuevos problemas urbanos y ecológicos, que en la antigua pugna° ideológica determinada por la estrechez estéril de la guerra fría?

En todo caso, Angloamérica e Iberoamérica participan en un movimiento común que se mueve en todas las direcciones y en el que todos terminamos por darnos algo a nosotros mismos y a la otra parte. Los Estados Unidos llevan a la América Latina su propia cultura, la influencia de su cine, su música, sus libros, sus ideas, su periodismo, su política y su lenguaje. Ello no nos asusta en Latinoamérica, porque sentimos que nuestra propia cultura posee la fuerza suficiente y que, en efecto, la enchilada puede coexistir con la hamburguesa, aunque aquélla, para nosotros, sea definitivamente superior. El hecho es que las culturas sólo florecen en contacto con las demás, y perecen° en el aislamiento.

Pero la cultura de la América española, moviéndose hacia el norte, también porta sus propios regalos. Cuando se les interroga, tanto los nuevos inmigrantes como las familias largo tiempo establecidas, le dan especial valor a la religión, y no sólo al catolicismo, sino a algo semejante a un hondo sentido de lo sagrado, un reconocimiento de que el mundo es sagrado: ésta es la más vieja y profunda certeza del mundo indígena de las Américas. Pero se trata también de una sacralidad sensual y táctil, producto de la civilización mediterránea en su encuentro con el mundo indígena del hemisferio occidental. Los hispánicos hablan de otro valor que es el del respeto, el cuidado y la reverencia debidos a los viejos, el respeto hacia la experiencia y la continuidad, más que el asombro ante el cambio y la novedad. Y este respeto no se constriñe° al hecho de la edad avanzada, sino que se refiere al carácter básicamente oral de la cultura hispánica, una cultura en la cual los viejos son los que recuerdan las historias, los que poseen el don de la memoria. Se puede decir que cada vez que mueren un hombre o una mujer viejos en el mundo hispánico, toda una biblioteca muere con ellos.

Este valor está íntimamente ligado al de la familia, el compromiso familiar, la lucha para mantenerla unida, a fin de evitar la pobreza, y aun cuando no se la venza, para evitar una pobreza solitaria. La familia vista como hogar, calidez primaria. La familia vista casi como un partido político, el parlamento del microcosmos social, red de seguridad en tiempos difíciles. Pero, ¿cuándo no han sido difíciles los tiempos? La vieja filosofía estoica de la Iberia romana persiste de manera profunda en el alma hispánica.

unknown

abandonment

conflict

die

restricted to

¿Qué traen los iberoamericanos a los Estados Unidos, qué les gustaría
retener? Nuevamente, las encuestas nos indican que les gustaría retener su
55   lengua, la lengua castellana. Pero otros insisten: olviden la lengua, intégrense
en la lengua inglesa dominante. Otros argumentan: el español es útil sólo
para aprender el inglés y unirse a la mayoría. Y otros, más y más, empiezan a
entender que hablar más de un idioma no daña a nadie. Hay calcomanías° en   *bumper stickers*
los automóviles en Texas: "El monolingüismo es una enfermedad curable". Pero,
60   ¿es el monolingüismo factor de unidad, y el bilingüismo factor de disrupción?
¿O es el monolingüismo estéril y el bilingüismo fértil? El decreto del estado de
California declarando que el inglés es la lengua oficial sólo demuestra una cosa:
el inglés ya no es la lengua oficial de estado de California.

    El multilingüismo aparece entonces como el anuncio de un mundo
65   multicultural, del cual la propia ciudad de Los Ángeles en California es el
principal ejemplo mundial. Una Bizancio[1] moderna, la ciudad de Los Ángeles
recibe todos los días, le guste o no, las lenguas, las cocinas, las costumbres, no
sólo de los hispanoamericanos, sino de los vietnamitas, los coreanos, los chinos
y los japoneses. Tal es el precio, o más bien el regalo, de un mundo basado en la
70   interdependencia económica y la comunicación instantánea.

    De esta manera, el dilema cultural norteamericano de ascendencia mexicana,
cubana o puertorriqueña, se universaliza: ¿Integrarse o no? ¿Mantener la
personalidad propia, enriqueciendo la diversidad de la sociedad norteamericana?
¿O extinguirse en el anonimato de lo que es, después de todo, un crisol°   *melting pot*
75   inexistente? ¿Derretirse° o no derretirse? Bueno, quizás la cuestión una vez más   *To melt*
es, ¿ser o no ser? Ser con otros o ser solo; y cultural, así como humanamente, el
aislamiento significa la muerte y el encuentro significa el nacimiento e, incluso, a
veces, el Renacimiento.

Carlos Fuentes. Excerpt from EL ESPEJO ENTERRADO © Carlos Fuentes, 1992. Used with permission.

Después de leer

8-31 ¿Y tú, qué opinas?

Comprensión Contesta las siguientes preguntas.

1 ¿Cuáles son algunos de los problemas que los hispanoamericanos y los
norteamericanos comparten? ¿Crees que estos sean iguales ahora que en 1992
cuando se publicó *El espejo enterrado*?

2 ¿Qué otras características culturales agregarías a la lista, además de las que
incluyó Fuentes de esta lectura?

3 Comenta sobre la perspectiva cultural que exhibe Fuentes en esta lectura. ¿Crees
que un autor estadounidense expresaría las características culturales de las
respectivas culturas de una manera distinta? Explica.

[1]**Bizancio** *(Byzantine) refers to the Byzantine Empire whose capital was Constantinople.
Today, this is Istanbul, an important city in Turkey.*

Interpretación Contesta las siguientes preguntas.

4 ¿Crees que los valores que menciona Fuentes como básicos de la cultura hispana sean diferentes de los valores de la cultura anglosajona? Explica.

5 Explica el sentido de la declaración, "El monolingüismo es una enfermedad curable". ¿Por qué se usa la palabra, *enfermedad*?

6 Compara el concepto de familia en la lectura de Fuentes con lo que estudiaste en el capítulo 2. ¿Crees que las ideas de esta lectura apoyan o van en contra de lo que has estudiado anteriormente?

Conversación Contesten las siguientes preguntas en grupos de tres o cuatro estudiantes.

7 Fuentes sugiere que el contacto entre las culturas es una experiencia que las enriquece. Expliquen cómo la cultura de este país se ha enriquecido por tal contacto.

8 ¿Qué opinan de la idea de hacer el inglés la lengua oficial de los EE.UU.?

9 ¿Creen que los Estados Unidos es un crisol? Si no, ¿qué otra metáfora usarían para describir la mezcla de culturas en los EE.UU.?

APÉNDICE A
Para revisar tu composición

Usa las siguientes preguntas para revisar tu composición.

- ¿He presentado el tema claramente en el primer párrafo para que el lector comprenda de qué se trata mi composición? ¿He incluido un título que refleje el tema?

- ¿Cuál es el propósito de mi composición? (informar, comparar, convencer sobre un punto de vista, narrar una historia, etc.) ¿Está clara la idea principal que quiero comunicar al lector en esta composición? ¿Está expresada claramente la idea principal de la composición?

- ¿He incluido suficiente información y detalles sobre el tema para ilustrar los puntos principales que menciono en la introducción? ¿Cada detalle contribuye a lograr mi propósito o he incluido información innecesaria?

- ¿Qué preguntas puedo anticipar del lector? ¿Las he contestado en la composición?

- ¿He desarrollado mis ideas lógica y organizadamente?

- ¿Tengo una conclusión breve, precisa y lógica que subraye el punto principal que desarrollé en la composición?

- ¿El vocabulario que utilizo es claro y preciso? ¿He evitado traducciones literales del inglés?

- ¿He revisado la ortografía y la gramática?

Si tu profesor(a) lo permite, usa el corrector ortográfico *(spell check)* para asegurarte de que no hayas cometido errores. Consulta el diccionario para aclarar tus dudas y corregir errores. Si tu profesor(a) te ha dado una guía para corregir errores, úsala para seguir este proceso.

APÉNDICE B

Portafolio

¡Conozcamos a nuestros vecinos hispanos!

Los estudiantes escogerán a una persona hispana de la comunidad con la que se reunirán varias veces durante el semestre para conversar. Todas las entrevistas deben llevarse a cabo en español. La persona escogida debe hablar español y haberse criado en un país de habla hispana. Los estudiantes guardarán todas las actividades relacionadas con el portafolio en un cartapacio que entregarán al/a la profesor(a) al final del semestre.

Los objetivos del portafolio son:

- tener la oportunidad de practicar la lengua fuera del aula
- aprender de primera mano algo sobre la cultura hispana
- establecer una relación con un miembro de la comunidad hispana
- entender mejor la experiencia por la que pasan los inmigrantes

Tarea para el capítulo 1

Los estudiantes identificarán a un miembro de la comunidad hispana con el que piensan trabajar y se asegurán de que la persona esté disponible para el proyecto del portafolio. Los estudiantes averiguarán los siguientes datos sobre la persona y los traerán por escrito a clase en la fecha que determine el/la profesor(a):

- nombre
- país de origen
- ocupación
- miembros de su familia
- años que lleva en los EE.UU.
- razón por la que vino a los EE.UU.
- lugares en los que ha vivido en los EE.UU. antes del lugar actual

Los estudiantes harán una presentación breve acerca de la información que han recopilado.

Mientras un(a) estudiante hace su informe los demás estudiantes irán anotando la información en el siguiente cuadro que será preparado de antemano por el/la profesor(a). Cada estudiante recibirá una copia del cuadro.

nombre del estudiante	nombre del/de la entrevistado(a)	país	ocupación	familia	años en EE. UU.	razón	lugar(es) antes del actual
1.							
2.							
3. etc.							

Al terminar las presentaciones el/la profesor(a) desarrollará una conversación con los estudiantes sobre la información recopilada.

- ¿De qué países son los entrevistados?
- ¿A qué profesión u ocupación se dedican?
- ¿Qué razones para emigrar parecen ser las más comunes?

Tarea para el capítulo 3

Los estudiantes entrevistarán a su amigo(a) hispano(a) sobre una anécdota acerca de su niñez.

Posibles preguntas:

- ¿Cuándo ocurrió el evento de la anécdota?
- ¿Quiénes estuvieron involucrados en el evento?
- ¿En dónde ocurrió?
- ¿Qué importancia tuvo o tiene ese evento?

Los estudiantes prepararán una composición de 400 palabras relatando la anécdota.

Tarea para el capítulo 5

Los estudiantes entrevistarán a su amigo(a) sobre algún aspecto cultural que él o ella ha observado entre su país de origen y el lugar donde vive ahora.

Posibles temas que el/la estudiante puede mencionar si el/la amigo(a) necesita ideas:

- costumbres relacionadas con la comida
- los pasatiempos
- el sistema escolar
- los días festivos
- las relaciones entre los amigos o colegas del trabajo o miembros de la familia

El/La estudiante escribirá una composición de 400 palabras en la que resuma las observaciones culturales que ha descrito su amigo(a).

Tarea para el capítulo 7

El/La estudiante entrevistará a su amigo(a) sobre su experiencia como hispano(a) y miembro de la sociedad norteamericana. El/La estudiante grabará la entrevista, de preferencia con video.

Posibles preguntas:

- ¿Cómo compara su experiencia en este país con lo que esperaba antes de venir?
- ¿Ha hecho algunos cambios para poder adaptarse a la vida aquí? (por ejemplo, rutinas, costumbres)
- ¿Cuáles han sido algunas de las dificultades que ha enfrentado para integrarse a la vida de aquí?
- ¿Qué es lo que más/menos le gusta de la vida aquí?

El/La estudiante escribirá una composición de 600 palabras en la que capte la experiencia de ser hispano(a) en este país. También transcribirá aproximadamente 1,5 minutos (1 página) de la entrevista, intentando escribir, palabra por palabra, todo lo que dijo su amigo(a).

APÉNDICE C
Conjugación de verbos

Simple Tenses

Infinitive	Past participle / Present participle	Present	Imperfect	Preterite	Future	Conditional	Present	Imperfect*
			Indicative				*Subjunctive*	
cantar *to sing*	cantado cantando	canto cantas canta cantamos cantáis cantan	cantaba cantabas cantaba cantábamos cantabais cantaban	canté cantaste cantó cantamos cantasteis cantaron	cantaré cantarás cantará cantaremos cantaréis cantarán	cantaría cantarías cantaría cantaríamos cantaríais cantarían	cante cantes cante cantemos cantéis canten	cantara cantaras cantara cantáramos cantarais cantaran
correr *to run*	corrido corriendo	corro corres corre corremos corréis corren	corría corrías corría corríamos corríais corrían	corrí corriste corrió corrimos corristeis corrieron	correré correrás correrá correremos correréis correrán	correría correrías correría correríamos correríais correrían	corra corras corra corramos corráis corran	corriera corrieras corriera corriéramos corrierais corrieran
subir *to go up, to climb up*	subido subiendo	subo subes sube subimos subís suben	subía subías subía subíamos subíais subían	subí subiste subió subimos subisteis subieron	subiré subirás subirá subiremos subiréis subirán	subiría subirías subiría subiríamos subiríais subirían	suba subas suba subamos subáis suban	subiera subieras subiera subiéramos subierais subieran

*In addition to this form, another one is less frequently used for all regular and irregular verbs: **cantase, cantases, cantase, cantásemos, cantaseis, cantasen; corriese, corrieses, corriese, corriésemos, corrieseis, corriesen; subiese, subieses, subiese, subiésemos, subieseis, subiesen.**

Commands

Person	Affirmative	Negative	Affirmative	Negative	Affirmative	Negative
tú	canta	no cantes	corre	no corras	sube	no subas
usted	cante	no cante	corra	no corra	suba	no suba
nosotros	cantemos	no cantemos	corramos	no corramos	subamos	no subamos
vosotros	cantad	no cantéis	corred	no corráis	subid	no subáis
ustedes	canten	no canten	corran	no corran	suban	no suban

Stem-Changing Verbs: -ar and -er Groups

Type of change in the verb stem	Subject	Indicative Present	Subjunctive Present	Commands Affirmative	Commands Negative	Other -ar and -er stem-changing verbs
-ar verbs e > ie pensar *to think*	yo tú él/ella, Ud. nosotros/as vosotros/as ellos/as, Uds.	pienso piensas piensa pensamos pensáis piensan	piense pienses piense pensemos penséis piensen	— piensa piense pensemos pensad piensen	— no pienses no piense no pensemos no penséis no piensen	atravesar *to go through, to cross*; cerrar *to close*; despertarse *to wake up*; empezar *to start*; negar *to deny*; sentarse *to sit down* Nevar *(to snow)* is only conjugated in the third-person singular.
-ar verbs o > ue contar *to count, to tell*	yo tú él/ella, Ud. nosotros/as vosotros/as ellos/as, Uds.	cuento cuentas cuenta contamos contáis cuentan	cuente cuentes cuente contemos contéis cuenten	— cuenta cuente contemos contad cuenten	— no cuentes no cuente no contemos no contéis no cuenten	acordarse *to remember*; acostarse *to go to bed*; almorzar *to have lunch*; colgar *to hang*; costar *to cost*; demostrar *to demonstrate, to show*; encontrar *to find*; mostrar *to show*; probar *to prove, to taste*; recordar *to remember*
-er verbs e > ie entender *to understand*	yo tú él/ella, Ud. nosotros/as vosotros/as ellos/as, Uds.	entiendo entiendes entiende entendemos entendéis entienden	entienda entiendas entienda entendamos entendáis entiendan	— entiende entienda entendamos entended entiendan	— no entiendas no entienda no entendamos no entendáis no entiendan	encender *to light, to turn on*; extender *to stretch*; perder *to lose*
-er verbs o > ue volver *to return*	yo tú él/ella, Ud. nosotros/as vosotros/as ellos/as, Uds.	vuelvo vuelves vuelve volvemos volvéis vuelven	vuelva vuelvas vuelva volvamos volváis vuelvan	— vuelve vuelva volvamos volved vuelvan	— no vuelvas no vuelva no volvamos no volváis no vuelvan	mover *to move*; torcer *to twist* Llover *(to rain)* is only conjugated in the third-person singular.

Stem-Changing Verbs: -ir Verbs

Type of change in the verb stem	Subject	Indicative		Subjunctive		Commands	
		Present	Preterite	Present	Imperfect	Affirmative	Negative
-ir verbs e > ie or i Infinitive: sentir *to feel* Present participle: sintiendo	yo	siento	sentí	sienta	sintiera	—	—
	tú	sientes	sentiste	sientas	sintieras	siente	no sientas
	él/ella, Ud.	siente	sintió	sienta	sintiera	sienta	no sienta
	nosotros/as	sentimos	sentimos	sintamos	sintiéramos	sintamos	no sintamos
	vosotros/as	sentís	sentisteis	sintáis	sintierais	sentid	no sintáis
	ellos/as, Uds.	sienten	sintieron	sientan	sintieran	sientan	no sientan
-ir verbs o > ue or u Infinitive: dormir *to sleep* Present participle: durmiendo	yo	duermo	dormí	duerma	durmiera	—	—
	tú	duermes	dormiste	duermas	durmieras	duerme	no duermas
	él/ella, Ud.	duerme	durmió	duerma	durmiera	duerma	no duerma
	nosotros/as	dormimos	dormimos	durmamos	durmiéramos	durmamos	no durmamos
	vosotros/as	dormís	dormisteis	durmáis	durmierais	dormid	no durmáis
	ellos/as, Uds.	duermen	durmieron	duerman	durmieran	duerman	no duerman

Other similar verbs: advertir *to warn;* arrepentirse *to repent;* consentir *to consent, to pamper;* convertir(se) *to turn into;* divertir(se) *to amuse (oneself);* herir *to hurt, to wound;* mentir *to lie;* morir *to die;* preferir *to prefer;* referir *to refer;* sugerir *to suggest*

Type of change in the verb stem	Subject	Indicative		Subjunctive		Commands	
		Present	Preterite	Present	Imperfect	Affirmative	Negative
-ir verbs e > i Infinitive: pedir *to ask for, to request* Present participle: pidiendo	yo	pido	pedí	pida	pidiera	—	—
	tú	pides	pediste	pidas	pidieras	pide	no pidas
	él/ella, Ud.	pide	pidió	pida	pidiera	pida	no pida
	nosotros/as	pedimos	pedimos	pidamos	pidiéramos	pidamos	no pidamos
	vosotros/as	pedís	pedisteis	pidáis	pidierais	pedid	no pidáis
	ellos/as, Uds.	piden	pidieron	pidan	pidieran	pidan	no pidan

Other similar verbs: competir *to compete;* despedir(se) *to say good-bye;* elegir *to choose;* impedir *to prevent;* perseguir *to chase;* repetir *to repeat;* seguir *to follow;* servir *to serve;* vestir(se) *to get dressed*

Verbs With Spelling Changes

	Verb type	Ending	Change	Verbs with similar spelling changes
1	buscar *to look for*	-car	• Preterite: yo busqué • Present subjunctive: busque, busques, busque, busquemos, busquéis, busquen	comunicar, explicar *to explain* indicar *to indicate,* sacar, pescar
2	conocer *to know*	vowel + -cer or -cir	• Present indicative: conozco, conoces, conoce, and so on • Present subjunctive: conozca, conozcas, conozca, conozcamos, conozcáis, conozcan	nacer *to be born,* obedecer, ofrecer, parecer, pertenecer *to belong,* reconocer, conducir, traducir
3	vencer *to win*	consonant + -cer or -cir	• Present indicative: venzo, vences, vence, and so on • Present subjunctive: venza, venzas, venza, venzamos, venzáis, venzan	convencer, torcer *to twist,* esparcir *to spread,* ejercer *to perform,* vencer *to conquer,* zurcir *to darn*
4	leer *to read*	-eer	• Preterite: leyó, leyeron • Imperfect subjunctive: leyera, leyeras, leyera, leyéramos, leyerais, leyeran • Present participle: leyendo	creer, poseer *to own*
5	llegar *to arrive*	-gar	• Preterite: yo llegué • Present subjunctive: llegue, llegues, llegue, lleguemos, lleguéis, lleguen	colgar *to hang,* navegar, negar *to negate, to deny,* pagar, rogar *to beg,* jugar
6	escoger *to choose*	-ger or -gir	• Present indicative: escojo, escoges, escoge, and so on • Present subjunctive: escoja, escojas, escoja, escojamos, escojáis, escojan	proteger *to protect,* recoger *to collect, to gather,* corregir *to correct,* dirigir *to direct,* elegir *to elect, to choose,* exigir *to demand*
7	seguir *to follow*	-guir	• Present indicative: sigo, sigues, sigue, and so on • Present subjunctive: siga, sigas, siga, sigamos, sigáis, sigan	conseguir, distinguir, perseguir
8	huir *to flee*	-uir	• Present indicative: huyo, huyes, huye, huimos, huís, huyen • Preterite: huí, huiste, huyó, huimos, huisteis, huyeron • Present subjunctive: huya, huyas, huya, huyamos, huyáis, huyan • Imperfect subjunctive: huyera, huyeras, huyera, huyéramos, huyerais, huyeran • Present participle: huyendo • Commands: huye tú, huya usted, huyamos nosotros, huid vosotros, huyan ustedes, no huyas tú, no huya usted, no huyamos nosotros, no huyáis vosotros, no huyan ustedes	concluir, contribuir, construir, destruir, disminuir, distribuir, excluir, influir, instruir, restituir, substituir
9	abrazar *to embrace*	-zar	• Preterite: yo abracé • Present subjunctive: abrace, abraces, abrace, abracemos, abracéis, abracen	alcanzar *to achieve,* almorzar, comenzar, empezar, gozar *to enjoy,* rezar *to pray*

Compound Tenses

	Indicative					Subjunctive	
Present perfect	**Past perfect**	**Preterite perfect**	**Future perfect**	**Conditional perfect**	**Present perfect**	**Past perfect***	
he	había	hube	habré	habría	haya	hubiera	
has	habías	hubiste	habrás	habrías	hayas	hubieras	
ha cantado	había cantado	hubo cantado	habrá cantado	habría cantado	haya cantado	hubiera cantado	
hemos corrido	habíamos corrido	hubimos corrido	habremos corrido	habríamos corrido	hayamos corrido	hubiéramos corrido	
habéis subido	habíais subido	hubisteis subido	habréis subido	habríais subido	hayáis subido	hubierais subido	
han	habían	hubieron	habrán	habrían	hayan	hubieran	

All verbs, both regular and irregular, follow the same formation pattern with **haber** in all compound tenses. The only thing that changes is the form of the past participle of each verb. (See the chart below for common verbs with irregular past participles.) Remember that in Spanish, no word can come between **haber** and the past participle.

*In addition to this form, another is used less frequently: **hubiese, hubieses, hubiese, hubiésemos, hubieseis, hubiesen**

Common Irregular past participles

Infinitive	Past participle	
abrir	**abierto**	*opened*
caer	caído	*fallen*
creer	creído	*believed*
cubrir	**cubierto**	*covered*
decir	**dicho**	*said, told*
descubrir	**descubierto**	*discovered*
escribir	**escrito**	*written*
hacer	**hecho**	*made, done*
leer	leído	*read*

Infinitive	Past participle	
morir	**muerto**	*died*
oír	oído	*heard*
poner	**puesto**	*put, placed*
resolver	**resuelto**	*resolved*
romper	**roto**	*broken, torn*
(son)reír	(son)reído	*(smiled) laughed*
traer	traído	*brought*
ver	**visto**	*seen*
volver	**vuelto**	*returned*

Reflexive Verbs

Regular and Irregular Reflexive Verbs: Position of the Reflexive Pronouns in the Simple Tenses

Infinitive	Present participle	Reflexive pronouns	Indicative					Subjunctive	
			Present	**Imperfect**	**Preterite**	**Future**	**Conditional**	**Present**	**Imperfect**
lavarse	lavándome	me	lavo	lavaba	lavé	lavaré	lavaría	lave	lavara
to wash	lavándote	te	lavas	lavabas	lavaste	lavarás	lavarías	laves	lavaras
oneself	lavándose	se	lava	lavaba	lavó	lavará	lavaría	lave	lavara
	lavándonos	nos	lavamos	lavábamos	lavamos	lavaremos	lavaríamos	lavemos	laváramos
	lavándoos	os	laváis	lavabais	lavasteis	lavaréis	lavaríais	lavéis	lavarais
	lavándose	se	lavan	lavaban	lavaron	lavarán	lavarían	laven	lavaran

Regular and Irregular Reflexive Verbs: Position of the Reflexive Pronouns With Commands

Person	Affirmative	Negative
tú	lávate	no te laves
usted	lávese	no se lave
nosotros	lavémonos	no nos lavemos
vosotros	lavaos	no os lavéis
ustedes	lávense	no se laven

	Affirmative	Negative
	ponte	no te pongas
	póngase	no se ponga
	pongámonos	no nos pongamos
	poneos	no os pongáis
	pónganse	no se pongan

	Affirmative	Negative
	vístete	no te vistas
	vístase	no se vista
	vistámonos	no nos vistamos
	vestíos	no os vistáis
	vístanse	no se vistan

Regular and Irregular Reflexive Verbs: Position of the Reflexive Pronouns in Compound Tenses*

Indicative

Reflexive Pronoun	Present Perfect		Past perfect		Preterite perfect		Future perfect		Conditional perfect	
me	he	lavado	había	lavado	hube	lavado	habré	lavado	habría	lavado
te	has	puesto	habías	puesto	hubiste	puesto	habrás	puesto	habrías	puesto
se	ha	vestido	había	vestido	hubo	vestido	habrá	vestido	habría	vestido
nos	hemos		habíamos		hubimos		habremos		habríamos	
os	habéis		habíais		hubisteis		habréis		habríais	
se	han		habían		hubieron		habrán		habrían	

Subjunctive

	Present perfect		Past perfect	
	haya	lavado	hubiera	lavado
	hayas	puesto	hubieras	puesto
	haya	vestido	hubiera	vestido
	hayamos		hubiéramos	
	hayáis		hubierais	
	hayan		hubieran	

*The sequence of these three elements—the reflexive pronoun, the auxiliary verb **haber**, and the present perfect form—is invariable and no other words can come in between.

Regular and Irregular Reflexive Verbs: Position of the Reflexive Pronouns With Conjugated Verb + Infinitive**

Indicative

Reflexive Pronoun	Present		Imperfect		Preterite		Future		Conditional	
me	voy a	lavar	iba a	lavar	fui a	lavar	iré a	lavar	iría a	lavar
te	vas a	poner	ibas a	poner	fuiste a	poner	irás a	poner	irías a	poner
se	va a	vestir	iba a	vestir	fue a	vestir	irá a	vestir	iría a	vestir
nos	vamos a		íbamos a		fuimos a		iremos a		iríamos a	
os	vais a		ibais a		fuisteis a		iréis a		iríais a	
se	van a		iban a		fueron a		irán a		irían a	

Subjunctive

	Present		Imperfect	
	vaya a	lavar	fuera a	lavar
	vayas a	poner	fueras a	poner
	vaya a	vestir	fuera a	vestir
	vayamos a		fuéramos a	
	vayáis a		fuerais a	
	vayan a		fueran a	

The reflexive pronoun can also be placed after the infinitive: voy a lavarme**, voy a poner**me**, voy a vestir**me**, and so on.
Use the same structure for the present and the past progressive: **me** estoy lavando / estoy lavándo**me**; **me** estaba lavando / estaba lavándo**me**.

andar, caber, caer

Infinitive	Past participle / Present participle	Indicative Present	Imperfect	Preterite	Future	Conditional	Subjunctive Present	Imperfect
andar to walk; to go	andado andando	ando andas anda andamos andáis andan	andaba andabas andaba andábamos andabais andaban	anduve anduviste anduvo anduvimos anduvisteis anduvieron	andaré andarás andará andaremos andaréis andarán	andaría andarías andaría andaríamos andaríais andarían	ande andes ande andemos andéis anden	anduviera anduvieras anduviera anduviéramos anduvierais anduvieran
caber to fit; to have enough space	cabido cabiendo	quepo cabes cabe cabemos cabéis caben	cabía cabías cabía cabíamos cabíais cabían	cupe cupiste cupo cupimos cupisteis cupieron	cabré cabrás cabrá cabremos cabréis cabrán	cabría cabrías cabría cabríamos cabríais cabrían	quepa quepas quepa quepamos quepáis quepan	cupiera cupieras cupiera cupiéramos cupierais cupieran
caer to fall	caído cayendo	caigo caes cae caemos caéis caen	caía caías caía caíamos caíais caían	caí caíste cayó caímos caísteis cayeron	caeré caerás caerá caeremos caeréis caerán	caería caerías caería caeríamos caeríais caerían	caiga caigas caiga caigamos caigáis caigan	cayera cayeras cayera cayéramos cayerais cayeran

Commands

Person	andar Affirmative	Negative	caber* Affirmative	Negative	caer Affirmative	Negative
tú	anda	no andes	cabe	no quepas	cae	no caigas
usted	ande	no ande	quepa	no quepa	caiga	no caiga
nosotros	andemos	no andemos	quepamos	no quepamos	caigamos	no caigamos
vosotros	andad	no andéis	cabed	no quepáis	caed	no caigáis
ustedes	anden	no anden	quepan	no quepan	caigan	no caigan

*Note: The imperative of **caber** is used very infrequently.

		Indicative					Subjunctive	
Infinitive	Past participle / Present participle	Present	Imperfect	Preterite	Future	Conditional	Present	Imperfect
dar *to give*	dado / dando	doy / das / da / damos / dais / dan	daba / dabas / daba / dábamos / dabais / daban	di / diste / dio / dimos / disteis / dieron	daré / darás / dará / daremos / daréis / darán	daría / darías / daría / daríamos / daríais / darían	dé / des / dé / demos / deis / den	diera / dieras / diera / diéramos / dierais / dieran
decir *to say, to tell*	dicho / diciendo	digo / dices / dice / decimos / decís / dicen	decía / decías / decía / decíamos / decíais / decían	dije / dijiste / dijo / dijimos / dijisteis / dijeron	diré / dirás / dirá / diremos / diréis / dirán	diría / dirías / diría / diríamos / diríais / dirían	diga / digas / diga / digamos / digáis / digan	dijera / dijeras / dijera / dijéramos / dijerais / dijeran
estar *to be*	estado / estando	estoy / estás / está / estamos / estáis / están	estaba / estabas / estaba / estábamos / estabais / estaban	estuve / estuviste / estuvo / estuvimos / estuvisteis / estuvieron	estaré / estarás / estará / estaremos / estaréis / estarán	estaría / estarías / estaría / estaríamos / estaríais / estarían	esté / estés / esté / estemos / estéis / estén	estuviera / estuvieras / estuviera / estuviéramos / estuvierais / estuvieran

Commands

	dar		decir		estar	
Person	Affirmative	Negative	Affirmative	Negative	Affirmative	Negative
tú	da	no des	di	no digas	está	no estés
usted	dé	no dé	diga	no diga	esté	no esté
nosotros	demos	no demos	digamos	no digamos	estemos	no estemos
vosotros	dad	no deis	decid	no digáis	estad	no estéis
ustedes	den	no den	digan	no digan	estén	no estén

haber, hacer, ir

		Indicative					Subjunctive	
Infinitive	Past participle / Present participle	Present	Imperfect	Preterite	Future	Conditional	Present	Imperfect
haber* *to have*	habido habiendo	he has ha hemos habéis han	había habías había habíamos habíais habían	hube hubiste hubo hubimos hubisteis hubieron	habré habrás habrá habremos habréis habrán	habría habrías habría habríamos habríais habrían	haya hayas haya hayamos hayáis hayan	hubiera hubieras hubiera hubiéramos hubierais hubieran
hacer *to do*	hecho haciendo	hago haces hace hacemos hacéis hacen	hacía hacías hacía hacíamos hacíais hacían	hice hiciste hizo hicimos hicisteis hicieron	haré harás hará haremos haréis harán	haría harías haría haríamos haríais harían	haga hagas haga hagamos hagáis hagan	hiciera hicieras hiciera hiciéramos hicierais hicieran
ir *to go*	ido yendo	voy vas va vamos vais van	iba ibas iba íbamos ibais iban	fui fuiste fue fuimos fuisteis fueron	iré irás irá iremos iréis irán	iría irías iría iríamos iríais irían	vaya vayas vaya vayamos vayáis vayan	fuera fueras fuera fuéramos fuerais fueran

*__Haber__ also has an impersonal form __hay__. This form is used to express "there is, there are." The imperative of __haber__ is not used. It can also be used in other tenses: __había__ "there used to be," __hubo__ "there was," __habrá__ "there will be," __habría__ "there would be."

hacer

Person	Affirmative	Negative
tú	haz	no hagas
usted	haga	no haga
nosotros	hagamos	no hagamos
vosotros	haced	no hagáis
ustedes	hagan	no hagan

ir

Person	Affirmative	Negative
tú	ve	no vayas
usted	vaya	no vaya
nosotros	vamos	no vayamos
vosotros	id	no vayáis
ustedes	vayan	no vayan

Commands

Infinitive	Past participle Present participle	Indicative					Subjunctive	
		Present	Imperfect	Preterite	Future	Conditional	Present	Imperfect
jugar *to play*	jugado jugando	juego juegas juega jugamos jugáis juegan	jugaba jugabas jugaba jugábamos jugabais jugaban	jugué jugaste jugó jugamos jugasteis jugaron	jugaré jugarás jugará jugaremos jugaréis jugarán	jugaría jugarías jugaría jugaríamos jugaríais jugarían	juegue juegues juegue juguemos juguéis jueguen	jugara jugaras jugara jugáramos jugarais jugaran
oír *to hear, to listen*	oído oyendo	oigo oyes oye oímos oís oyen	oía oías oía oíamos oíais oían	oí oíste oyó oímos oísteis oyeron	oiré oirás oirá oiremos oiréis oirán	oiría oirías oiría oiríamos oiríais oirían	oiga oigas oiga oigamos oigáis oigan	oyera oyeras oyera oyéramos oyerais oyeran
oler *to smell*	olido oliendo	huelo hueles huele olemos oléis huelen	olía olías olía olíamos olíais olían	olí oliste olió olimos olisteis olieron	oleré olerás olerá oleremos oleréis olerán	olería olerías olería oleríamos oleríais olerían	huela huelas huela olamos oláis huelan	oliera olieras oliera oliéramos olierais olieran

Commands

jugar

Person	Affirmative	Negative
tú	juega	no juegues
usted	juegue	no juegue
nosotros	juguemos	no juguemos
vosotros	jugad	no juguéis
ustedes	jueguen	no jueguen

oír

	Affirmative	Negative
	oye	no oigas
	oiga	no oiga
	oigamos	no oigamos
	oíd	no oigáis
	oigan	no oigan

oler

	Affirmative	Negative
	huele	no huelas
	huela	no huela
	olamos	no olamos
	oled	no oláis
	huelan	no huelan

poder, poner, querer

		Indicative					Subjunctive	
Infinitive	**Past participle** **Present participle**	**Present**	**Imperfect**	**Preterite**	**Future**	**Conditional**	**Present**	**Imperfect**
poder *to be able to, can*	podido pudiendo	puedo puedes puede podemos podéis pueden	podía podías podía podíamos podíais podían	pude pudiste pudo pudimos pudisteis pudieron	podré podrás podrá podremos podréis podrán	podría podrías podría podríamos podríais podrían	pueda puedas pueda podamos podáis puedan	pudiera pudieras pudiera pudiéramos pudierais pudieran
poner* *to put*	puesto poniendo	pongo pones pone ponemos ponéis ponen	ponía ponías ponía poníamos poníais ponían	puse pusiste puso pusimos pusisteis pusieron	pondré pondrás pondrá pondremos pondréis pondrán	pondría pondrías pondría pondríamos pondríais pondrían	ponga pongas ponga pongamos pongáis pongan	pusiera pusieras pusiera pusiéramos pusierais pusieran
querer *to want, to wish, to love*	querido queriendo	quiero quieres quiere queremos queréis quieren	quería querías quería queríamos queríais querían	quise quisiste quiso quisimos quisisteis quisieron	querré querrás querrá querremos querréis querrán	querría querrías querría querríamos querríais querrían	quiera quieras quiera queramos queráis quieran	quisiera quisieras quisiera quisiéramos quisierais quisieran

*Similar verbs to **poner**: componer, imponer, suponer.

Commands**

poner

Person	Affirmative	Negative
tú	pon	no pongas
usted	ponga	no ponga
nosotros	pongamos	no pongamos
vosotros	poned	no pongáis
ustedes	pongan	no pongan

querer

Person	Affirmative	Negative
tú	quiere	no quieras
usted	quiera	no quiera
nosotros	queramos	no queramos
vosotros	quered	no queráis
ustedes	quieran	no quieran

Note: The imperative of **poder is used very infrequently and is not included here.

saber, salir, ser

		Indicative					Subjunctive	
Infinitive	Past participle / Present participle	Present	Imperfect	Preterite	Future	Conditional	Present	Imperfect
saber *to know*	sabido / sabiendo	sé sabes sabe sabemos sabéis saben	sabía sabías sabía sabíamos sabíais sabían	supe supiste supo supimos supisteis supieron	sabré sabrás sabrá sabremos sabréis sabrán	sabría sabrías sabría sabríamos sabríais sabrían	sepa sepas sepa sepamos sepáis sepan	supiera supieras supiera supiéramos supierais supieran
salir *to go out, to leave*	salido / saliendo	salgo sales sale salimos salís salen	salía salías salía salíamos salíais salían	salí saliste salió salimos salisteis salieron	saldré saldrás saldrá saldremos saldréis saldrán	saldría saldrías saldría saldríamos saldríais saldrían	salga salgas salga salgamos salgáis salgan	saliera salieras saliera saliéramos salierais salieran
ser *to be*	sido / siendo	soy eres es somos sois son	era eras era éramos erais eran	fui fuiste fue fuimos fuisteis fueron	seré serás será seremos seréis serán	sería serías sería seríamos seríais serían	sea seas sea seamos seáis sean	fuera fueras fuera fuéramos fuerais fueran

Commands

saber

Person	Affirmative	Negative
tú	sabe	no sepas
usted	sepa	no sepa
nosotros	sepamos	no sepamos
vosotros	sabed	no sepáis
ustedes	sepan	no sepan

salir

Person	Affirmative	Negative
tú	sal	no salgas
usted	salga	no salga
nosotros	salgamos	no salgamos
vosotros	salid	no salgáis
ustedes	salgan	no salgan

ser

Person	Affirmative	Negative
tú	sé	no seas
usted	sea	no sea
nosotros	seamos	no seamos
vosotros	sed	no seáis
ustedes	sean	no sean

sonreír, tener*, traer

		Indicative					Subjunctive	
Infinitive	**Past participle** **Present participle**	**Present**	**Imperfect**	**Preterite**	**Future**	**Conditional**	**Present**	**Imperfect**
sonreír *to smile*	sonreído sonriendo	sonrío sonríes sonríe sonreímos sonreís sonríen	sonreía sonreías sonreía sonreíamos sonreíais sonreían	sonreí sonreíste sonrió sonreímos sonreísteis sonrieron	sonreiré sonreirás sonreirá sonreiremos sonreiréis sonreirán	sonreiría sonreirías sonreiría sonreiríamos sonreiríais sonreirían	sonría sonrías sonría sonriamos sonriáis sonrían	sonriera sonrieras sonriera sonriéramos sonrierais sonrieran
tener* *to have*	tenido teniendo	tengo tienes tiene tenemos tenéis tienen	tenía tenías tenía teníamos teníais tenían	tuve tuviste tuvo tuvimos tuvisteis tuvieron	tendré tendrás tendrá tendremos tendréis tendrán	tendría tendrías tendría tendríamos tendríais tendrían	tenga tengas tenga tengamos tengáis tengan	tuviera tuvieras tuviera tuviéramos tuvierais tuvieran
traer *to bring*	traído trayendo	traigo traes trae traemos traéis traen	traía traías traía traíamos traíais traían	traje trajiste trajo trajimos trajisteis trajeron	traeré traerás traerá traeremos traeréis traerán	traería traerías traería traeríamos traeríais traerían	traiga traigas traiga traigamos traigáis traigan	trajera trajeras trajera trajéramos trajerais trajeran

*Many verbs ending in **-tener** are conjugated like **tener: contener, detener, entretener(se), mantener, obtener, retener.**

Commands

sonreír

Person	Affirmative	Negative
tú	sonríe	no sonrías
usted	sonría	no sonría
nosotros	sonriamos	no sonriamos
vosotros	sonreíd	no sonriáis
ustedes	sonrían	no sonrían

tener

Affirmative	Negative
ten	no tengas
tenga	no tenga
tengamos	no tengamos
tened	no tengáis
tengan	no tengan

traer

Affirmative	Negative
trae	no traigas
traiga	no traiga
traigamos	no traigamos
traed	no traigáis
traigan	no traigan

valer, venir, ver*

Indicative / Subjunctive

Infinitive	Past participle / Present participle	Present	Imperfect	Preterite	Future	Conditional	Present	Imperfect
valer *to be worth*	valido valiendo	valgo vales vale valemos valéis valen	valía valías valía valíamos valíais valían	valí valiste valió valimos valisteis valieron	valdré valdrás valdrá valdremos valdréis valdrán	valdría valdrías valdría valdríamos valdríais valdrían	valga valgas valga valgamos valgáis valgan	valiera valieras valiera valiéramos valierais valieran
venir* *to come*	venido viniendo	vengo vienes viene venimos venís vienen	venía venías venía veníamos veníais venían	vine viniste vino vinimos vinisteis vinieron	vendré vendrás vendrá vendremos vendréis vendrán	vendría vendrías vendría vendríamos vendríais vendrían	venga vengas venga vengamos vengáis vengan	viniera vinieras viniera viniéramos vinierais vinieran
ver *to see*	visto viendo	veo ves ve vemos veis ven	veía veías veía veíamos veíais veían	vi viste vio vimos visteis vieron	veré verás verá veremos veréis verán	vería verías vería veríamos veríais verían	vea veas vea veamos veáis vean	viera vieras viera viéramos vierais vieran

*Similar verb to **venir**: prevenir

Commands

valer

Person	Affirmative	Negative
tú	vale	no valgas
usted	valga	no valga
nosotros	valgamos	no valgamos
vosotros	valed	no valgáis
ustedes	valgan	no valgan

venir

Person	Affirmative	Negative
tú	ven	no vengas
usted	venga	no venga
nosotros	vengamos	no vengamos
vosotros	venid	no vengáis
ustedes	vengan	no vengan

ver

Person	Affirmative	Negative
tú	ve	no veas
usted	vea	no vea
nosotros	veamos	no veamos
vosotros	ved	no veáis
ustedes	vean	no vean

APÉNDICE D

Los pronombres

sujeto	complemento directo	complemento indirecto	posesivo	reflexivo	preposicional	recíproco
yo	me	me	mi/s	me	mí	-
tú	te	te	tu/s	te	ti	-
usted	lo, la	le	su/s	se	usted	-
él	lo	le	su/s	se	él	-
ella	la	le	su/s	se	ella	-
nosotros(as)	nos	nos	nuestro(a)(s)	nos	nosotros(as)	nos
vosotros(as)	os	os	vuestro(a)(s)	os	vosotros(as)	os
ustedes	los, las	les	su/s	se	ustedes	se
ellos	los	les	su/s	se	ellos	se
ellas	las	les	su/s	se	ellas	se

APÉNDICE E

Glosario español-inglés

a costa (de) *at the expense of* 3
a la larga *at the end* 6
a largo plazo *in the long run* 3
a lo largo *throughout* 6
a raíz de *stemming from* 2
abarcar *to embrace, to take in, to include* 8
abogar *to argue in favor, to advocate* 1
acercarse *to approach* 6
acoger(se) *to take refuge* 4
acogido(a) *welcomed, accepted* 4
acomodado(a) *settled* 4
acontecimiento *event* 2
acostumbrarse a *to get used to* 7
actualidad *nowadays, the present state of things* 7
acudir *to turn to* 5
acuerdo *agreement* 1
adelgazante *slimming* 7
adherirse *to join, to become part of, to be a member* 5
adjudicar *to grant* 2
advertir *to warn* 4
aflorar *to bring to the surface* 4
agitado(a) *agitated, fast-paced* 7
agotar *to exhaust* 3
agrupar *to group* 4
agua potable *drinking water* 3
ahorrar *to save (to not waste)* 3
ajeno(a) *foreign, another's* 3
al aire libre *outside* 7
alegar *to argue* 5
alentar *to encourage* 2
aleta *fin* 3
alimentario(a) *related to food* 7
alimenticio(a) *nutritious* 7
alimento *food, nourishment* 7
alivio *comfort* 6
ambos(as) *both* 8
amenazado(a) *threatened* 5
amenazar *to threaten* 5
amontonamiento *accumulating, gathering* 3
amparar *to protect, to shelter* 5
amplio(a) *broad, wide* 8
ampolleta *vial* 6
añadir *to add* 3
analfabetismo *illiteracy* 6
ancestro *ancestor* 5
añicos *small pieces* 2
animar(se) *to revive, to comfort* 7
antaño *long ago* 7
antecedente *antecedent, that which preceded* 4
apenas *barely* 2
aplicar *to apply something to something else* 1
aportar *to bring, to contribute* 8

aprestarse *to be prepared, to get prepared* 6
apresurar(se) *to hasten, to hurry up* 4
apretado(a) *tight* 4
aprovechar *to take advantage* 3
ardientemente *ardently, burning desire* 5
arena *sand* 7
argüir *to argue, to discuss* 4
arista *sharp edge* 7
arraigado(a) *to be rooted* 5
arraigar *to become deeply rooted* 5
arrastrarse *to drag oneself* 4
arriesgar *to risk* 4
arrojarse *to throw oneself* 2
artesanal *handmade* 3
asco *repulsion* 5
asemejar(se) *to resemble* 6
asilo *home for the elderly* 6
asomarse *to peep, to glance* 4
asumir *to take on responsibility* 1
atemorizar *to terrify, to scare* 8
ateniense *from Athens* 1
aterrar *to terrify* 4
atinar *to manage* 5
atravesar *to pierce, to go through* 4
aumentar de peso *to gain weight* 7
auscultar *to check, to revise* 5
avance *advance* 6
avanzar *to advance, to hurry up* 4

bañista *bather* 7
barrera *barrier* 1
barullo *disorder, noise* 4
báscula *scale* 7
bautizo *baptism* 2
beneplácito *goodwill, approval, consent* 2
bienes gananciales *property acquired during marriage* 2
bienes *property, goods* 2
bienestar *well-being* 3
brecha digital *digital divide* 6
brindar *to offer* 2
bronca *fight* 2
bronceado(a) *tanned* 7
broncearse *to get a suntan* 7
buena pieza *good for nothing* 2
búho *owl* 1
burlarse *to mock* 4
burlón(-ona) *one who mocks* 2
buscón(-ona) *tramp* 2

caber *to contain, to fit* 1
cadena *chain* 3
cadena perpetua *life imprisonment* 5
calcomanía *bumper sticker* 8
calvario *suffering, torment, agony* 7

candado lock 7
capacitar to train 4
carcomiendo gnawing 6
carecer to lack 6
carga burden 4
cargamento load 6
cartel poster 3
células madre stem cells 5
certeza certainty 6
chacra piece of land 2
chatarra junk 7
cheverísimo(a) (slang) really cool 6
cirugía bariátrica gastric by-pass surgery 7
ciudadano(a) citizen 4
cobertura cover, covering 6
cohetes rockets 6
cólera rage, cholera 2
colorante dye 3
como tal as such 3
compresa sanitary napkin, compress 7
comprometer to put at risk 3
compromiso promise, commitment 2
con la guardia baja unguarded 5
conceder to grant 2
concienciar to make conscious 3
concordar to agree, to reconcile 1
conejo rabbit 6
confiar to trust 4
confitería candy shop 2
congreso conference 1
conllevar to carry (responsibilities, obligations) 2
conservantes preservatives 3
constreñirse to be restricted to 8
consumismo consumerism 3
contrayente marriage partner 2
convivencia living together 2
convivir to live together 2
conyugal spousal 2
coquetear to flirt 2
cornudo(a) cuckold 2
corporal belonging to the body 7
cosecha harvest 3
costilla rib 1
cotidiano(a) daily, everyday 6
coyote people who, usually charging a very steep fee, cross undocumented immigrants through the U.S.-Mexico border 4
crepúsculo twilight 1
crisol melting pot 8
cuidar la línea watch the diet 7
culpar to blame 5
cumplir to fulfill a promise, to perform a duty 3
dañino(a) harmful, damaging 1
daño harm 3
darse cuenta to realize 1
darse tiempo to take time 3
de común acuerdo of common accord 2
de paso briefly 1
delgadez thinness 7
delictivo(a) crime related, criminal 5
delito crime 2
deprimir(se) to become depressed 6
derecho(a) right, straight, law 4
derretirse to melt 8
derribar to demolish, to tear down 1

derrumbar(se) to collapse 2
desalentar to discourage 7
desalojar to oust, to clear an area of people 5
desamparo abandonment 8
desarraigar to uproot 4
descuidarse to be careless 5
desechable disposable 2
desfachatado(a) impudent 2
desigualdad inequality 4
desperdiciar to waste 3
desperdicio waste, remains 6
desplazar to displace 5
desplegar to unfold 5
desprecio disdain 6
destreza dexterity, skill 6
deterioro deterioration, impairment 3
dicho(a) said, a saying 1
diligencia errand C 7
dirigir(se) to head to, to go in a direction, to address oneself 4
discordancia opposition 5
discrepancia difference, discrepancy 5
disfrutar to enjoy 3
disparidad disparity, difference 4
dispuesto(a) willing 4
divulgar to publish, to reveal, to disseminate 3
don a knack, gift, ability 2
duelo duel, mourning 6
echar(se) para atrás to lean back, to change one's mind 4
edificar to edify, to construct, to build 4
efecto llamada pull effect, term used to indicate that the new immigration law in Spain will encourage more immigrants to come to the country 4
eficazmente effectively 8
embate attack 3
empleado(a) employed 7
emplear to employ, to use 1
empresario businessman 4
encarcelar to imprison 5
encuesta survey 6
energía eólica wind power 3
enfrentar(se) (con) to face; to come face to face with 2
engranaje gear, transmission gear 5
enmienda amendment 5
enriquecer to enrich 8
entorno surrounding 7
entrar en vigor to become official 2
enviciado(a) addicted to, corrupted 7
envoltura wrapper 5
epitafio epitaph 7
escalofriante chilling 7
escasez scarcity 3
esclavitud slavery 5
esconder(se) to hide 4
escritura deed 2
espanto fright 5
establecer to enact, to establish 1
estadounidense citizen of the United States 4
estancar to stagnate 4
estar al tanto (de) to be up to date 6
estiramiento stretching 7
estorbo obstacle 2
estreñimiento constipation 7
estridente noisy, screechy 3
etiqueta label, tag 5
evitar to avoid 1

expectativa *hope, expectation* 4
experimentar *to experience* 2
explotado(a) *exploited* 5
extraño(a) *strange, rare* 1
facilitar *to facilitate, to make it easier* 2
fallecer *to die* 7
fallo *verdict, court decision* 2
falluta *hypocrite* 2
faltar *to be deficient, to be wanting* 6
fastidiar *to bother* 2
fecundo(a) *fertile* 1
finca *farm* 4
flujo *flux, flow* 3
foca *seal* 7
forastero(a) *foreigner, outsider* 4
formar empresa *to have a common goal* 2
franquear *to be exempt* 5
frontera *border* 4
fuente *source* 4
fulminar *to strike like lightning* 4
fundamento *foundation* 5
furtivo(a) *clandestine* 7

gastar *to spend* 3
gavetero *chest of drawers* 4
género *gender, sex, class, type* 1
gesto *gesture* 1
gota *drop* 3
grabado(a) *engraved, recorded* 1
grasa *fat* 7
grato(a) *pleasing, graceful* 6
gratuito(a) *free of charge* 5
gritería *screaming* 4

habilitar *to qualify, to enable* 8
habitar *to inhabit* 5
habituar(se) *to get used to* 7
hacinamiento *a crowd, a pile-up* 8
hecho *act, done, fact* 1
herencia *inheritance* 2
herramienta *tool* 3
honrar *to honor* 1
huesos *bones* 1
hule *rubber* 5

impedir *to impede, to prevent from happening* 4
imprescindible *necessary* 4
impulsar *to stimulate, to encourage* 4
incauto(a) *unwary* 5
Incentivar *to encourage* 3
incidencia *rate* 7
incipiente *beginning* 7
incluso *including, even* 2
incorporar(se) *to raise, to sit up, to incorporate* 2
individuo *individual* 1
índole *class, kind* 5
inédito(a) *unknown* 8
informática *computing, computer science* 6
infringir *to infringe, to violate or break* 5
ingerir *to ingest* 7
inmiscuir(se) *to meddle* 5
inquietudes *restlessness, concern, desire to know or learn more* 1
insalubre *unhealthy* 5
interrelacionado(a) *interrelated* 3
intricadamente *intricately* 3
jurídico *judicial* 2

juzgado *court* 2
kilometraje *distance in kilometers* 3
levantar *to raise, to lift* 1
ley no formativa *a law that doesn't contribute to moral development* 2
libertad de expresión *freedom of speech* 5
libertad de pensamiento *freedom of thought* 5
liderazgo *leadership* 5
ligar *to tie* 2
ligero(a) *light, fast* 3
llevar a *to lead to* 2
lombriz *earthworm* 1
lozanía *vigor* 7
lucrativo(a) *profitable* 3
lustro *five-year term* 7
luz pública *in the public eye* 2

maceta *flower pot* 7
mancha *smudg, spot* 5
mandíbula *jaw* 7
marginado(a) *marginated* 5
mármol *marble* 1
materia prima *natural and mineral resources* 3
mayúsculo(a) *capital letter, big* 8
mediante *by means of* 2
médico de cabecera *family doctor* 7
medios *medium, avenues* 1
melindre *fastidiousness* 5
menudo(a) *small* 7
merecer *to deserve* 5
mero(a) *simply* 5
meta *boundary, limit* 7
michelines *love handles, spare tire (from Michelin tires)* 7
minúsculo(a) *small, lowercase letter, small* 8
monoparental *one parent* 2
murciélago *bat* 1
muro *wall* 1

negar(se) *to refuse* 7
netamente *merely* 3
ni siquiera *not even* 3
no obstante *notwithstanding, nevertheless* 1
notable *remarkable, noteworthy* 5

obligar *to force* 7
ocurrir *to happen* 2
ofrenda *offering* 5
oligopolio *business control in the hands of a few* 3
omitir *to omit, to neglect* 5
opíparamente *sumptuously* 7
optar *to choose, to elect* 7
orgullo *pride* 4
otorgar *to offer, to give, to confer, to grant* 4

padecer *to suffer* 5
paisano *countryman, fellow citizen* 4
palidecer *to turn pale* 1
palpar *to examine by touch* 5
papagayo *parrot* 1
parir *to give birth* 1
pasar por alto *to overlook* 2
pasarela *runway (for models)* 7
patriarcal *supremacy of the father* 2
patrimonio *patrimony, birthright, possessions* 2
paulatinamente *slowly* 3
pavada *sillyness* 5
pedir antecedentes *to ask for references* 5
pegamento *glue* 7

peligro *danger* 4
pena capital / de muerte *capital punishment* 5
perecer *to die* 8
perjudicar *to harm, to injure, to cause damage* 3
pesa *a weight for weight lifting* 7
pesar *to weigh* 7
peso *weight* 7
PIB (Producto de Ingreso Bruto) *Gross National Product* 3
plazo *term* 3
plenamente *fully* 4
pluralidad *plurality, variety* 1
pluvial *rainy* 5
polémica *controversy* 4
póliza *policy* 5
poner de manifiesto *to make public* 2
poner en peligro *to jeopardize* 7
por ende *therefore* 6
porvenir *future* 1
poseer armas *to bear arms* 5
postergado(a) *to be left behind* 6
postular(se) *to seek (a position)* 5
potable *drinkable* 3
preciso(a) *necessary* 8
pregonado(a) *to be known publicly* 8
premiar *to reward* 3
preso(a) *prisoner* 5
presumir *to assume, to suppose, to boast* 5
prevenir *to prevent* 3
primordial *necessary* 6
proclamar *to give public notice* 5
provenir *to arise, to proceed, to originate from* 1
publicitado(a) *advertised* 3
publicitario(a) *related to advertising* 3
pugna *conflicto* 8

quedar con (amigos) *to make plans with* 6
quedar(se) dormido(a) *to fall asleep* 4
quicio *door frame* 4

reacción en cadena *chain reaction* 3
realzar *to enhance* 1
reanudar *to resume* 2
recalcar *to emphasize* 4
receta *prescription, recipe* 7
rechazar *to reject, to resist* 4
rechazo *rejection* 7
recluír(se) *to seclude oneself* 7
recurso *resource* 3
redundar *to bring about, to result in* 3
reencauzar *redirect* 5
refrán *a saying* 1
régimen *diet* 7
remote(a) *distant, far off* 1
renacuajo *tadpole* 6
repartición *administrative office* 5
rescatar *to rescue* 7
restos *remains (of a body)* 6
reto *challenge* 3
retrato *portrait, picture* 2
rezagar *to leave behind* 6
saldo *balance, result* 8
sano(a) *healthy* 7
secuestrado(a) *kidnapped* 6
sedentario(a) *sedentary* 7
señalar *to point out, to show* 4

senda *path* 5
senectud *old age* 6
sensibilizar *to sensitize* 2
sibilino(a) *mysterious* 5
SIDA (Síndrome de Inmuno Deficiencia Adquirida) *AIDS* 2
siglas *acronym* 5
similitud *similarity* 8
sinfín *endless* 6
sinúmero *endless* 6
socavar *to undermine* 2
soler *to be used to, to be in the habit of* 7
sostenible, sustentable *sustainable* 3
súbitamente *suddenly* 6
suceder *to happen, to occur* 2
sueldo *pay, wage* 4
sufragio universal *universal suffrage, right to vote* 5
sumergir *to submerge, to put under the surface* 4
sumido(a) *immersed* 5
superar(se) *to overcome, to excel, to improve* 4
supervivencia *survival* 5
suplir *to supply* 7
suponer *to entail, to assume* 6
suscitar *to stir up, to provoke* 2

tapar *to cover, to put a lid on* 7
tasa *rate* 6
teclear *to type* 6
temeroso(a) *fearful* 4
tender *to have a tendency to* 7
terciopelo *velvet* 1
tétrico(a) *gloomy* 7
tiburón *shark* 3
tintinear *to ring* 6
tipín *type* 7
tirar *to throw away, to dispose of* 3
tomar el sol *to sunbathe* 7
tomar medidas *to take measures* 3
tomar(se) la copa *to have an alcoholic drink, a glass of wine* 8
traba *obstacle* 2
trámite *required procedure in a process* 2
transeúnte *transient, passer-by* 3
trascender *to transcend, to penetrate* 8
trasfondo *background* 1
trasladar(se) *to transfer, to move* 4
trata de esclavos *slave trade* 5
trecho *gap, distance* 1
treta *scheme* 7

un guiño de la suerte *a sign of good luck* 5
urbanizado(a) *urban* 1
uso y costumbre *customary or habitual practices* 2
usufructuario(a) *owner* 2

vacío(a) *empty* 7
valorar *to value, to evaluate* 1
varonil *manly, masculine* 7
vello *body hair* 7
veracidad *veracity, truthfulness* 1
veraz *true* 1
verdugo *executioner* 6
via libre *free reign, openness* 1
vietnamita *Vietnamese* 1
vivienda *housing* 1
voluntad *willingness* 2

ÍNDICE